Bistum Aachen | Urs Schiller (Hg.)

Lebe!
Das Abenteuer einer Freundschaft mit Gott und den Menschen für eine Kirche von morgen

Urs Schiller (Hg.)

Lebe!

Das Abenteuer einer Freundschaft mit Gott und den Menschen

für eine Kirche von morgen

BUTZON BERCKER

Inhaltsverzeichnis

Vorwort: Ich – und die Kirche?

> Ich wünsche keine Abenteuer,
> vielen Dank, und heute schon gar nicht.
>
> Bilbo Beutlin zu Gandalf

Wenn alles gut ist – kennst du das Gefühl: So kann es jetzt bleiben. Oder eher dieses andere Gefühl: Es muss doch noch „mehr" geben, vielleicht nicht einfach ein „Mehr" an materiellen Dingen. Es muss doch mehr als alles geben.

In Krisen-Zeiten wird oft deutlich, worum es eigentlich geht.

Persönliche Krisen: In meinem Leben geht es eigentlich um ... Ich bin eigentlich ...

Gesellschaftliche Krisen: Was ist einer Gesellschaft eigentlich wichtig?

Kirchen-Krise: Was ist Kirche eigentlich? Worum geht es in der Kirche eigentlich? Was ist der Kern (oder besser: die Weite/katholos) des Glaubens?

Was sind deine persönlichen Antworten? Schreib ruhig in dieses Buch hinein – deine Antworten sind es wert.

Friendship matters

… so sagt einer der Autoren dieses Buchs bei der Beerdigung eines guten Freundes (https://www.youtube.com/watch?v=szRThIiO2jI). Menschenfreund sein, in gelingenden Beziehungen leben, das will vielleicht jeder Mensch. Es ist nicht gut, dass der Mensch allein bleibt – das haben viele in der Corona-Krise erlebt.

Gottesfreund oder Freund Jesu sein, klingt fromm; ist das etwas für mich? Kann man so wie über menschliche Beziehungen auch über eine Beziehung zu Gott sprechen? Freunde Gottes: Das ist nicht etwas, zu dem wir uns machen, es ist, was wir sind – aus Gottes Sicht.

Kirche: Freundschaft nicht nur zu Freunden. Die Kirche von morgen als Ort gelingender Beziehungen, Kirche als Gemeinschaft von Freunden – das klingt in manchen Ohren vielleicht zu utopisch – oder wie eine Vision. Hast du eine Vision von Kirche oder für die Kirche?

Kennst du das: Wenn du jemanden neu kennenlernst, erzählst du irgendwann von Personen, die dir wichtig sind: beste Freunde, Lebenspartner, Kinder ... – und irgendwann stellst du einige dieser wichtigen Menschen dem anderen auch vor. So entsteht ein Netz von Freunden der Freunde. Ist Gott auch dabei?

Kirche: Freunde der Freunde Jesu in einer langen Kette und einem weiten Netz. Freundschaft zu anderen als Haltung und Entscheidung. „Liebe wird aus Mut gemacht" (Nena).

Wer hat dir zuerst von Gott oder Jesus erzählt? Wo wurdet ihr einander „vorgestellt"? Geschah das mit Worten? Mit welchen Gefühlen wurde dir diese Botschaft vermittelt?

Ich und die Kirche? Kirchenentwicklung und Selbstbegegnung

Dieses Buch sucht nach Lebendigkeit – für die Kirche von morgen und im eigenen Leben. Kirchenentwicklung und Selbstbegegnung zu verbinden, klingt vielleicht ungewohnt. Die Verbindung ist der Ursprung aller Lebendigkeit, der Geber allen Lebens: „Ich bin auf die Welt gekommen, damit sie das Leben haben und es in Fülle haben" (vgl. Johannes 10,10).

Wo findest du Leben in Fülle? So geht es hier um dich, Kirche und Gott.

> Lass mich dich lernen,
> dein Denken und Sprechen,
> dein Fragen und Dasein,
> damit ich daran die Botschaft
> neu lernen kann,
> die ich dir zu überliefern habe.
>
> Klaus Hemmerle

Damit Kirchendiskussionen nicht floskelhaft werden, ist der Ausgangspunkt hier die eigene Erfahrung. (Die Beutlins sagten immer nur etwas, was die Zuhörer schon vorher erwarteten, jedoch nicht so Bilbo.) Erst wenn wir uns wirklich kennengelernt haben und uns wirklich begegnet sind, wird unser Sprechen von Gott lebendig.

Natürlich gibt es kein Patentrezept, aber gibt es „Pflegemittel“ für die Kirchen- und für die eigene Entwicklung? Vorübungen für ein Wunder? Ist Freundschaft oder Liebe ein solches Wundermittel für dich?

Über die Kirche von morgen schreiben hier ganz unterschiedliche Menschen, indem sie auf die sogenannte Wunderfrage eine eigene Antwort geben: Wenn – wie durch ein Wunder – die Kirche morgen so wäre, wie du sie dir wünschst, wie wäre sie dann?

Dieses Buch wendet sich an alle Menschen, die „das Leben lieben und gute Tage zu sehen wünschen“ (Regel des hl. Benedikt, Prolog) und der Lebendigkeit im eigenen Leben Raum geben möchten; und an alle, die in Gruppen in den Gemeinden, in der Schule oder individuell die Kirche von morgen zu einem Ort von Lebendigkeit und Freundschaft mitentwickeln möchten.

Einladung zum Perspektivwechsel

Nach jedem Text, Ich-xperiment oder Reizwort kann dieses Schema zum Perspektivwechsel einladen:

Wo befinde ich mich gerade gedanklich?

Ergeben sich Bezüge oder Konsequenzen zu den anderen Eckpunkten?

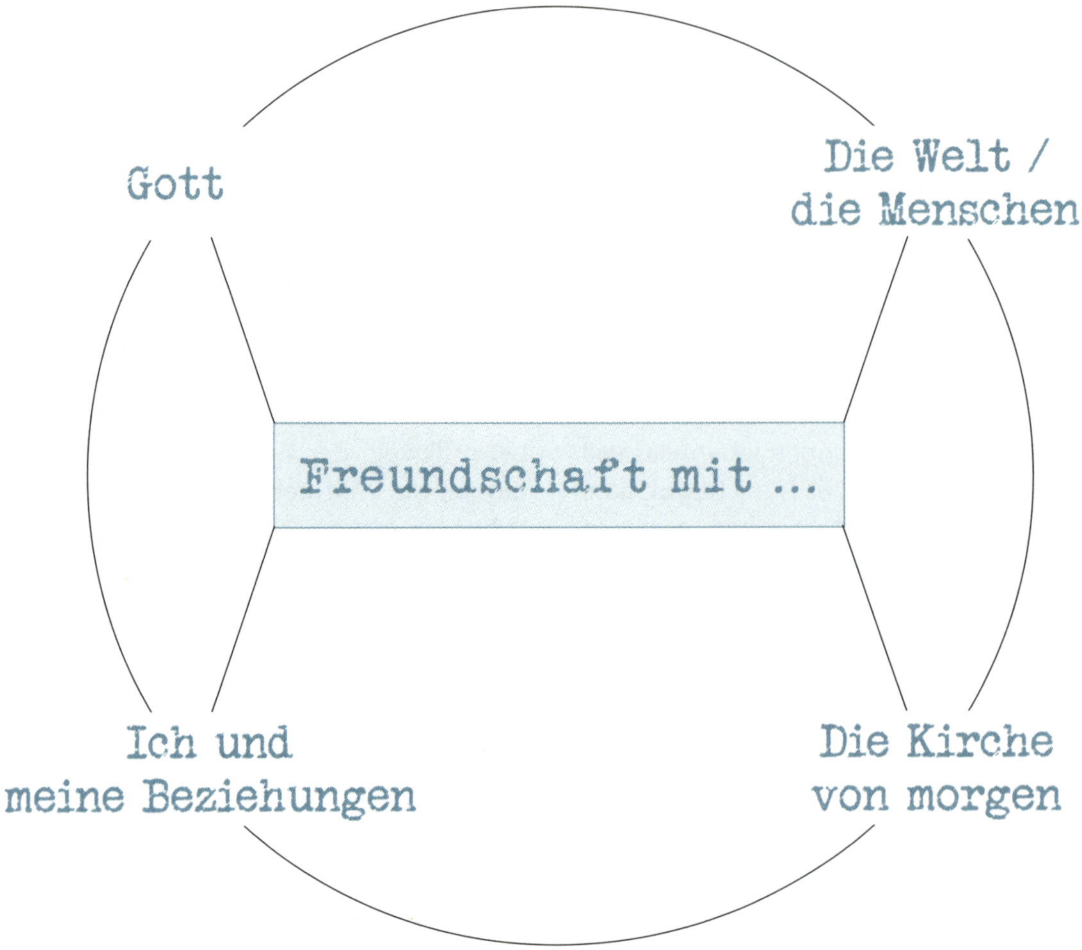

Dieses Buch ist ein Angebot wie ein Buffet – du musst nicht alles nehmen. Es gibt verschiedene Zugänge:

Diskussionseinstiege	Inhaltliche Aussagen	Für Gruppen	Zur Selbstbegegnung
Reizworte (s. S. 18, 22, 29, 70, 79, 93, 98, 112)	Thesen für Kirchenreformprozesse (s. S. 119)	Vorschlag für einen Ablauf in vier Schritten (s. S. 158)	Ich-xperimente (s. S. 10, 15, 23, 25, 37, 38, 45, 52, 57, 71, 80, 84, 94, 99, 102, 106, 111, 118)

Der Wunsch, der sich mit diesem Buch verbindet, ist, dass es an einigen Stellen zu einer echten Begegnung kommt – zwischen dir und den Gedanken-Angeboten sowie zwischen dir und anderen. Aber Vorsicht: Echte Begegnung kann dich verändern! Warte nicht darauf, dass Gandalf dich zu einem Abenteuer abholt. Sei Gandalf.

Dank an das Bistum Aachen, und insbesondere an Christoph Lohschelder, für die inspirierende Zusammenarbeit.

Urs Schiller

Ich-xperiment

Meine Antwort auf die Wunderfrage

Als die Kirche über Nacht wie durch ein Wunder so wurde,
wie ich sie mir wünsche …

MALE ODER SCHREIBE DEINE IDEEN AUF:

Geschichten aus dem Leben und der Fantasie

Wir werden keine Autorität haben,
wenn wir nicht ihren Erfahrungen Autorität geben,
sie in ihren Wohnungen besuchen,
ihre Sprache erlernen,
mit ihnen Brot essen und das teilen,
was sie anzubieten haben.

Achtung: Das ist gefährlich.
Das ist missverständlich,
das kann den Vorwurf einbringen,
mit den falschen Menschen zu verkehren.
Aber: Es gibt einen guten Präzedenzfall.

Timothy Radcliffe

Der erste Eindruck – eines Kirchenraums

Gestalte einen einladenden Kirchenraum.

Bildimpuls

Ich will, dass Du bist

WENN DAS STIMMT UND DU DAS WIRKLICH GLAUBEN KANNST, WAS BEDEUTET DIESE ZUSAGE GOTTES? WELCHE GEFÜHLE LÖST DER SATZ AUS? WAS WIRD LEICHTER?

Gott spricht: „Ich lege vor dich Leben und Tod: Wähle das Leben."

Vgl. Deuteronomium 30,19

Jesus sagt: „Ich bin gekommen, damit sie das Leben haben und es in Fülle haben."

Vgl. Johannes 10,10

Die Ehre Gottes ist der lebendige Mensch.

Irenäus von Lyon

Susanne Niemeyer

Wie es ist, Gott zu befreien

Ich frage mich, was du denkst, Gott. Über die Kirche, die ja irgendwie dein Haus sein soll, überall auf der Welt. Und zuhause, da will man sich doch wohlfühlen.

Ich besuche dich regelmäßig. Egal ob italienisches Bergkloster oder der Dom in Oslo: Ich schaue mal kurz rein. Ob offen ist, ob du da bist und wie es aussieht bei dir. Meistens zünde ich eine Kerze an, das finde ich ganz schön, weil ich mir vorstelle, dass du dann nicht so allein zurückbleibst, wenn ich wieder gehe.

Manchmal sieht es schön aus bei dir. Licht und leicht. Oder dämmerig und innig. Aber oft ist es anders. Dann ist es steril oder, schlimmer noch, ein bisschen vernachlässigt. Du weißt, Bilder an den Wänden, die schon lange keiner mehr ansieht, und in der Ecke ein verstaubter Gummibaum. Kein Leben drin. Mich deprimiert das. Ich gehe dann und selten komme ich sonntags wieder.

Denn sonntags will ich nicht depressiv sein. Ich will eine Kaffeetafel, da soll Butterkuchen auf den Tisch kommen und alle sind da und reden und lachen und die Woche ist weit weg. Aber so fühlt es sich nicht an. Und ich rede jetzt nicht von den seltenen Orten, in denen alles ganz anders ist. Ich rede von der „guten Stube", in die ich an solchen Sonntagen kommen soll und in der es sich immer irgendwie steif und falsch anfühlt, weil das Leben doch eigentlich in der Küche stattfindet.

Bei meinen Großeltern gab es auch so eine gute Stube. Die Uhr tickte zu laut und immer wenn wir dort saßen, war ich befangen. Ich schielte, ob meine Fingernägel sauber waren, räusperte mich unbehaglich und fühlte mich am falschen Ort.

Ich glaube einfach nicht, dass du solche Stuben magst, Gott. Warum solltest du? Ich glaube nicht, dass du es magst, auf harten Bänken zu sitzen, einer hinter dem anderen. Ich glaube nicht, dass dein Musikgeschmack vor 300 Jahren einfach stehengeblieben ist. Ich will auch nicht mehr hören, was ich mit 16 gehört habe. Man entwickelt sich ja weiter – und du doch auch, oder?

Vielleicht müssen wir dich retten, müssen die gute Stube entern und das Biedermeier rausschmeißen, die Fenster aufreißen und das Leben reinlassen! Du brauchst nichts vorbereiten, wir kommen einfach. Wir bringen mit, was wir haben, wir singen unsere Lieder, die auch nach 2000 Jahren noch von Sehnsucht erzählen, aber andere Namen für dich haben.

Wir wollen dich – und wir wollen dich als einen von uns. Du sollst lebendiger sein als dein Abbild an der Wand.

Ich glaube, du willst das auch. Verzeih, wenn ich dich vereinnahme, aber die Geschichten erzählen davon, wie unglaublich alltäglich du mal warst. Hirte, Bauer, Bäckerin. Heute gibt es kaum noch Schafherden, aber dich gibt es immer noch. Ich will keine gute Stube ordentlich halten, die nur noch an Feiertagen jemand betritt. Ich will in der Küche sitzen, wo das Leben ist, und ich will dort zuhause sein, mit dir und den anderen.

Über die Autorin: Susanne Niemeyer, Autorin im Herder Verlag und im Chrismon Verlag, hat lange im Team „Andere Zeiten" mitgearbeitet; aktuelle Beiträge und ihren Newsletter findet man auf ihrer Webseite www.freudenwort.de

Ich-xperiment

You can't hurry love

ACTIO ODER CONTEMPLATIO – WELCHER TYP BIST DU?
WAS IM LEBEN LIEGT IN DEINER HAND, IN DEINER ENTSCHEIDUNG?
WAS KANNST DU NICHT BESTIMMEN, IST UNVERFÜGBAR, IST GESCHENK –
KANN WAHRGENOMMEN UND KULTIVIERT WERDEN,
ABER NICHT SELBST GEMACHT WERDEN?

Unverfügbarkeit der Resonanz-Begegnung als nicht machbares Geschenk
Was ist machbar, verfügbar? Der erste Schnee?
Ein Musikstück hören? Die Liebe?
Angenommen: In unserer Zeit geht es oft um Kontrolle und Verfügbarkeit
in vielen Bereichen unserer Gesellschaft.
Wie einen Gegenpol gibt es den Wunsch nach Lebendigkeit.

Alles, was wir tun, entspringt einer Sehnsucht nach Resonanz. Wir möchten uns als lebendig erfahren, indem wir uns berühren lassen und in Kontakt treten. Heute wird das in der Werbung instrumentalisiert – für eine Objektbegierde. Versprochen wird eine Begegnung, verkauft aber eine Ware. Was wir aber brauchen, ist eine andere Weise des Begegnens. Nicht kontrollieren und beherrschen, sondern in Kontakt treten. Ein vibrierender Draht zwischen uns und der Welt. Eine Haltung des Hörens und Antwortens statt des Beherrschens.

Hartmut Rosa

Nur eins ist Ilaria klar: Dass ihre Aufgabe als Erzieherin nicht darin besteht, die jungen Menschen zu definieren, sondern mit ihnen in Beziehung zu treten.

Francesca Melandri

Welchen Gedanken möchtest du im Leben ausprobieren? Wie konkret?

ANGENOMMEN, MANCHMAL WÄRE ES GUT, AUF DAS GEPLANTE LEBEN ZU VERZICHTEN,
UM DAS LEBEN ZU LEBEN, DAS UNS ENTGEGENKOMMT:
WAS WÜRDE DAS FÜR DEIN LEBEN BEDEUTEN … UND FÜR DIE KIRCHE VON MORGEN?

KANNST DU DEINE ANTWORTEN MIT DIESEN WORTEN IN VERBINDUNG BRINGEN: ANGST, UNSICHERHEIT, NEUGIER, ACHTSAMKEIT, GESCHENK, VERWANDLUNG …? WELCHE WORTE SPIELEN NOCH EINE ROLLE?

Allegra Sain

Meine Geschichte zur Wunderfrage

Ich schaue zum dritten Mal auf meine Uhr. Die Zeit scheint sich in Dimensionen zu bewegen, die ich offenbar wahrzunehmen überhaupt nicht befähigt bin. Mein kleiner Bruder neben mir hat sich dem intensiven Schlafbedürfnis Heranwachsender hingegeben. Meine Oma kramt in ihrer Handtasche herum und zieht ein kleines Päckchen hervor. Oh, bitte nicht. Nicht hier. Auf ihrem Schoß breitet sie ein Arsenal von Süßigkeiten aus, das in seiner Vielfältigkeit sicher weltweit seinesgleichen sucht. Strahlend bietet sie mir eine dieser gaumenschmeichelnden Bomben an. Ihr Blick ist freundlich, aber bestimmt.

Meine Mutter, die die Szene mittlerweile auch mitbekommen hat, wirft meiner Oma einen ernsten Blick zu, woraufhin diese in ohrenbetäubendem Flüsterton ein: „Was ist denn daran so schlimm?" ertönen lässt. Oma Helga hat nämlich wieder mal ihre Hörgeräte vergessen und spricht daher sehr, sehr laut. Das familiäre Spektakel hat indes die Aufmerksamkeit der umliegenden Reihen erregt und wird von zahlreichen Kirchenbesuchern mit Interesse verfolgt. Grund genug für Oma Helga, ihre Zuschauer mit Bonbons jedweder Couleur bei Laune zu halten. Meine Mutter erkennt die Aussichtslosigkeit der Situation und wendet sich kopfschüttelnd wieder der Predigt zu.

Mir ist sehr warm geworden. Ich versuche mich ebenfalls auf das, was der Pastor sagt, zu fokussieren, aber es fällt mir schwer. Dauernd schieben sich andere Gedanken ein: Welches Datum haben wir eigentlich heute? Bis wann muss ich mich für meine Prüfungen an der Uni angemeldet haben? Was sucht Oma denn schon wieder in ihrer Handtasche? Ich bin mir sicher, dass mich für meine Konzentrationsschwäche nur eine Teilschuld trifft. Die Predigt ist derart trocken, intellektuell und politisch ausgelegt, dass es nicht wundert, wenn man gedanklich etwas abschweift. Kann man den Bezug zu Gott nicht etwas alltagsnäher rüberbringen? Greifbarer? Ich kann natürlich nicht stellvertretend für die Interessen aller Kirchgänger Deutschlands sprechen, aber zumindest die Gründe nennen, die ein Erscheinen junger Erwachsener, wie ich selbst es bin, in Gottesdiensten so selten macht. Dafür möchte ich kurz das Bild eines mich ansprechenden Gottesdienstes im 21. Jahrhundert skizzieren.

In der Kirche meiner Vorstellung gibt es keine starren Bankreihen mehr. Diese unbeweglichen Sitzgelegenheiten spiegeln die Verkrampftheit und Inflexibilität der heutigen Gottesdienste wider. Stattdessen sehe ich eine variable Anzahl von Stühlen, die im Halbkreis um den Altar angeordnet wird, sodass man nicht nur den Pastor, sondern sich auch gegenseitig ansehen kann. Dass die Besucher in den Bankreihen aufgrund der mittlerweile geringen Besucherzahlen bisher so weit verstreut waren und keinen Blickkontakt zueinander aufbauen konnten, missfiel mir schon lange. Lieber wird ein größerer Aufwand mit dem Aufbauen der Stühle betrieben, als dass nachher ein Platz im Kreis unbesetzt bleibt.

Nun aber bleiben Glaube, Hoffnung, Liebe, diese drei; aber die Liebe ist die größte unter ihnen.

Wie schon in 1. Korinther 13 geschrieben steht, ist nicht der Glaube vorrangig, sondern die Liebe. So stelle ich mir auch vor, dass ein Gottesdienst, der intensiv auf das Zwischenmenschliche fokussiert, einen

Raum für Gemeinschaft, Vertrauen und Akzeptanz bietet, einen Besuch für viele Menschen attraktiver macht. Ich sehe den Gottesdienst nicht nur als einen Dienst für Gott, sondern vor allem im Sinne Gottes, also aus Liebe. Natürlich bleibt die Bibel eine wesentliche Quelle.

Das Leben ist zu hart, um es allein zu meistern, ohne einen Halt, ohne etwas Heiliges.

Sie aber um Gemeinschaft zu erweitern, die Sorgen, Probleme oder Anregungen der Gemeindemitglieder mit einzubeziehen und ihr dadurch eine Aktualität und Greifbarkeit zu verleihen, kann nur bereichernd sein. Ich habe die Vorstellung, dass man jede Woche für eine Stunde in einem geschlossenen Kosmos ganz offen zeigen kann, wie es einem in diesem Moment geht, ohne Gefahr zu laufen, dass Offenheit und Vertrauen missbraucht werden. Dass man Raum findet, sich mitzuteilen, und durch die Gemeinde und Gott, vertreten durch den Pastor, vielleicht eine neue Richtung gezeigt oder Orientierung bekommt. Doch auch anderen Menschen Rat geben zu können oder schlichtweg ein Ohr zu schenken, füreinander da zu sein sind Aspekte, die Kirche zu einem Ort machen, an dem man einen Anker findet – eine direkte Verbindung zu Gott und eine indirekte durch die Gemeinde.

Um diese vertraute, fast schon familiäre Atmosphäre zu schaffen, stelle ich mir vor, dass Gemeindemitglieder aktiv an der Gestaltung der Gottesdienste teilnehmen. Ich spreche nicht vom Vorlesen einer Fürbitte, sondern dem Mitteilen von Erlebtem, das geprägt hat und das man vor einem christlichen Hintergrund untersucht und diskutiert. Vielleicht ist einem Gott im Alltag in einer Person, in einem Satz, einer Geste begegnet? Vielleicht wurde man mit Leid und Schmerz konfrontiert? Vielleicht möchte man diesen Gottesdienst einer Person widmen, der es zurzeit schlecht geht, und sie in seine eigenen und die Gebete der Gemeinde einschließen? Natürlich muss man Privates nicht offen teilen, wenn nicht gewünscht, sondern hat auch die Möglichkeit, dem Pastor anonym eine Nachricht mit seinen Gedanken (z.B. in einem Briefkasten in der Kirche) zukommen zu lassen, die er oder sie in der Predigt aufgreift.

Zuletzt möchte ich die Wichtigkeit von Musik betonen. Zahlreiche Studien belegen, dass das Singen einen positiven Einfluss auf uns Menschen hat. So stärkt es nicht nur unser Herz-Kreislauf- und Immunsystem, sondern führt auch dazu, dass der Körper Endorphine ausschüttet, was uns glücklich macht. Das gemeinsame Singen oder das Einladen von Chören hat in den Gottesdiensten Tradition und ich fände es schön, wenn man diese Tradition erhalten und eventuell zeitgemäß noch etwas optimieren könnte. Dass christliche Musik nicht langweilig, öde oder trocken sein muss, zeigt zum Beispiel die irische Folk-Band Rend Collective. Die Freude an Musik, Gott und Gemeinschaft steht für die Iren im Vordergrund und wird auf eine sehr ansteckende Weise zelebriert. Die Vorstellung, dass jeder Gottesdienst eine Art christliches Konzert unter Freunden sein könnte, fände bestimmt nicht nur ich verlockend, oder?

Über die Autorin: Allegra Sain hat einen Literaturpreis NRW als Nachwuchsschriftstellerin gewonnen, studiert Psychologie und betreut Menschen mit Behinderung.

Wenn die Augen
meiner Zuhörer glänzen,
schreibe ich meinen Gedanken auf.
Nasreddin Hodscha

Freut euch zu jeder Zeit.
Paulus

SIND DIE 4 WORTE IN DER MITTE IN DER BEDEUTUNG GLEICH, ÄHNLICH ODER UNTERSCHIEDLICH?
WELCHER SATZ HAT FÜR DICH IN DEINEM LEBEN EINE BEDEUTUNG? WARUM?

Happiness attracts.
Kardinal Dolan

Gottesdienst
FEIERN

Be happy
froh / glücklich sein / Spaß haben

Niemand wird unserer Frohen Botschaft
zuhören, wenn wir nicht froh sind.
Timothy Radcliffe

Wir nehmen uns zu ernst
und lachen zu wenig.
Papst Franziskus

WORAN ERKENNT MAN EINE KIRCHE DER FREUDE?
(ER-)FINDE 3–5 KONKRETE SITUATIONEN.

Der Dienst der Kirche und ihrer Priester sollte darin bestehen,
die Freude zu zeigen, die Gott an den Menschen hat.
Als Jesus mit Zöllnern und Prostituierten gegessen hat,
hat er das nicht aus Pflicht, sondern aus Freude getan.
Es gehört zum Priestersein, dass wir uns über die Existenz
aller Menschen freuen in ihren Versuchen zu lieben und zu leben,
egal ob sie verheiratet, geschieden, homosexuell, nach der Lehre
der Kirche leben oder nicht.
Diese Freude und Priestersein sind untrennbar verbunden.
Timothy Radcliffe

Eva Straeten

Meine Geschichte zur Wunderfrage

Es geschah am Todestag meiner Oma. Es war der erste Todestag. Das war mir an dem Morgen aber nicht bewusst. Nicht, dass ich nicht an meiner Oma gehangen hätte. Im Gegenteil, sie war einer dieser wunderbar beständigen Menschen in einer hektischen Welt, ein Monument der Einfachheit im besten Sinne, und ich war bei jedem Gedanken an sie dankbar für ihre unvoreingenommene Liebe und Großzügigkeit.

Trotzdem erfuhr ich es erst im Nachhinein von meiner Mutter. Und obwohl es rückblickend einfach ist, viele Dinge in Geschichten hineinzuinterpretieren, lag hier doch eine gewisse Ironie in der Luft. Besonders wenn man bedenkt, dass ich seit ihrem Tod den Austritt aus der Kirche nur aus Bequemlichkeit vor mir herschob.

Ich wachte also auf an diesem sonnigen Tag und war mir keiner außergewöhnlichen Vorkommnisse bewusst. Obwohl ausschlafen an sich schon etwas Außergewöhnliches war. Und hätte ich an meine Oma gedacht, hätte ich sie mir an diesem Sonntagmorgen beim Unkrautjäten zwischen den Stiefmütterchen und Erdbeersträuchern vorgestellt. Sie liebte die warmen Monate des Jahres.

Es war diese Art „perfekter Tage", an denen ich ganz kribbelig wurde und das Gefühl hatte, etwas tun zu müssen.

Etwas Produktives, die Sonne nutzen, aber am besten auch etwas Schönes, das gleichzeitig als Freizeit durchging. Die Art von Vorhaben eben, die garantiert danebengehen würde, weil alles gleichzeitig noch nie funktioniert hatte.

Ich ging also Brötchen holen, mit der festen Absicht, entspannt zu bleiben und eins nach dem anderen zu erledigen. Natürlich hatte ich keine Sonnenbrille dabei und ging die ersten dreihundert Meter mit zusammengekniffenen Augen. Was sollte man an einem Sonntagmorgen auch für Gedankenblitze vor dem ersten Kaffee erwarten. Vielleicht wäre mir die Menschenmenge sonst früher aufgefallen. Ohne richtigen Durchblick ergaben das Kirchenläuten und die gelegentlich vorbeifahrenden Autos jedoch eine gewohnte akustische Untermalung. Ich überquerte auf dem üblichen Weg zum Bäcker die Straße und bog links ab. Endlich im wohltuenden Schatten angekommen, die große Enttäuschung.

Der Bäcker war geschlossen. An einem Sonntag! Ich trat nur näher heran, um nach dem Grund zu forschen, die leeren Auslagen konnte ich schon von Weitem sehen. Anscheinend hatte es niemand für nötig befunden, eine Entschuldigung an die Tür zu kleben … Vielleicht ein Krankheitsfall? Oder war jemand gestorben? Wahrscheinlich würde ich es sowieso nicht erfahren, schließlich kannte ich die Besitzer nicht. Falls es ein riesiges Drama war, würde ich es vielleicht später von meiner Mutter hören, aber davon bekam ich jetzt auch kein Schokoladencroissant.

Beim Umkehren hatte ich schon mein Handy in der Hand, um nach den Öffnungszeiten des nächstgelegenen Bäckers die Hauptstraße runter zu googeln. Sicher würde ich nicht auf gut Glück mein Rad aus dem Schuppen kramen! Vielleicht war ja heute eine Art Feiertag, der mal wieder komplett an mir vorbeigegangen war.

Ich schaute nur von meinem Handy auf, weil ich so überrascht war. Ich hörte jemanden nach mir rufen, aber nicht meinen richtigen Namen, sondern meinen Spitznamen aus der Kindheit. Die Stimme, die mir immer noch so vertraut war, nannte mich nicht „Katharina", sondern „Kathy".

„Theresa!", erwiderte ich ganz erstaunt. „Seit wann bist du hier?"

Ich stand meiner besten Freundin aus Kindertagen gegenüber. Sie war damals nach dem Abitur nach Australien gegangen und nicht wieder zurückgekommen. Das war jetzt fast drei Jahre her. Ich gab insgeheim ihren Eltern die Schuld dafür, die sie mit ihrer ewigen Streiterei verscheucht hatten.

„Na, seit einer halben Stunde, so wie immer! Ich hab auf dich gewartet, was ist denn los? Ist was passiert?" Ich wusste nicht recht, was ich antworten sollte. An eine Verabredung mit meiner verschollenen besten Freundin hätte ich mich ja wohl erinnern können. Als ich nicht antwortete, nahm sie meine Hand und meinte, wir sollten schon mal rübergehen, sonst würden sie womöglich ohne uns anfangen. Wir gingen und sie fing an zu erzählen. Von der Grillparty am Abend, dem neuen gelben Kleid und ihrer Schwester, die sie heute Morgen wieder wegen ihrer flippigen Schuhwahl aufgezogen hatte. Das mussten dann wohl die sein, die sie gerade anhatte. Rotweiß karierte Sandalen trug man nicht bei jeder Gelegenheit. Aber heute schien auch nicht „jede Gelegenheit" zu sein. Ich war noch in Schockstarre und ließ ihr vertrautes schnelles Geplapper über mich hinwegwaschen. Wir hatten in den Jahren den Kontakt größtenteils verloren. Am Anfang telefonierten wir ständig, erzählten uns alles und wie sehr wir uns gegenseitig vermissten und dann wurde es eben weniger. Die eine arbeitete in der Surfschule und die andere studierte Wirtschaftspsychologie … so war das Leben eben. Aber jetzt stand sie hier, direkt neben mir und erzählte mir von ganz alltäglichen Dingen und ich konnte mir keinen Reim darauf machen. Natürlich hatte ich nicht wissen wollen, seit wann sie auf mich gewartet hatte, sondern seit wann sie in Deutschland war, aber ich wäre, wie so oft damals, wahrscheinlich sowieso nicht zu Wort gekommen.

Wir erreichten eine große Gruppe von Menschen im Schatten der Bäume bei der Kirche und ich fragte mich, wie ich sie eben hatte übersehen können. Wahrscheinlich weil sie so ruhig waren. Beim Näherkommen schwoll ein leichtes Gemurmel an und einige Köpfe drehten sich und lächelten uns an. Am anderen Ende der Wiese, an deren Rand auch wir standen, war eine Frau in hellen Kleidern zu sehen, die mir bekannt vorkam. Sie stand ein wenig erhöht und ein kurzes Zucken der Mundwinkel ließ erkennen, dass sie uns wahrgenommen hatte. Als sie die Stimme erhob, drehten sich alle Anwesenden in ihre Richtung und begannen zu singen.

Es war ein fröhliches Lied mit mehreren Strophen und mehrstimmigen Elementen.

Wie dieses bekannte „Oh Happy Day", nur anders. Diese Leute schienen oft miteinander zu singen. Weil ich den Text nicht kannte, hatte ich Zeit, die Szenerie zu beobachten, schließlich ging hier immer noch etwas vor sich, das ich nicht verstand. Ich suchte, ohne mir etwas anmerken zu lassen, nach einem Hinweis auf die Art der Veranstaltung und fing bei der Frau vorne an, die hier die Leitung zu haben schien. Plötzlich fiel der Groschen und ich erkannte in ihr meine Musik- und Religionslehrerin aus der Grundschule im Ort. Sie sah verändert aus, ganz in Weiß und Sandfarben gehüllt, die Haare nicht zum Dutt hochgesteckt, sondern offen und schulterlang, entspannter, als ich sie zwischen Kindergeschrei in Erinnerung gehabt hatte. Von den beruhigenden Klängen des Chors getragen, tauchte ich in farbenfrohe Kindheitserinnerungen ein und erkannte plötzlich viele weitere Gesichter in der Gruppe, deren Mitglieder sich beim Refrain klatschend immer wieder halb zu mir drehten.

Ich erhaschte einen Blick auf meine demente Nachbarin, die sich meines Wissens die letzten zwei Jahre zu Hause zwischen ihren sechs Katzen versteckt hatte. Kinder von Nachbarn, die vor Jahren weggezogen waren und mittlerweile selbst Kinder zu haben schienen. Alte Schulkameraden und Leute aus dem Ort, die ich sonst nur einmal im Jahr an Weihnachten in der Kirche sah. Manche sahen aus wie immer, andere waren irgendwie verändert und in dieser ungewohnten Konstellation kaum wiederzuerkennen. Nach und nach bemerkte ich, dass ich fast jeden hier schon mal gesehen hatte. Sogar meine Eltern sah ich ganz vorne von einem Fuß auf den anderen wippen.

„Theresa, warum sind heute alle hier?", fragte ich nach links gelehnt. Die Frage hatte sich vom ersten Moment an aufgedrängt und ließ sich nicht mehr unterdrücken. „Weil heute Sonntag ist?", bekam ich mit leichtem Stirnrunzeln und einem Hauch Ironie zurück. Ich hielt es für klüger, nicht zu antworten, zumal vorne wieder die Stimme erhoben wurde.

So in Erinnerungen versunken,
hatte ich nicht bemerkt,
dass das Lied zu Ende war.
Es wurde immer seltsamer,
was war hier los?

Und als ich überlegte, was ich als Nächstes tun sollte, ohne wie der größte Idiot dazustehen, drangen einige Worte meiner alten Lehrerin durch mein Gedankengewirr hindurch und es dämmerte mir ... ich war bei einem Gottesdienst. Nur war das nicht so, wie ich das von früher und Weihnachten in Erinnerung hatte.
Unter freiem Himmel hatte alles weniger Schwermut und die nächste Stunde fühlte sich für mich an, als hätten wir gemeinsam das Leben gefeiert. Ich vergaß meine Verwirrung und meine Fragen und saugte die positive Energie auf wie jemand, der nicht gemerkt hatte, dass er kurz vor dem Verdursten war, bis er direkt vor der Quelle stand.

Der Applaus am Ende riss mich wieder aus meiner Trance und alle, die laufen konnten, fingen an, Festzeltgarnituren aufzubauen und Essen aus Rucksäcken und Kühltaschen zu zaubern. Die ältere Generation wurde von ihren Stühlen und Rollatoren in der ersten Reihe in Bänke begleitet. Eine kleine Gruppe holte Körbe voller Brötchen aus der Bäckerei, vor der ich eben noch gestanden hatte. Prompt meldete sich mein Magen, ich hatte immer noch nichts gefrühstückt. So langsam war mir schon nach Mittagessen.

Durch das geschäftige Treiben
und fröhliche Geplapper hindurch
nahm Theresa wieder meine Hand
und zog mich mit sich.

„Ich hab extra die Quiche mit Brokkoli gemacht, die du so gerne magst. Komm schnell, bevor alles weg ist", sagte sie mit einem Augenzwinkern. Ich war nicht sicher, was über Nacht passiert war und wann ich meine Stimme wiederfinden würde. Aber was konnte mir schon passieren an diesem wunderschönen Tag und zwischen all den Menschen, mit denen ich aufgewachsen war?

Über die Autorin:
Eva Straeten ist Schauspielschülerin in Aachen.

Sei, der DU bist,
denn DU bist ein Wer.

Wenn du heute die Person bist, die du bist,
wirst du morgen die Person sein,
die du wirst.

Früher wollte ich normal sein,
dann fand ich das langweilig.
Jetzt will ich ich sein.

Olaf Lewitz

Eigentlich bin ich ganz anders,
ich komme nur so selten dazu.

Ödön von Horvath

Sei selektiv
und authentisch:
Du kannst entscheiden,
was du mitteilst.
Das, was du mitteilst,
soll echt sein.

Ruth Cohn

Die Wahrheit
macht frei.

Jesus

It's ok
to be ordinary.

Timothy Radcliffe

echt sein

WENN DU DURCH
EIN WUNDER ÜBER NACHT ETWAS
IN DEINEM LEBEN STÄRKER,
ETWAS WENIGER UND ETWAS GANZ ANDERES
SEIN KÖNNTEST, WAS WÄRE DAS?

Ich bin nicht auf der Welt,
um deinen Erwartungen zu entsprechen.

Fritz Perls

Wir spielen alle Theater.

Erving Goffman

Wenn ich nach dem Weg nach
Dublin frage, möchte ich nicht hören:
„Wenn ich nach Dublin will, dann würde
ich nicht von hier starten!"

Timothy Radcliffe

Mich hat schon immer gewundert, wie ungern
wir (Bischöfe) über wirklich Gelebtes,
über Erlebtes sprechen.

Christoph Schönborn

Anerkennen, was ist.

Bernd Hellinger

Angenommen: Was wir wie auf einem Plakat vor uns hertragen und das, was wir selber von uns denken und behaupten (Selbstbilder) und unsere eigentlichen Motive (basale Motive wie z.B. Macht, Leistung, Beziehung) sind in Spannung, Widerspruch oder im Einklang. Wie wäre das?

Angenommen, die basalen Motive sind stärker (weil sie älter sind) als die Selbstbilder. Was bedeutet das für mich?

Meine Erfahrungen

Man muss nicht heroinsüchtig oder Performancepoet sein,
um Extremerfahrungen zu machen.
Man muss nur jemanden lieben.

Nick Hornby

Wichtige Erfahrungen in meinem Leben …

Mark Markovich Warshavsky schrieb 1899 das jiddische Lied „Oyfn Pripetshik".
Darin heißt es:

Wenn ihr Kinder älter werdet, werdet ihr alleine verstehen,
wie viel Tränen in den Buchstaben liegen, und wie viel Weinen. (…)
werdet ihr von den Buchstaben Kraft schöpfen, Schaut sie euch an!

WELCHE LIEDER, TEXTE, FILME KÖNNEN DEINE ERFAHRUNGEN AUSDRÜCKEN,
TRÄNEN TROCKNEN ODER KRAFT GEBEN?
IN WELCHEN BEGEGNUNGEN SPRICHST DU EHER ABSTRAKT,
WANN ERZÄHLST DU ERFAHRUNGSBEZOGEN?

Der Fromme (der Christ) von morgen wird ein Mystiker sein,
einer, der etwas erfahren hat.

Karl Rahner

WELCHE DEINER WICHTIGEN
ERFAHRUNGEN HABEN
MIT GOTT ZU TUN?

DAS LIED
„OYFN PRIPETSHIK" SPRICHT
VON DER THORA, DER JÜDISCHEN
BIBEL – WELCHE GESCHICHTEN AUS DER
BIBEL ERZÄHLEN VON ERFAHRUNGEN,
DIE DIR WICHTIG SIND?

Ein Hausmeister verändert ein Leben

Für dieses Buch wurden mir viele Geschichten erzählt – von manchen Menschen kenne ich nicht mal den Namen. So wie in der folgenden Begebenheit, die von außen betrachtet eine unspektakuläre Situation, ein einfaches Gespräch schildert, für den Hilfshausmeister aber eine befreiende Erfahrung war.

Urs Schiller

In Hamburg lebte ein Hausmeister schon lange in einer Wohnanlage für eher Wohlhabende. Vor einiger Zeit bekam er einen Hilfshausmeister zugeteilt. Der Hausmeister, der hier seit Jahren allein zurechtkam, war nicht begeistert und sah ihn nicht als Kollegen an. Er fürchtete einen versteckten Kontrolleur, seit er die vertraut wirkende Begrüßung mit einem Eigentümer-Ehepaar beobachtet hatte.

„Ich brauche keinen, der mich kontrolliert!" – das waren seine Begrüßungsworte für den Neuen.

„Ich bin hier nicht zum Kontrollieren, sondern zum Arbeiten." Offene und deutliche Worte und wenig Vertrauen – so fing es an.

Inzwischen waren einige Monate vergangen, da musste der Hausmeister etwas besorgen, aber er erwartete einen wichtigen Anruf. „Schreib die Nachricht einfach hier auf den Zettel", sagte er zu seinem Hilfshausmeister.

Der erstarrte: „Jetzt hast du mich."

„Was meinst du?"

Es war für den Hilfshausmeister wie eine Kapitulation: „Ich kann nicht schreiben, nicht richtig schreiben."

Erstaunt sah ihn der Hausmeister an. In manchen Gesprächen wirkte sein Kollege so gebildet, kannte Namen und Gedanken von Physikern und Philosophen. Als Schüler wurde ihm beim Schreibenlernen bei jedem Fehler in die Hand geschlagen, gab der Hilfshausmeister kleinlaut zu.

Darauf gab der Hausmeister diese Antwort: „Ist doch egal. Wenn du das so aufschreibst, wie du es lesen kannst, kann ich es auch lesen. Du schreibst es einfach so auf, wie es sich anhört. Ich lese es mir dann laut vor und werde es schon verstehen."

Eine Last fiel vom Hilfshausmeister ab. Die gelassene und ruhige Reaktion seines Kollegen nahm all das Peinliche weg.

Und so geschah es. Die Nachricht erreichte den Hausmeister, er verstand sie und die Sache war keiner Rede mehr wert.

Bemerkenswert war aber die erstaunliche Wirkung dieser Begebenheit. Durch die Antwort des Hausmeisters war alles gut – nicht nur in dieser Situation. Im Hilfshausmeister hatte sich etwas gelöst. Er fing nun zum ersten Mal an, seinen fünf Geschwistern zu ihren Geburtstagen zu schreiben – so wie er dachte, wie es richtig ist. Es war leicht und sein Leben fühlte sich insgesamt etwas leichter an. Ansichtskarten sind etwas Wunderbares – man schreibt die Adresse auf und die halbe Karte ist schon voll. Ohne viele Sätze kann man sich melden und im Kontakt sein.

Wenn Kirche (öfters)
so wäre wie der Hausmeister
in dieser Begegnung ...

ERFINDE EINE EIGENE
VERÄNDERUNGSGESCHICHTE:
WENN ICH (ÖFTERS) SO WÄRE ...

Sätze wie Schätze

Von meinem Vater habe ich gelernt,
dass es nicht gefährlich ist, sich richtig reinzuhängen,
wenn man auch mal richtig abhängen kann.
Regelmäßig, gründlich und mit gutem Gewissen.

Tomas Sjödin

Ohne ein Mindestmaß an Wertschätzung
für die Patienten kann ich nicht heilen.

J. O., Internist

Jeden
Morgen habe ich
mir überlegt:
Was wird heute schön?

C. R. über eine schwierige Zeit
im Internat

Darauf kommt es für mich an:
War es menschlich in der Zusammenarbeit?

G. M.

Es ist nie verkehrt zu helfen.

L. L., eine 87-jährige Überlebende des Zweiten Weltkriegs

Du bist nicht allmächtig und
du bist nicht ohnmächtig.
Du bist teilmächtig.

Nach Ruth Cohn

Ich-xperiment

If I were to summarize
in one sentence the single most important principle
I have learned in the field of interpersonal relations,
it would be this:
Seek first to understand, then to be understood.
Most people do not listen with the intent to understand;
they listen with the intent to reply.
Stephen R. Covey

Das ist für mich der Sinn des Lebens:
Für wen bin ich heute ein Geschenk?
J. W.

Vergleiche zwischen Menschen
verletzen und sind Gewalt.
Marshall B. Rosenberg

Manchmal ist der richtige Weg
nicht der einfachste.
Bahnreisende

Ich frage mich jeden Abend:
Was habe ich heute für Christus getan?
P. F.

Tragt Sonnenschutz.
Verletzt nicht die Herzen anderer –
haltet euch von denen fern,
die eure Herzen verletzen.

Eure Entscheidungen hängen
zur Hälfte von Zufällen ab.

Erinnert Komplimente und
vergesst Beleidigungen.
D. S., nach „Wear Sunscreen"
von Mary Schmich

Probleme sind zum Lösen da,
und Problemelösen macht Spaß.
U. S., Arzt

Da es
förderlich für die
Gesundheit ist,
habe ich beschlossen,
glücklich zu sein.
Voltaire

Ich-xperiment

Das Glück ist wie eine Kugel:
Wenn sie auf dich zukommt, heb sie auf;
balanciere sie, damit sie nicht runterfällt;
wenn sie wegrollt, laufe ihr nicht nach,
sie ist schneller als du.

E. J., Gärtner

Leben in Fülle für die Menschen –
darum bin ich auf der Welt.

J. C.

Willst du recht haben oder glücklich sein?
Beides gleichzeitig geht nicht.

Marshall B. Rosenberg

Alletageregel

Einander groß machen.
Das Beste annehmen. Aus den Fehlern Papierflieger falten.
Türen aufhalten, letzte sein.
Das letzte Hemd oder den letzten Apfel teilen.
Freundlich miteinander reden. Der Neugier das Ruder überlassen,
das Wohlwollen mit ins Boot setzen.
Einander und aufeinander achten, egal ob mit acht oder achtzig.
Höflichkeit lieben wie ein altes Großmütterchen, und wissen, dass
der Welt ohne sie etwas schmerzlich fehlen würde.
Manches nachsehen, auch wenn das Recht auf sein Recht pocht.
Viel lachen, gern lachen, denn lachen steckt an.
Für Gerechtigkeit sorgen und manchmal zurückstecken. Das Messer
in die Scheide, den Ärger in den Sand. Den Kopf draußen lassen.
Zuversichtlich sein, dass alles gut gehen kann, und selber schon
mal losgehen.

Susanne Niemeyer

„I'm not going away“
is one of the most import things we
can ever hear.

Rowan Williams

Wenn man das Gute und Schöne sieht,
hat man mehr Mut und Kraft,
um Schwierigkeiten zu überwinden.

Etty Hillesum

Ich-xperiment

Jesus hat niemals gesagt:
„Das ist mein Gebot: Du sollst recht haben."
R. Rohr

Heilung beginnt mit der ersten Begegnung.
C. P., Physiotherapeut

Wir verraten uns selbst,
wenn wir unser Lächeln, unser Verständnis
nicht frei verschenken.
Wir vorenthalten uns die größten Gaben,
die wir von Gott bekommen haben.
In uns stecken Träume
von Liebe, Leben, Abenteuer.
Aber traurigerweise
halten wir das Leben auf Distanz,
aus Gründen, die uns scheinbar schützen wollen.
Es ist die Liebe,
die unseren Tagen Bedeutung verleiht.
Elisabeth Kübler-Ross

Zeit ist nicht unser Feind,
sondern ein Geschenk.
F. P.

Our lives are made and marred
by our friendships.
In the worlds of nature and grace
love is more powerful than reason,
heart than head,
friendship than law.
Bede Jarrett

Good things happen to those
who pay attention.
Woody Zuills Vater

DEIN SATZ ZUM LEBEN (VIELLEICHT
UM IHN KINDERN ODER ENKELN
EINMAL WEITERZUGEBEN,
WENN SIE FRAGEN):

WAS FÜHRT ZU MEHR LEBEN IM
LEBEN, IN DEINEM LEBEN?

WAS FÜHRT ZU MEHR LEBEN
IN DER KIRCHE?

Die Treue zur Tradition bedeutet nicht, dass die Kirche in jedem Fall nur der vergangenen Geschichte verpflichtet ist, sondern vielmehr noch der zukünftigen Geschichte, für die die Kirche ihre immer identische Sendung zum Heilsdienst auszuüben hat.

Gerhard Ludwig Müller

Die katholische Kirche so wie heute gibt es erst seit 150 Jahren. 1.800 Jahre lang war das Christentum katholisch im eigentlichen Sinne: umfassend und vielfältig. Vieles von dem, was wir heute für „immer schon katholisch" halten, ist eben gerade erst 150 Jahre alt und hat manchmal nur wenig mit den Ursprüngen des Christentums und einer vermeintlichen Unveränderlichkeit von Glauben und Lehre zu tun.

Hubert Wolf

Wir tendieren in der katholischen Kirche manchmal dazu, die Vergangenheit zu glorifizieren, statt Gott in der Gegenwart zu suchen. [...] Die vielen Blasen – von Traditionalisten, Progressiven und Liberalen – müssen wir platzen lassen.

Jean-Claude Hollerich

Tradition

WELCHE GEDANKEN SOLLTE DIE KIRCHE NICHT VERGESSEN ODER WIEDERENTDECKEN, DAMIT SIE DEM "LEBEN IN FÜLLE" DIENT?

Jesus betont in seinen Reden, dass man die Tradition nicht höher stellen solle als die Nächstenliebe.

Christoph Schönborn

Es gehört bleibend zur Kirche, dass sie die Kirche der „traditio" ist, eine Kirche der Überlieferung und Weitergabe. Weil sie dies ist, darf sie sich nicht nur nach rückwärts, sondern muss sich auch nach vorwärts orientieren: an denen, denen sie weitergibt. Weil sie aber weitergibt, kann sie auch die Orientierung an dem, was war, nicht aufgeben.

Klaus Hemmerle

Orthodoxie besteht nicht in einer unveränderlichen und mechanischen Wiederholung tradierter Formeln. Das kann, wie Karl Rahner betont hat, sogar eine Form von Häresie sein. Orthodoxie bedeutet, so über den Glauben zu sprechen, dass es den Pilgerweg zum Mysterium offen hält.

Timothy Radcliffe

Auch schon der Konzilstheologe Yves Congar spricht von einer „Treue zur Zukunft", weil Gott auch die Zukunft gibt. So gehören die Treue zur Tradition und zur Zukunft zum Ganzen, zur Katholizität der Kirche. Tradition, Reform und Katholizität gehören für ihn untrennbar zusammen.

Theologische Perspektiven:

Unsere Hoffnungen für eine Kirche von morgen

Lass mich dich lernen,
dein Denken und Sprechen,
dein Fragen und Dasein,
damit ich daran die Botschaft neu lernen kann,
die ich dir zu überliefern habe.

Klaus Hemmerle

Frère John of Taizé

Von leeren Kirchen zu einer Gemeinschaft der Freunde

Aus dem Englischen übersetzt von George Reilly

Was zeichnet den christlichen Glauben aus? Obwohl er eine Antwort auf die religiösen Fragen der Menschheit, auf unser Verhältnis zum Absoluten bietet, ist der Glaube an Jesus nicht nur eine „Religion", wenn wir damit Glaubenssätze und Praktiken meinen, die sich auf eine bestimmte Zeit und einen bestimmten Ort beschränken („am Sonntag in die Kirche gehen"). Es ist ebenfalls mehr als eine persönliche Spiritualität, obwohl er Richtlinien für das Leben rund um die Uhr zur Verfügung stellt. Vielleicht wäre es näher an dem, was den christliche Glauben auszeichnet, zu sagen, dass der christliche Glaube eine Art des Zusammenlebens mit Anderen ist, solange wir diese „Anderen" nicht auf Menschen beschränken, die wir persönlich kennen und mit denen wir uns wohlfühlen. Das Wort im Neuen Testament für dieses gemeinschaftliche Leben ist das griechische *koinōnia,* auf Lateininsch *communio,* auf Deutsch *Gemeinschaft* oder *Kommunion.* In einem Brief an Menschen, die nach der ersten Generation der Jünger Jesu der christlichen Gemeinschaft beigetreten sind, erzählt Johannes, einer der ersten Jünger Jesu, dass in Jesus das eigene Leben Gottes auf ganz konkrete Weise in die Menschheitsgeschichte eingegangen ist. Und er fährt fort:

[…] was wir gesehen und gehört haben, das verkünden wir auch euch, damit auch ihr Gemeinschaft [koinōnia] mit uns habt. Wir aber haben Gemeinschaft [koinōnia] mit dem Vater und mit seinem Sohn Jesus Christus. Dies schreiben wir, damit unsere Freude vollkommen ist. (1 Johannes 1,3–4)

Dieses Leben, das von Jesus und durch seine Jünger vermittelt wurde, schafft eine *koinōnia* – ein Teilen des Lebens, eine Solidarität – unter denen, die es empfangen. Und diese gemeinsame Existenz ist nicht nur eine menschliche Realität. Sie beruht nicht nur auf den Gefühlen oder dem guten Willen der beteiligten Männer und Frauen. Nein, es ist eine Teilnahme am eigenen Leben Gottes, an der Gemeinschaft, die Christus mit dem verbindet, den er *Abba,* Vater, nennt, in der Einheit des einen Geistes. Und schließlich sagt Johannes, dass dieses Leben, das unter den Gläubigen und mit Gott geteilt wird, eine Quelle wahrer und vollkommener Freude ist. Wenn dies der Fall ist, liegt es dann nicht daran, dass es den tiefsten Wunsch der menschlichen Herzen erfüllt, geliebt zu werden und zu lieben, ohne Einschränkungen in Zeit und Raum?

Gemeinschaft und Freundschaft

Wenn es im Kern der christlichen Botschaft darum geht, ein Leben in Gemeinschaft mit Gott und zusammen mit anderen Menschen zu führen, dann ist es von größter Bedeutung, dass Christen ihren Glauben nicht einzeln, sondern als Teil einer Gemeinschaft leben. Die Kirche als Gemeinschaft der Gläubigen ist weit mehr als nur das Milieu, wo Menschen die Gute Nachricht Jesu entdecken können, wo sie sich diese zu eigen machen, ihr Verständnis davon vertiefen und sie feiern können. Ein solches Milieu ist bereits ein privilegierter Ausdruck dieser Guten Nachricht. Christen *gehen* nicht nur *in* die Kirche; sie *gehören* nicht nur *zu* einer Kirche. Sie sind nur Christen in dem Maße, wie sie die

Kirche sind, die Sammlung durch Gott derer, die sich aufmachen, um in die Fußstapfen seines Sohnes zu treten. Wenn Paulus die Kirche den Leib Christi nennt, dann meint er, dass der auferstandene Jesus durch die Gläubigen in der Geschichte gegenwärtig bleibt und so Menschen einlädt, sich mit Gott und mit ihren Mitmenschen zu versöhnen.

Was bedeutet es, in diesem Sinne „Kirche" zu sein?

Obwohl das Neue Testament und die christliche Tradition viele verschiedene Bilder und Begriffe bieten, die uns helfen, dies zu verstehen, sind wir in Taizé der Überzeugung, dass der Begriff der *Freundschaft* in dieser Hinsicht besonders hilfreich ist. Ist nicht ein weltweites Netzwerk von Freunden eine der klarsten Ausdrucksformen des christlichen Glaubens, die zugleich Freunde Gottes sind, indem sie Freunde Christi sind? Christen, die sich von der Botschaft und dem Leben Jesu inspirieren lassen, sind aufgerufen, sich mit allen Menschen *anzufreunden* und *befreundet zu sein* mit allen, die ihre Einladung annehmen.

Die Bedeutung von Freundschaft als einer Art, das christliche Leben zu verstehen, ist mir vor einigen Jahren aufgegangen, als ich auf einer Reise in Italien war, um Personen und Gruppen zu treffen, die Taizé besucht hatten und die sich fragten, wie sie das, was sie während ihres Aufenthalts auf unserem Hügel erlebt hatten, in die Tat umsetzen könnten.

Während dieser Reise wurde ich oft gefragt: „Fühlen Sie sich nicht einsam, weit weg von Ihrer Gemeinschaft und fast jeden Tag in einer anderen Stadt zu Besuch?" Diese Frage hat mich immer wieder überrascht. Ich habe geantwortet: „Einsam? Überall werde ich doch immer von so vielen Freunden begrüßt!„

Als ich über diese Erfahrung nachdachte, erkannte ich, dass die Menschen, die ich traf, nicht meine Freunde waren, weil wir zusammen aufgewachsen waren oder einige gemeinsame Interessen hatten, sondern weil wir eine ähnliche Glaubenserfahrung geteilt hatten. Dann erinnerte ich mich an die Worte Christi an seine Jünger: „Ich nenne euch nicht mehr Knechte; denn der Knecht weiß nicht, was sein Herr tut. Vielmehr habe ich euch Freunde genannt; denn ich habe euch alles mitgeteilt, was ich von meinem Vater gehört habe" (Johannes 15,15), mit anderen Worten, ich habe Gottes Leben mit euch geteilt. Und ich dachte: Wenn wir Freunde Jesu sind, sind wir auch untereinander Freunde. Ruft Jesus uns nicht auf, Teil eines universellen Netzwerks von Freunden zu sein? Ist das nicht, was es bedeutet, Teil der Kirche zu sein, und ist es nicht das, was ich auf dieser Reise erlebe?

Die jungen Menschen, die an den einwöchigen Treffen in unserer Gemeinschaft in Frankreich teilnehmen, machen oft eine ähnliche Erfahrung. Wenn man sie fragt, was ihnen während ihrer Zeit in Taizé am meisten auffiel, hört man unvermeidlich Variationen von drei Antworten, immer gleich. Sie erwähnen die Möglichkeit, andere Gleichaltrige aus einer großen Vielfalt von Verhältnissen zu treffen, die Erfahrung des gemeinschaftlichen Gebets und die Einfachheit des Lebens auf dem Hügel. Die Konzentration auf das Wesentliche begünstigt die menschlichen Beziehungen und fördert eine entspannte Atmosphäre der Akzeptanz und Freundlichkeit, die den Boden für das Wachstum von wahrer Freundschaft bereitet.

Die Besucher sagen oft:
„Es ist so einfach, hier
Freunde zu finden!"

Was Taizé Pilgern anbieten will, ist also im Wesentlichen eine Erfahrung der Freundschaft – Freundschaft mit Gott im Gebet und Freundschaft mit anderen über ethnische und religiöse Grenzen aller Art hinweg. Auf diese Weise hoffen wir, dass sie das Wesen des christlichen Glaubens erfahren, in Christus Freunde Gottes und damit Freunde voneinander werden und das Geheimnis der Kirche als Einladung zur Teilnahme an einer universellen Gemeinschaft in Gott entdecken.

Freunde aller

Aber wenn diese Erfahrung der universellen Freundschaft in Christus wahr ist, dann sollte sie nicht nur in Taizé möglich sein. Wie können diese jungen Menschen nach ihrer Rückkehr nach Hause so weiterleben? Und wie können unsere Ortskirchen Orte sein, an denen diese Art von Freundschaft gefördert wird?

> Die wichtigste Frage dabei ist, wie wir unser Verständnis von Freundschaft erweitern können, um über diejenigen hinauszudenken, die wir normalerweise als unsere Freunde betrachten.

Jesus sagt uns: „Wenn ihr nämlich nur die liebt, die euch lieben, welchen Lohn könnt ihr dafür erwarten? Tun das nicht auch die Zöllner?" (Matthäus 5,46). Die Menschen neigen dazu, andere in zwei Gruppen zu unterteilen: Diejenigen, die für mich sind, und diejenigen, die gegen mich sind oder die gleichgültig sind. Es ist nicht besonders schwer, nett zu denen zu sein, die uns mögen. Was die anderen betrifft, können wir sie in der Regel ignorieren. Aber das Evangelium bringt etwas radikal Neues: Es untergräbt diese ewige menschliche Tendenz, Menschen in eine erwünschte Gruppe und in eine unerwünschte Gruppe zu teilen. Das Evangelium sieht jeden als potenziellen Freund. Natürlich gibt es Menschen, denen wir uns näher fühlen als anderen; daran ist nichts falsch. Aber wenn eine Gruppe junger Menschen sich bewusst bemühen könnte, sich auch denen zu öffnen, die anders zu sein scheinen, vor allem denen, die von anderen abgelehnt werden, und sie in ihre Aktivitäten einzubeziehen, dann würden sie eine echte Alternative zu einer Gesellschaft bieten, die auf Ausgrenzung und Wettbewerb basiert, und die Welt dem näher bringen, was Gott will.

Das Gleiche gilt für die christlichen Gemeinden vor Ort. Frère Roger, der Gründer von Taizé, äußerte oft seine Hoffnung, dass die Kirche ein Ort sein möge, der allen offen steht. Die frühen Christen drückten dies durch die Bedeutung aus, die sie der *Gastfreundschaft* beimaßen. Es wurde oft festgestellt, dass das griechische Wort im Neuen Testament für Gastfreundschaft *philoxenia* ist, was wörtlich „Freundschaftsliebe für Fremde" bedeutet, während wir heute in der Regel von Gastfreundschaft sprechen, wenn wir Freunde und Verwandte willkommen heißen, Menschen, die wir bereits kennen und mögen.

> Die frühen Christen zeigten Gastfreundschaft vor allem gegenüber den Mitgläubigen, bei den vielen Besuchen, die sie sich gegenseitig machten, um die Verbundenheit zwischen den Gemeinschaften an verschiedenen Orten zu stärken.

Später wurde diese Tradition der Gastfreundschaft vor allem in den Klostergemeinschaften lebendig gehalten, zuerst für die Mitbrüder und in zweiter Linie für jeden, der eine Zeit lang das Leben der Mönche teilen wollte. Als die Besucherzahlen stiegen, waren die Klostergemeinschaften schließlich gezwungen, diese Gastfreundschaft so zu organisieren, dass der Tagesrhythmus des Klosterlebens nicht gestört wurde. Hier finden wir die Anfänge einer Institutionalisierung der christlichen Gastfreundschaft, die in direktem Zusammenhang zu den für das Christentum im Laufe der Jahrhunderte so charakteristischen karitativen Einrichtungen führte – Heime für Waisen und Alte, Schulen für bedürftige Kinder, Krankenhäuser usw.

Wir können uns jedoch fragen, ob diese Spezialisierung, auch wenn sie vielleicht effizienter gewesen sein mag, nicht dazu geführt hat, dass die Menschen den tieferen Sinn von Gastfreundschaft vergessen haben. Durch die Delegierung der Praxis, andere zu empfangen, an bestimmte Personen und Gruppen, verlor die christliche Gemeinschaft insgesamt eine gute Gelegenheit, sich an eine wichtige Dimension ihrer Existenz zu erinnern: dass sie nicht nur für sich selbst und ihre Mitglieder existiert. Indem wir den Fremden willkommen heißen, empfangen wir Christus, und das gibt uns nicht nur die Möglichkeit, Barmherzigkeit zu praktizieren, sondern ruft uns auch aus unseren bequemen Routinen heraus und bittet uns, uns für etwas Neues und oft Beunruhigendes zu öffnen. Gastfreundschaft ist eine starke Erinnerung daran, dass die Gemeinschaft in Christus niemals eine einfache Gesellschaft von Gleichgesinnten sein kann. Eines der wichtigsten Anzeichen dafür, dass eine Gemeinschaft in der Dynamik des Evangeliums lebt, liegt in ihrer Bereitschaft, sich von denen von auswärts kommend „stören" zu lassen, die zunächst fremd und sogar bedrohlich erscheinen mögen.

> „[...] ich war fremd und ihr habt mich aufgenommen", sagte Jesus (Matthäus 25,35).

Im Evangelium wird Jesus „ein Freund der Zöllner und Sünder" genannt (Matthäus 11,19). In der Tat, eines der mächtigsten Bilder von Gemeinschaft, die wir dort finden, ist Jesus, der mit diesen von der Gesellschaft ausgeschlossenen Personen am Tisch sitzt, während das religiöse Volk und die Theologen bestürzt zuschauen (vgl. Markus 2,15–17). In ähnlicher Weise identifiziert sich Jesus im großen Tableau des „Letzten Gerichts" (Matthäus 25,31–46) mit zwei Gruppen: mit denen, die bedürftig sind und von ihren Mitmenschen abgelehnt werden, und mit denen, die ihren eigenen Komfort missachten, um auf die Bedürftigen zuzugehen.

All das scheint darauf hinzudeuten, dass im Gefolge Jesu den „Armen" im weitesten Sinne des Begriffs ein privilegierter Platz in der Gemeinschaft der Gläubigen eingeräumt werden sollte – nicht nur den materiell Benachteiligten, sondern auch allen, die nicht in der Lage sind, ihren Platz in der Gesellschaft zu finden, sei es wegen einer persönlichen Einschränkung oder wegen der Vorurteile der Mehrheit. Wenn eine christliche Gemeinschaft in diesem weiteren Sinne den Armen gegenüber offen ist, wird sie ein wirksames Gegenmittel gegen die Gefahr gefunden haben, zu bequem zu werden oder gegen die Gefahr, sich nach innen zu wenden als eine Art Gesellschaft, die in ihrer gegenseitigen Bewunderung sich selbst genügt.

> Im Laufe der Jahrhunderte war die christliche Kirche in ihrer Sorge um die Bedürftigen unübertroffen.

Anhänger Jesu sind an der vordersten Front von Initiativen, die darauf abzielen, die Hungernden zu ernähren, Obdachlose zu beherbergen, sich um die Kranken zu kümmern und so weiter. Aber das Beispiel Jesu zeigt uns, dass es nicht ausreicht, den Armen und Ausgestoßenen zu helfen. Wir werden gebeten, uns mit ihnen anzufreunden.

Was würde es für christliche Gemeinden und Gemeinschaften bedeuten, wenn sie ausgeschlossene Einzelpersonen und Gruppen nicht nur als potenzielle Klienten, Objekte der Fürsorge oder Hilfe sehen würden, sondern als Menschen, die als willkommene Gäste, als potenzielle Freunde eingeladen werden könnten? Oder zumindest, wenn sie sich ihnen nicht aus einer Position der Überlegenheit nähern würden, sondern erkennen würden, dass die Beziehung zu ihnen eine sein könnte, in der wir so viel zu empfangen und zu lernen haben, wie zu geben?

Als Jesus, müde und durstig von seinen Reisen, eine Frau neben einem Brunnen in Samaria traf, begann er nicht damit, seine eigene Überlegenheit als Jude, als Mann und als von Gott gesandt zu betonen, sondern bat sie um etwas Wasser, um seinen Durst zu stillen.

So nahm er den niedrigeren Platz als Objekt ihrer „Nächstenliebe“ ein (vgl. Johannes 4,6–7). Ein solcher Perspektivwechsel würde viel dazu beitragen, die Freundschaft zwischen den Gläubigen in ein authentisches Bild der allumfassenden Familie Gottes zu verwandeln. Wenn die Kirche als eine Gemeinschaft von Freunden verstanden wird, in der jeder einen Platz finden kann, dann würden vielleicht mehr junge Menschen in ihr eine Antwort auf ihre tiefsten Sehnsüchte finden.

Über den Autor: Frère John lebt in der Gemeinschaft von Taizé und hat u. a. zum Thema Kirche „Eine Gemeinschaft von Freunden“ (München/Zürich/Wien 2012) veröffentlicht.

Bildimpuls

Jesus und sein Freund

__________ (Vorname), ich möchte dein Freund sein.

Stell dir vor, Jesus gibt seinem Freund nur wenige Worte auf einem kleinen Zettel mit. Welche zwei bis drei Sätze würde Jesus dir sagen?

KLEBE DEIN PASSBILD ODER EIN PASSBILD VON EINEM MENSCHEN, DEN DU MAGST, IN DIE LINKE PERSON UND SCHREIBE DEINEN NAMEN RECHTS IN DAS FELD.

Ich-xperiment

Freundschaft mit mir selbst

Gestalte eine Seite in einem Freundebuch.

Angenommen: Du bist mit dir selbst befreundet.

Name: ____________________

Was bedeutet dein Name für dich? ____________________

____

____

Welche Eigenschaften von dir magst du?

- ____________________
- ____________________
- ____________________
- ____________________

Welche Dinge kannst du gut?

- ____________________
- ____________________
- ____________________
- ____________________

PRIORITÄT Was ist dir wichtig?

- ____________________
- ____________________
- ____________________
- ____________________
- ____________________

Was an dir ist **wunderbar?**

- ____________________
- ____________________
- ____________________
- ____________________
- ____________________

Was von dem, was du tust, liebst du?

Was von dem, was du liebst, tust du?

Warum bin ich auf der Welt?

Ich-xperiment

Tausche ein Freundebuch mit Gott

Dein Freundebuch – Gottes Einträge (so wie du denkst)

Was würdest du mir raten zu ... (du weißt schon, was gerade mein Thema ist, denn du bist ja allwissend)?

____

Dein Rat, wenn ich Angst habe: ______________________________

Dein Rat, wenn ich mich allein fühle: __________________________

Dein Rat, wenn ich traurig bin: ______________________________

Wenn ich nicht an dich glauben kann, weil ich dich nicht sehe oder höre, was kann ich da machen?

____

Warum sprichst du (manchmal) nicht mit mir?
Bist du (manchmal) verschlossen?

____

Wirst du mich retten, wenn's drauf ankommt? ____________________

Wenn du Gott bist, warum brauchst du Freunde?

Und warum ausgerechnet mich? ______________________________

Worüber lachst du dich schlapp? ____________________________

Gottes Freundebuch – deine Antworten

Gott fragt dich:
Willst du mein Freund, meine Freundin sein? Manchmal? Fest?

____

Seit wann kennen wir uns? __________________________________

Wie haben wir uns kennengelernt? Wer hat uns einander vorgestellt?

____

Ich-xperiment

Für wen hältst du mich? Wer bin ich für dich?

- ○ Vater
- ○ Freund
- ○ Fremder
- ○ Einbildung
- ○ Märchenfigur
- ○ eine Art Superheld
- ○ Tränentrockner
- ○ Steinwegroller
- ○ Wegbereiter
- ○ Sturmstiller
- ○ Liebhaber des Lebens

Welche Anrede passt für dich?

- ○ Mein lieber Papa
- ○ Meine liebe Mama
- ○ Großer Gott
- ○ Du
- ○ Lieber Gott

Vertraust du mir? (Mehrmals täglich antworten)

____

Wer ist in deinem Leben Vertrauensbringer?

____

Wer hat dich getragen?

____

Was soll ich dir tragen helfen?

____

Ein wichtiger Satz in unserer Beziehung ist/war:

____

Ich-xperiment

Welcher Satz von mir wird für dich nie langweilig? Zum Beispiel „Ich liebe dich; ich bin bei dir“? (In der Bibel kannst du sie – manchmal etwas versteckt – finden.)

Warum bin ich dir wichtig?

Wo bist du – auf deinem Lebensweg?

Wen suchst du?

Möchtest du etwas an deinem Leben, an deiner Person ändern?

In welchen Situationen erlebst du das Leben, das ich dir geschenkt habe, als wirklich lebendig?

Jan Niklas Collet / Thomas Eggensperger / Urich Engel:

Befreiung von der Kirche – Befreiung der Kirche

Plädoyer für eine pluralitätsfähige, vielgestaltige und engagierte Kirche in Bewegung[1]

In unserer Kirche gibt es zu wenig Raum für das offene und ehrliche Ringen der Menschen um die Fragen des Lebens – und vielleicht auch um die Frage nach Gott."[2] Mit dieser Äußerung verweist der Essener Generalvikar Klaus Pfeffer im Anschluss an Thomas Glavinics Roman „Der Jonas-Komplex"[3] auf die nicht mehr zu übersehende Krise der katholischen Kirche in Deutschland. Die hohe Zahl der Kirchenaustritte und die zunehmende innere Distanzierung vieler Katholik*innen zeugen davon.[4]

Pluralisierungs-/Individualisierungsprozesse und Reich-Gottes-Suche

Beides deutet darauf hin, dass die Strukturen der Kirche einer grundlegenden Veränderung bedürfen. Denn wenn es stimmt, dass in ihr die fundamentalen Lebens- und Glaubensfragen der Menschen nicht mehr ausreichend Raum finden, dann steht die Kirche tatsächlich vor der Herausforderung einer tiefgreifenden Transformation ihres Handelns und Selbstverständnisses – und zwar nicht bloß um ihrer sozialen Selbsterhaltung, sondern tiefer gehend um ihrer Sendung willen, „Zeichen und Werkzeug für die innigste Vereinigung mit Gott und für die Einheit des ganzen Menschengeschlechts" (LG 1) zu sein. Theologie und Kirche stehen vor der Aufgabe, Zukunftsperspektiven zu entwickeln.

Dazu bedarf es einer mehrdimensionalen theologischen Reflexion, die:

- *sozialwissenschaftlich basiert ist,* indem sie die gegenwärtige kirchliche Situation gleichermaßen religionssoziologisch wie von ihrer historischen Genese her zu verstehen sucht;
- *biblisch gegründet ist,* indem sie einen von der Heiligen Schrift inspirierten Vorschlag zur theologischen Deutung jener Situation als „Zeichen der Zeit" (GS 4) bietet;
- *systematisch-theologisch reflektiert ist,* indem sie erstens die auf diese Weise gewonnenen Leitlinien für ein zeitgemäßes kirchliches Selbstverständnis und Handeln theologiegeschichtlich einordnet, dabei zweitens Äußerungen des kirchlichen Lehramtes, besonders des Zweiten Vatikanischen Konzils, in die eigenen

1 Unser Beitrag greift zurück auf die Ergebnisse einer Studie, welche die Autoren – zu jener Zeit allesamt Mitarbeiter am „Institut M.-Dominique Chenu Berlin" (www.institut-chenu.eu) – im Auftrag des Bistums Essen in den Jahren 2017/18 erstellt haben. Die ausführliche Darstellung der Forschungsergebnisse findet sich in: Jan Niklas Collet / Thomas Eggensperger / Ulrich Engel, Offene Ränder – vielgestaltige Zugehörigkeiten. Theologische Reflexionen zu einer pluralitätsfähigen und engagierten Kirche in Bewegung, in: Markus Etscheid-Stams / Regina Laudage-Kleeberg / Thomas Rünker (Hrsg.), Kirchenaustritt – oder nicht? Wie Kirche sich verändern muss, Freiburg/Br. 2018, 208–288.

2 Kaus Pfeffer, Kirche wird anders – aber wie? Gedanken zum Veränderungsprozess im Bistum Essen (Vortrag zum 54. Diözesantag der Katholischen Öffentlichen Büchereien im Bistum Essen am 29.10.2016): https://www.borromaeusverein.de/buechereiarbeit/grundsaetzliches/veraenderungsprozesse-in-kirche/ [Aufruf: 15.8.2019].

3 Frankfurt/M. 2016.

4 Vgl. dazu die vom „Zentrum für angewandte Pastoralforschung" an der Universität Bochum sowie vom Seminar für Katholische Theologie an der Universität Siegen und dem Forschungsinstitut „empirica" an der CVJM-Hochschule Kassel vorgelegten Studien: Björn Szymanowski / Benedikt Jürgens / Matthias Sellmann: Dimensionen der Kirchenbindung. Meta-Studie, in: Etscheid-Stams / Laudage-Kleeberg / Rünker (Hrsg.), Kirchenaustritt, a.a.O. (Anm. 1), 57–124; Ulrich Riegel / Thomas Kröck / Tobias Faix, Warum Menschen die katholische Kirche verlassen. Eine explorative Untersuchung zu Austrittsmotiven im Mixed-Methods Design, in: ebd., 125–207.

Überlegungen einbezieht und drittens vor diesem Hintergrund und unter Zuhilfenahme soziologischer Forschungsergebnisse theologische Perspektiven für die Ekklesiologie zu entwerfen versucht;

- *pastoraltheologisch orientiert ist,* da die entworfenen ekklesiologischen Perspektiven vor der beschriebenen Herausforderung kirchlicher Transformationsprozesse zu lesen sind und einen Beitrag zu ihrer theologischen und pastoralpraktischen Bewältigung leisten wollen.

Unseres Erachtens besteht die wesentliche Herausforderung für die katholische Kirche darin, auf die gesellschaftlichen Pluralisierungs- und Individualisierungsprozesse zu antworten, in deren Zuge individuelle Religiosität einerseits und Kirchenzugehörigkeit andererseits mehr und mehr auseinandertreten. Gleichzeitig ist damit die Frage aufgeworfen, was die Kirche in aller Pluralität zusammenhält: Wie bleibt die Kirche in ihrer internen Vielfältigkeit gemeinsam auf dem Weg zu dem, was theologisch „Reich Gottes" genannt wird?

Offene Ränder - vielgestaltige Zugehörigkeiten

Unser Vorschlag zur ekklesiologischen und pastoralpraktischen Beantwortung dieser Frage argumentiert in vier Schritten. Konkrete Handlungsempfehlungen schließen unsere kurze Reflexion ab.

1. Die „Pastoral der Rahmung" (Philippe Bacq) und ihre Erosion

Kirche hat sich in Europa über einen langen Zeitraum in der Sozialform einer sog. „Pastoral der Rahmung"[5] ausgebildet, die auf enger kirchengemeindlicher Einbindung, das heißt auf umfassender sakramentaler Betreuung, aber auch auf biographischer Normierung und Kontrolle durch die kirchliche Institution beruhte. Dieses Konzept stößt heute angesichts tiefgreifender gesellschaftlicher Individualisierungsprozesse an seine Grenzen. Kirchenaustrittswillige nehmen ihren Schritt häufig als Befreiung von dieser Gestalt kirchlicher Vergemeinschaftung wahr. Umgekehrt erfährt die Kirche die Austrittsdynamik als Bedrohung.

Um der Austrittsdynamik zu begegnen, ist in einem ersten Schritt eine andere theologische Deutung notwendig. Diese kann ihren Ausgang nicht mehr in der Pastoral der Rahmung nehmen.

2. Die Erosion der Pastoral der Rahmung als Zeichen der Zeit

Ausgehend von der geschilderten subjektiven Erfahrung Kirchenaustrittswilliger schlagen wir eine Deutung gesellschaftlicher Pluralisierung als *Befreiungsprozess* vor: einerseits befreien Individuen sich *von der Kirche*; andererseits liegt darin die Chance einer *Befreiung der Kirche selbst* aus einer gewissen institutionellen Erstarrung.
Ihre theologische Legitimierung finden sie bereits in der Schrift:

> Schon beim historischen Jesus
> waren die Möglichkeiten
> der Zugehörigkeit zu ihm
> und seiner Botschaft plural.

Ausgehend von dieser Beobachtung lässt sich schon die Nachfolge der ersten Jünger*innen mit Dorothee Sölle als eine Gestalt *latenten Kirche-Seins* interpretieren.[6] Zugehörigkeit ist theologisch in diesem Sinne eine Kategorie im Plural – nicht im Singular. Aus der bibeltheologischen Reflexion ergeben sich zwei Leitlinien für kirchliches Selbstverständnis und Handeln. Kirche muss zugleich *pluralitätsfähig* und *engagiert* sein.

---

5 Vgl. dazu Philippe Bacq, Für eine Erneuerung vom Ursprung her. Auf dem Weg zu einer „zeugenden Pastoral", in: Reinhard Feiter / Hadwig Müller (Hrsg.), Frei geben. Pastoraltheologische Impulse aus Frankreich, Ostfildern 2013, 31–55.

6 Vgl. Dorothee Sölle, Kirche außerhalb der Kirche, in: dies., Die Wahrheit ist konkret, Olten 1967, 117–129.

3. Problematisierung der „Institutionen-Ekklesiologie"

Vor diesem Hintergrund kann die Theologie nicht mehr die Metapher der Institution in den Mittelpunkt ekklesiologischer Reflexion stellen. Denn dieser Metapher ist grundsätzlich ein Zugehörigkeitsschema eingeschrieben, das nach einer binären Einschluss-/Ausschlusslogik organisiert ist. Sollen die oben genannten Befreiungserfahrungen ernst genommen werden, muss ein solches Kirchenbild überwunden werden.

Im oben ausgeführten biblischen Sinn lässt sich die Jesusbewegung als Soziale Bewegung beschreiben.

Denn für Soziale Bewegungen ist dieses Ineinander und gegenseitige Bedingungsverhältnis von möglichen Unterschieden in Gestalt und Intensität der Beteiligung einerseits und die Identifikation mit einer gemeinsamen Zielperspektive andererseits konstitutiv. Deshalb schlagen wir für ein neues Bild von Kirche an Stelle der Institution die Gestalt der *Sozialen Bewegung* vor. Denn Soziale Bewegungen zeichnen sich im Unterschied zu Institutionen dezidiert durch Pluralitätsfähigkeit und Engagement aus.

4. Ekklesiologische Rezeption der Bewegungsforschung

Diese Rezeption der Bewegungsforschung hält zunächst fest, dass Trennschärfe in der Frage der Kirchenzugehörigkeit eine Illusion ist: analog zu den vielgestaltigen Zugehörigkeitsformen innerhalb Sozialer Bewegungen (Aktivist*innen/Teilnehmer*innen – Sympathisant*innen/Unterstützer*innen) existieren auch in der Kirche solche *pluralen Gestalten der Kirchenzugehörigkeit*. Vor diesem Hintergrund speist sich kirchliche Praxis aus der *Verbindung von individueller Motivation und kollektiver Zielsetzung* (Reich-Gottes-Botschaft/Praxis). Darum ist diese Zielsetzung im Konkreten nicht normativ vorgegeben, sondern muss in einem gemeinsamen Prozess, den die beteiligten Individuen und Einzelgruppen von ihrer eigenen Situation her selbst im Licht des Evangeliums orientieren, immer wieder neu entwickelt und erstritten werden.

Handlungsempfehlungen

Nach den hier knapp zusammengefassten sozialwissenschaftlichen, bibeltheologischen, ekklesiologischen und pastoraltheologischen Reflexionen über eine Kirche mit offenen Rändern in Bewegung lassen sich daran anschließende praktische Handlungsempfehlungen zusammenfassen. Kirche sollte:

- … bereits bestehende Projekte stärken und weitere initiieren, die wie pfarrübergreifende Trauteams oder die Gestaltung von Segensfeiern für Familien mit Neugeborenen Gottesdienstformate gestalten bzw. neu entwickeln, die insbesondere jene Menschen ansprechen sollen, die ansonsten selten oder gar keine kirchlichen Angebote in Anspruch nehmen.
- … verstärkt reflektieren, welche gesellschaftlichen Gruppen aus welchen Gründen (seien sie theologischer, kirchenrechtlicher oder kirchenpolitischer Art etc.) von bestimmten liturgischen Vollzügen weiterhin ausgeschlossen sind, und von dieser Reflexion ausgehend Projekte initiieren, diesen Ausschlüssen praktisch zu begegnen und sie nach Möglichkeit abzustellen.
- … Projekte fördern und in Gang setzen, die der stärkeren Etablierung von Gemeindecaritas an möglichst vielen kirchlichen Orten dienen.
- … zu einer starken Verbindung von professioneller Verbands- und Gemeindecaritas an möglichst vielen kirchlichen Orten anregen und entsprechende Bemühungen unterstützen.
- … Formate für eine innerkirchliche Diskussionskultur insbesondere über das sozial-caritative Engagement der Kirche

im Allgemeinen und die (sozial-)politischen Positionen der Kirche im Besonderen weiter erproben und stärken und dabei deutlich machen, dass das sozial-caritative, humanitäre und politische Engagement der Kirche zum „Kern ihres göttlichen Auftrags" gehört.

- ... die Homiletikaus- und -weiterbildung der pastoralen Dienste in ihrer Attraktivität stärken und dabei u.a. besonderes Gewicht auf die Verwendung metaphorischer Sprache und die Bedingungen für ihr praktisches Gelingen legen.
- ... in Gleichzeitigkeit mit dem bestehenden Kirchensteuermodell alternative Modelle der Kirchenfinanzierung erproben; dabei sollte insbesondere auf die Erfahrungen von großen Bewegungsorganisationen, aber auch von Parteien und Gewerkschaften zurückgegriffen werden; die Erprobung entsprechender Modelle sollte zugleich wirtschafts- und sozialwissenschaftlich begleitet werden.

Selbstverständlich markieren die hier zusammengestellten Handlungsempfehlungen lediglich einige wenige Perspektiven für eine pluralitätsfähige und engagierte Kirche in Bewegung. Angesprochen sind damit allerdings einige wichtige Handlungsfelder, auf denen sich unserer Meinung nach die Kirche zu einer Kirche mit offenen Rändern weiterentwickeln ließe.

Über die Autoren:
Jan Niklas Collet, Mag. theol., geb. 1990 in Dortmund, promoviert mit einem Stipendium des Cusanuswerks an der Katholisch-Theologischen Fakultät der Universität Tübingen.
Prof. Dr. theol. Thomas Eggensperger OP, M.A., geb. 1963 in Wien, Geschäftsführender Direktor des Instituts M.-Dominique Chenu Berlin und Professor für Sozialethik an der PTH Münster.
Prof. Dr. theol. habil. Ulrich Engel OP, geb. 1961 in Düsseldorf, Direktor des Instituts M.-Dominique Chenu Berlin und Professor für Philosophisch-theologische Grenzfragen an der PTH Münster. Zusammen mit Thomas Eggensperger arbeitet er auch am „Campus für Theologie und Spiritualität Berlin", einer neu gegründeten akademischen Einrichtung von Orden und Geistlichen Bewegungen.
Das Institut M.-Dominique Chenu Berlin ist ein Forschungszentrum des Dominikanerordens und beschäftigt sich schwerpunktmäßig mit der Situation von Kirche, Theologie und Glauben in postsäkularen Gesellschaften: www.institut-chenu.eu; sekretariat@institut-chenu.info. Die Autoren haben im Auftrag des Bistums Essen beim Projekt „Zukunftsbild" mitgewirkt. Ihre Untersuchung dazu ist die Grundlage für diesen Artikel.

Ich-xperiment

Was ist für mich katholisch?

Aussagen – Kennzeichen – Rituale

AUF EINER SKALA VON 0–10: WIE WICHTIG SIND DIE FOLGENDEN ASPEKTE FÜR DICH IN DER KATHOLISCHEN KIRCHE? (0 = VÖLLIG UNWICHTIG, 10 = SEHR WICHTIG)

- Alles, was im Glaubensbekenntnis steht. ◯
- Alles, was im „Denzinger“ steht. ◯
- Alles, was der Papst sagt. ◯
- Ein Marienlied, am Ende des Gottesdienstes. ◯
- Frauen können Priesterinnen, Diakoninnen oder Messdienerinnen sein. ◯
- Liebe und tue, was du willst. ◯
- „Katholisch“ bedeutet die Gesamtheit der weltweiten Gemeinde, die an Jesus Christus glaubt. ◯
- Heiligenverehrung ◯
- Rosenkranz ◯
- Transsubstantiationslehre ◯
- Unfehlbarkeit des Papstes ◯
- Und wenn der Papst für oder gegen irgendetwas ist, bin ich es auch (Ministrantinnen, Diakoninnen …). ◯

Hierarchie der Wahrheiten

WAS STEHT IM ZENTRUM DES GLAUBENS, WAS NICHT? WAS SAGT EINE BESTIMMTE LEHRAUSSAGE ÜBER CHRISTUS? BEI WELCHER AUSSAGE KÖNNTE MAN SAGEN: "DIESER ASPEKT IST NICHT WICHTIG."?

Ich-xperiment

WELCHES SIND KENNZEICHEN DER KATHOLISCHEN KIRCHE?

(Mehrere Antworten sind möglich.)

- ◯ Kreuz
- ◯ Logo/Symbol/Markenzeichen
- ◯ Alle tragen Sandalen
- ◯ Viel Gold und Weihrauch
- ◯ Einander lieben
- ◯ Deine eigene Idee: ______________________________

WORAN KÖNNEN ANDERE ERKENNEN, DASS DU CHRIST BIST?

Katholisch ist ...

In eben jener katholischen Kirche selbst ist mit größter Sorgfalt dafür zu sorgen, dass wir halten, was überall, was immer, was von allen geglaubt wurde.

Vinzenz von Lérins (5. Jh.)

(Die Frage vor der Taufe:) Was verlangst du von der Kirche? Den Glauben.
Mit „Glaube" ist nicht eine Liste von Glaubenssätzen gemeint, sondern das lebendige Zeugnis.
Dorothy Day, César Chávez, Martin Luther King und Mahatma Gandhi gehören zu „meiner Kirche".
Die Geborgenheit in einer bestimmten Kirche kann uns helfen, unseren Begriff von Kirche zu erweitern, bis wir uns in der ganzen Menschheit als Gottesfamilie zu Hause fühlen.

Nach David Steindl-Rast OSB

Wer nur in einem Land die katholische Kirche kennengelernt hat, kennt sie nur in dieser Ausprägung. Man sollte also in zwei oder drei Ländern die katholische Kirche kennenlernen, sonst versteht man die Kirche zu eng.

Nach Arnold Angenendt

Ich-xperiment

Katholisch meint nicht nur, dass die Kirche auf dem ganzen Erdkreis gegenwärtig ist, sondern dass sie alle Menschen zu Gott führt. Katholisch bedeutet, dass in der Kirche – durch die Begegnung mit Jesus Christus – alles, was im Menschen ist, verwandelt werden kann, dass alle seine Wunden geheilt werden, dass der Mensch in der Kirche alles erfährt, was für ihn heilsam ist. Katholisch hat also etwas zu tun mit „allumfassend, ganzheitlich, ganz werden, heil werden".

Anselm Grün

Ins Getto führen viele Wege. Wollten die Christen nur unter sich bleiben, so bliebe der nicht unter ihnen, um dessen willen sie beieinander zu bleiben haben. Blieben sie nicht beieinander, so passierte dasselbe. Er ist auf jene dynamische Weise Mitte, die alle Enge und Introvertiertheit sprengt.

Klaus Hemmerle

„Volk-Gottes-Christen" und „Communio-Christen"

Die Sehnsüchte hinter unterschiedlichen Richtungen in der Kirche verstehen: Volk-Gottes-Christen prägt die Sehnsucht nach einer Offenheit für alle Menschen bis an die Enden der Erde und die Grenzen der Gesellschaften. Communio-Christen bewegt die Sehnsucht nach einen erkennbaren Identität.

Identität und Weite

Sich als katholisch zu bezeichnen heißt, sich selbst katholon (gemäß dem Ganzen) gemäß der universellen Gemeinschaft des Gottesreiches zu identifizieren. Das impliziert die Ablehnung jeglicher Identität, die auf Ausschluss gegründet ist.

Jeder steht auf seinem – ganz verschiedenen – Grund, um auf die Unendlichkeit auszugreifen. Jedes Zuhause hat einen eigenen Zugang, ein eigenes Fenster zu Gott.

Wenn Wahrheiten unvereinbar erscheinen, zwingt mich das, nach einem weiteren Horizont Ausschau zu halten.

„Gott ist geräumig" (Robert Jenson). Wir müssen also Sprechweisen finden, die geräumig sind. Selbst etwas geräumiger werden ist schmerzhaft.

Nach Timothy Radcliffe

Gottes Traum endet nicht an irgendeiner Kirchentür.

Michael Curry

Die Einheit der Kirche entsteht durch den gemeinsamen Blick auf Christus und den Vater. Wenn wir unseren Blick gemeinsam auf dies Geheimnis richten und uns dabei gelegentlich anstoßen und sagen: „Schau dir das an!", dann werden wir verstehen, dass unsere Einheit nicht das Ergebnis gleichlautender Dogmen ist. Wir müssen nicht alle ständig dasselbe sagen. Die Einheit ergibt sich aus der gemeinsamen Blickrichtung.

Rowan Williams

Hubertus Lutterbach

Liebesschlösser: Traditionsreiche Sehnsuchtsorte für Freunde Gottes und Menschenfreunde

„Schlösser der Liebe" – so betitelt das Fotoportal Bilderbuch Köln die Aufnahme eines Brückengeländers, an dessen Stahlkonstruktion seit Jahren eine Unmenge an (Vorhänge-)Schlössern angebracht werden. Der Ort dieser Merkwürdigkeit ist die Hohenzollernbrücke, die in unmittelbarer Nähe zum Kölner Hauptbahnhof über den Rhein führt. Eine Brücke, auf der die Züge auf sechs nebeneinanderliegenden Gleisen in den Bahnhof ein- und ausfahren, daneben – getrennt durch das beschriebene Stahlgitter – der Fußgängersteig, über den man den Rhein auch zu Fuß, mit dem Roller oder mit dem Fahrrad überqueren kann.

Diesen verkehrsreichen Ort wählen offenbar immer mehr Liebespaare, um sich im Zeichen eines dort von ihnen aufgehängten Vorhängeschlosses ewige Treue zu versprechen. Dafür beschriften sie das Schloss zuvor mit Hilfe eines Filzstiftes, einer kunstvollen Gravur oder einer einfach eingekratzten Schrift. Die Initialen der Beteiligten oder deren Namen, manchmal noch ergänzt durch einen kleinen Sinnspruch und meist durch ein Datum, zieren die Schlösser. „Diana und Hendrik", „In ewiger Liebe, Markus und Karin", „Michael und Thomas" lauten einige der Aufschriften. Die Liebenden bringen ihr Schloss an der Brückenbrüstung an und werfen die Schlüssel alsdann in den Rhein. Dabei bewegt sie der Wunsch, dass dieses Schloss niemals mehr wieder geöffnet werden möge; es soll eine auf Lebenszeit erhoffte Verbindung zweier Menschen in Szene setzen.

1. Die Wissenschaft im Dienste der Liebesschlösser

Wissenschaftler verschiedener geisteswissenschaftlicher Disziplinen beginnen sich bereits mit dieser neuen Weise von ‚Open-Air-Treueversprechen' zu befassen. So darf es als gesichert gelten, dass dieser Brauch seine Wurzeln offenbar in Italien hat. Denn an der Milvischen Brücke, die in Rom über den Tiber führt, hängen bereits seit Jahren viele Schlösser der beschriebenen Art. Die Last der Liebesschlösser soll dort sogar schon eine Laterne zum Einsturz gebracht haben. Eine Landeskundlerin des Landschaftsverbandes Rheinland hält es für möglich, dass diese Gepflogenheit einem Übergangsritual des italienischen Militärs entstammt. So hätten Absolventen der Akademie San Giorgio in Florenz die Vorhängeschlösser ihrer Spinde an den Brückenlaternen der ältesten Brücke in der Stadt – Ponte Vecchio – aufgehängt und die Schlüssel dann in den Arno geworfen. Gewiss trägt auch die italienische Popmusik zur Ausbreitung der Liebesschlösser bei; denn diese werden in dem Video zu Tiziano Ferros Lied „Ti scatterò una foto" gezeigt.

Die Kölnerin Natalja Hahn vertraut den Gestaltern der Homepage „koeln.de" an, dass sie den Brauch auch aus ihrer lettischen Heimatstadt Riga kenne, wo frisch Verheiratete bereits seit Jahrzehnten ein Schloss auf einer

Brücke in der Nähe des Freiheitsdenkmals anbringen. „Die Paare werfen dann den Schlüssel ins Wasser, und der Bräutigam trägt die Braut anschließend über die Brücke", erzählt sie. „Aufgrund dieses Brauches werden meistens sehr, sehr kurze Brücken ausgewählt." So darf man wohl gespannt sein, ob dieser Teil des Brauchs – das Tragen der Braut – auch die 400 Meter lange Hohenzollernbrücke oder die inzwischen weltweit zahlreichen weiteren Orte mit installierten Liebesschlössern noch erreicht.

Die Deutsche Bundesbahn jedenfalls wird die Liebesschlösser in Köln so lange nicht entfernen, wie sie die Sicherheit des Bahnverkehrs nicht stören. Immerhin werden zu den Schlössern am Brückenzaun täglich noch immer neue hinzugefügt. „Unsere gute alte Eisenbahnbrücke – fast 100 Jahre ist sie alt – hat schon viel miterlebt, aber das, was sie jetzt zu sehen bekommt, ist auch für sie neu", formuliert der „Kölner Stadt-Anzeiger". Trifft es zu, dass diese Schlösser so etwas sind wie die Nachfahren der „‚Ich war hier'-Notizen", wie man sie an so vielen Sehenswürdigkeiten antrifft – vom Kölner Dom bis zu den Gipfelkreuzen in den Alpen? Oder was lässt sich womöglich aus einer christentumsgeschichtlichen Perspektive zu dem in Köln prominent anzutreffenden Brauch sagen?

2. Zwischen Individualität, Ganzheitlichkeit und Institutionenskepsis

Kein Weg führt an der Feststellung vorbei, dass unser Leben aktuell von drei großen Trends geprägt ist: Erstens sehnen sich Menschen nach allem, was sie in ihrer Individualität unterstützt. Dieser seit den 1960er Jahren beobachtbare Trend zeigt sich auch im Bereich des Religiösen. So verlagern sich zum einen die traditionellen Themen des religiösen Kosmos – Himmel, Hölle, Fegefeuer – auf die Anliegen und Fragen des privaten Lebens: das persönliche Glück, die individuelle Erfüllung, die subjektive Erfahrung, den gesunden Körper. Zum anderen unterliegt die Religion damit zunehmend der Tendenz, dass sie ihre soziale Gestalt verliert und zu einem individualistischen Kult wird.

Als Zweites suchen Menschen für die Deutung ihres Lebens nach einem ganzheitlichen Horizont. Alle Sinndeutungsangebote, die ihnen helfen, mit den vielfältigen Rollenanforderungen in ihrem Alltag klarzukommen, nehmen sie dankend an. Dazu kann die Beteiligung an einer Selbsthilfegruppe ebenso zählen wie das Mitmachen bei einem Meditationskreis, die Übernahme eines caritativen Ehrenamtes ebenso wie die Teilnahme an einem Wandertreff.

Drittens sind die institutionellen Bindungen seit den 1950er Jahren in den westlichen Industrienationen kontinuierlich rückläufig. So zeigen Menschen eine zunehmende Skepsis gegenüber gesellschaftlichen Institutionen (Parteien, Verbände, Vereine etc.), erst recht, wenn diese mit einem Glaubwürdigkeitsproblem zu kämpfen haben. Als Folge davon, dass sich auch die Religion zunehmend in den privaten Bereich verlagert, treten die Kirchen in Deutschland vermehrt als Anbieter von Dienstleistungen auf. Damit geht ihnen die Möglichkeit verloren, auf die Werte, Einstellungen und Lebensformen ihrer Mitglieder Einfluss zu nehmen. – Eben dieses Geflecht aus Individualitätsstreben, Ganzheitlichkeitssuche und Institutionenskepsis trägt auch zur aktuellen Beliebtheit der Liebesschlösser bei.

3. Liebesschlösser – zwischen himmlischem und irdischem Glück

Wie kann es angesichts von Individualitätsstreben, Ganzheitlichkeitssehnsucht und Institutionenskepsis dazu kommen, dass ausgerechnet ein Vorhängeschloss, also ein banaler Ein-Euro-Artikel, die liebende Verbundenheit von zwei Menschen veranschaulicht?

Einerlei, inwieweit heutige Menschen davon wissen, beziehen sich die Liebesschlösser auf religiöse Traditionen aus dem Mittelalter. So stellten die Menschen seit dem 12.

Jahrhundert ihre als innig ersehnte Nähe zu Jesus – gewissermaßen die Aufgipfelung ihrer Individualität – in den Mittelpunkt ihrer Frömmigkeit. Genauerhin bezog sich das damalige Verständnis von einer ganzheitlichen Lebensgestaltung – wenn man davon rückblickend reden kann – auf den Kontakt zwischen dem menschlichen und dem göttlichen, zwischen dem diesseitigen und dem jenseitigen Leben. Und selbst wenn gemäß damaligem christlichen Religionsverständnis kein Weg an der Kirche vorbei führte, so kann die Zentrierung auf Jesus Christus durchaus als ein Versuch der Emanzipation von der Kirche mit ihrer Hierarchie, insofern als diskreter Ausdruck mittelalterlicher Institutionenskepsis, verstanden werden.

Bereits seit dem 12. Jahrhundert pflegte die mittelalterliche Mystik die symbolische Rede von verriegeltem Schloss und weggeworfenem Schlüssel. Wahrscheinlich reicht das folgende, bis in die Moderne hinein mannigfach weitergereichte Gedicht bis in das Hochmittelalter zurück:

„Du bist min, ich bin din.
Des solst du gewis sin.
Du bist beslozzen in minem herzen.
Verlorn ist das sluzzelin:
Du muost ouch immer darinne sin."

Eine unbekannte Klosterfrau hat wohl diese mittelhochdeutschen Verse niedergeschrieben. In mystischer Begabung preist sie ihren Liebhaber und bezieht sich auf den von ihr als Bräutigam verehrten Jesus Christus. In der Symbolik von Schloss und Schlüssel ersehnt sie, dass der göttliche Herr in ihr Herz – hier verstanden als Ausdruck ihres innersten Innenraums – einzieht und darin für immer wohnen bleibt.

Also: Wenn die heutigen Liebesschlösser das Individuelle und die soziale Eingebundenheit der Liebenden bei gleichzeitiger Institutionenskepsis versinnbildlichen, ist dieser Zusammenklang – für heutige Menschen allzumeist unbekannt – bereits in der christlichen Mystik des Mittelalters angelegt. Entsprechend bringen die mittelalterliche Rede von Schloss und Schlüssel sowie die aktuellen Liebesschlösser im übertragenen Sinne zum Ausdruck, dass die beiden Liebenden beieinander wohnen:

> Sie tragen einander in ihren
> Herzen und entlassen sich
> daraus nicht mehr –
> so hoffen sie.

Damals wie heute veranschaulichen Liebesschlösser eine jeweils einzigartige Beziehungsgeschichte zwischen zwei Liebenden. Im Mittelalter wie in der (Post-)Moderne stehen sie für Individualität, Ganzheitlichkeit und eine gewisse Institutionenskepsis. Freilich unterscheidet sich die mittelalterliche von der heutigen Sicht auf Liebesschlösser dadurch, dass Menschen in der Gegenwart die Jenseitsdimension der Christusliebe durch eine innerweltliche Liebesgeschichte ersetzen.

4. „Schenk mir dein Herz" – Eine moderne Partnerschaftsinszenierung

Die beschriebene „Trendwende" – oder besser: diesen Bruch – von einem jenseitsbezogenen zu einem diesseitsbezogenen Verständnis der Liebesschlösser bringt auch der beliebte Karnevals-Song „Schenk mir dein Herz" der Kölner Band „Die Höhner" auf den Punkt. Denn dieser Song betont sowohl die Individualität der Liebenden, deren Hoffnungsgeschichte mit dem gemeinsamen Glück als Ziel, wie auch die dezente religiös-traditionelle Rückbindung der Liebesschlösser durch die Domnähe („der Dom gibt Acht darauf ...") und die angedeutete Theologie der Einwohnung („Schenk mir dein Herz, ich schenk dir meins"), weiterhin die mobile Zeugenschaft („so ein Schloss kann jeder sehn") sowie schließlich die Neuartigkeit der Tradition („ein neuer Brauch"). Der Wortlaut des Liedes geht so:

„Schenk mir heut' Nacht dein ganzes Herz
und bleib bei mir
dann schenk ich dir mein ganzes Herz
und zeige dir
was dir gefällt – na na na na na na na
die ganze Welt – na na na na na na na
Schenk mir dein Herz
ich schenk dir meins
nur die Liebe zählt.

Komm, sei die Königin in meinem Königreich
ich schenke dir heut' ein Schloss am Rhein
mein Reich ist eine Brücke
die führt ins Glück hinein.

Das Schloss ist nicht so groß
symbolisch eben nur
eiserner Liebestreueschwur
der unsere beiden Namen trägt
und diese Verse hier.

Schenk mir heut' Nacht dein ganzes Herz
und bleib bei mir
dann schenk ich dir mein ganzes Herz
und zeige dir
was dir gefällt – na na na na na na na
die ganze Welt – na na na na na na na
und wenn du willst
auch noch ein bisschen mehr.

Es ist ein neuer Brauch
er bringt uns beiden Glück
so ein Schloss kann jeder sehn
und der Dom gibt Acht darauf
Züge kommen und gehn
Ich schließe unser Schloss
am Brückengitter an
und es ist doch nicht allein
Gemeinsam werfen wir den Schlüssel
in den Rhein hinein.

Schenk mir heut' Nacht dein ganzes Herz
und bleib bei mir
dann schenk ich dir mein ganzes Herz
und zeige dir
was dir gefällt – na na na na na na na
die ganze Welt – na na na na na na na
und wenn du willst
auch noch ein bisschen mehr

Was dir gefällt – na na na na na na na
die ganze Welt – na na na na na na na
Schenk mir dein Herz
ich schenk dir meins
nur die Liebe zählt."

Ich trage dich auf Händen
ich bleib' dir ewig treu
im Zweifel hab' ich immer
'nen Zweitschlüssel dabei.

Schenk mir heut' Nacht …

Es zeigt sich – auch in anderen Kontexten[1] –, dass Menschen die etablierten Kirchen und kirchlich geprägten Traditionen in dem Maße beachten, wie sie von dort ihre Individualitätstendenzen, ihr Ganzheitlichkeitsstreben und ihre Institutionenskepsis als „gesehen" und in kirchlichen Angeboten berücksichtigt erleben.

Die Kirche von morgen sollte sich „nicht verschließen vor den Chancen des Individualismus, zur Vitalisierung des religiösen Lebens beizutragen". [2]

Über den Autor: Dr. Hubertus Lutterbach lehrt als Professor zur Geschichte des Christentums an der Universität Essen und arbeitet ehrenamtlich zusätzlich als Inklusionsaktivist und Priester im Bistum Osnabrück. Weitere Infos: https://www.uni-due.de/katheol/lutterbach.php

1 Hubertus Lutterbach, Vom Jakobsweg zum Tierfriedhof, Kevelaer 2015, S. 314
2 Hans Joas, Braucht der Mensch Religion, Freiburg im Br., 2. Aufl. 2007, S. 26, zit. nach Lutterbach, a.a.O., S. 316

Ich-xperiment

Wendepailetten sind wunderbar –

mit Musik die Blickrichtung wechseln

Wendepailetten auf einem T-Shirt sind wunderbar:
Wenn man sie gegen den Strich bürstet, wird einem erstens der Bauch gestreichelt und zweitens entdeckt man etwas Neues!

Reframing:
Etwas aus einem anderen Blickwinkel betrachten; in einem anderen Rahmen ergibt sich ein anderes Bild. Kannst du den Begriff „Reframing" mit den folgenden Aussagen in Verbindung bringen?

Wenn man versteht und fühlt, dass man schon in diesem Leben an das Grenzenlose angeschlossen ist, ändern sich Wünsche und Einstellung.
C. G. Jung

It's not a bug. It's a feature.
IT-Weisheit

O felix culpa – O glückliche Schuld, welch großen Erlöser hast du gefunden!
Exsultet/Feier der Osternacht

There is a crack in everything. That's how the light gets in.
Leonard Cohen

DEIN REFRAMING-TRAINING:
WAS DENKST DU?

Der Tod ist ...
... nicht das Ende, sondern der Anfang vom Leben bei Gott?
Religion als ein großes Reframing für das Leben bedeutet für das alltägliche Leben ...

Ich-xperiment

Wende die Blickrichtung!

SUCHE DIESE LIEDER IM NETZ …

- Carole King, You've got a friend
- Carla Bruni, Quelqu'un m'a dit
- Leonard Cohen, Anthem
- Gerry & the Pacemakers, You'll never walk alone
- Patricia Kaas, Il me dit que je suis belle
- Revolverheld, Ich lass für dich das Licht an
- Adel Tawil, Ist da jemand
- Mark Forster, Sowieso

… UND WENDE DIE AUSSAGEN:

Was hier über die Beziehungen zwischen Menschen gesungen wird (horizontal), kann das auch im Verhältnis zu Gott Sinn ergeben (vertikal)?

Wer spricht oder fühlt so: Gott in Bezug auf die Menschen – oder besser: in Bezug auf dich? Oder du in Bezug auf Gott?

BASTLE KARTEN SO GROSS WIE MEMORY-KARTEN:

- Auf der Vorderseite: Male oder klebe Bilder auf von den Erfahrungen zwischen Menschen.
- Auf der Rückseite: Suche Bilder oder Symbole für die Nähe oder Liebe Gottes zu den Menschen.
- Mische die Karten und drehe manche um. Was siehst du – horizontale oder vertikale Beziehungen?

LIES IN DER BIBEL NACH:

Gottes- und Menschenliebe sind einander zum Verwechseln ähnlich. (Matthäus 25) Der andere Blick/der Wechsel der Blickrichtung und neue Wege zu gehen, gehören zusammen. (Gleichnis vom verlorenen Sohn, Lukas 15,11–32; Maria Magdalena am Grab, Matthäus 28,1–8; Begegnung der Jünger auf dem Weg nach Emmaus, Lukas 24,13–35)

Du hast angefangen zu lieben?
Dann hat Gott in dir Wohnung genommen.

Augustinus

Guido Meyer

Was die Theologie von Zachäus lernen kann

Die neutestamentliche Zachäus-Geschichte gehört zu jenen bekannten biblischen Storys, die wir häufig in einen festen Bedeutungsrahmen gepresst haben. Als Kinder hörten wir sie und konnten uns auf Anhieb gut in sie hineindenken, und auch die bekannten Deutungen der Geschichte hatten eine hohe Plausibilität. Wir kennen sie aus dem Gottesdienst oder aus dem Grundschulreligionsunterricht. Sie handelt von dem kleinen und reichen Oberzöllner Zachäus, der auf einen Baum steigt, um Jesus zu sehen, und gegen alle Erwartungen von Jesus angesprochen wird. Jesus kehrt bei ihm ein und Zachäus bezahlt das zu Unrecht erworbene Geld um ein Vielfaches zurück. Jesus betont abschließend, dass auf diese Weise seinem Haus Heil geschenkt wurde, da auch er ein Sohn Abrahams ist.

Die Geschichte handelt offensichtlich von Geld, Gier und Umkehr.

Ein sehr eingängiges Narrativ, das sich vor dem Hintergrund einer kapitalistischen Gesellschaft bis auf den heutigen Tag gut nachvollziehen lässt. Sie bringt uns einen Jesus nahe, der einen Menschen aus dieser sündigen Logik herausreißt. Interessant dabei ist die im Text selbst nicht weiter ausgeführte verdeckte „Psychologie" der Episode: Der kleine Mann lässt uns – wie in vielen Märchen – an jemanden denken, der es von Kindheit an schwer hatte, sich in den männlichen Rivalitätskämpfen und dem entsprechenden Imponiergehabe durchzusetzen und der sich nur durch List und Hinterlist eine Position und einen Status erkämpfen konnte. Leider, so ist zu befürchten, geschah all dies auf Kosten von echten Beziehungen. Zachäus hat viel Geld, aber ist isoliert. Vermeintlich hat er alles, aber eigentlich fehlt ihm das Wichtigste: eine tragfähige und heilende Beziehung. Zachäus hat die falschen Lebensweichen gestellt. Er ist einem falschen gesellschaftlichen Muster gefolgt und hat sich dabei verloren.

All dies könnte mitschwingen, wenn wir die Geschichte als Erwachsene lesen: Eine faszinierende und lebensnahe Geschichte, die allerdings als Umkehrgeschichte und mittels einer psychologisierenden Auslegung in der Gefahr steht, schneller als geboten ad acta gelegt zu werden.

Thomas P. Osborne, ein ausgewiesener Exeget und Lukas-Experte, behauptet diese Episode enthalte die Quintessenz des gesamten Wirkens Jesu.[1] Schauen wir deshalb noch einmal etwas genauer hin. Osborne schreibt: „Obwohl Zachäus von seinem Amt und Reichtum her eine wichtige Person darstellt, muss er als kleiner Mensch auf einen Baum steigen, um Jesus zu sehen. Der Blick Jesu ist die Antwort auf die Sehnsucht des Zachäus. In der Begegnung zwischen den beiden sowie in ihrer gegenseitigen Annahme bzw. lukanischen ‚Aufnahme' wird die Rettung (oder das Heil …) heute Zachäus und seinem Haus geschenkt."[2]

1 Thomas P. Osborne, Die lebendigste Jesuserzählung, Stuttgart 2016, S. 204
2 Ebd.

Bleiben wir einen Augenblick in der symbolischen Dimension des auf den Baum steigenden Zachäus. „Er begehrte Jesus zu sehen, wer er wäre, (…)"[3] , heißt es in der Lutherbibel. Zachäus sucht den Überblick, den Blick von oben. Von oben kommen wir den Sachen und den Menschen nicht zu nah und werden von hieraus nicht so leicht in Beziehungen verwickelt. Vom hohen Baum lassen sich viele Dinge mit der gebotenen Distanz beurteilen und viele gute Ratschläge erteilen. Verobjektivieren lautet die Maßgabe. Freilich, die harte Realität, das Leben schlechthin spielt sich unten ab, dort wo wir uns den Gefahren eines Lebens in und mit Begegnungen aussetzen.

Und dennoch, etwas muss ihn getrieben haben, um auf den Baum zu steigen. Wer auf einen Baum steigt, verbindet damit eine Hoffnung, sonst würde er unten bleiben. Die Enge mancher Lebensentwürfe ruft nach einem weitläufigeren Blick.

Und dann geschieht das Unerwartete: Jesus kommt vorbei und schaut hinauf und ruft Zachäus hinunter. Alle Erwartungen werden in einem Mal bedrohlich übertroffen. Es kommt zu einer Begegnung: Erst der Blick, das Angesprochenwerden, anschließend das Hinuntersteigen und die Begegnung auf Augenhöhe und dann die freudige Aufnahme in sein Haus. Das ist sehr viel zugleich.

Wie an vielen Stellen des Evangeliums beginnt alles mit dem Blick und dem dadurch in Gang gesetzten Begehren. Wir erinnern uns an den Barmherzigen Samariter[4], an die Begegnung mit dem Reichen[5] und viele weitere Episoden. Durch den wohlwollenden Blick wird eine bislang verborgene und verdrängte Dynamik ausgelöst, die zunächst zum Wort führt und einmündet in die Begegnung mit dem Anderen. Jesu liebender Blick überwindet die objektivierende Distanz; er eröffnet einen neuen Horizont, überwindet alte Ängste und lässt auf ein Mehr an Leben hoffen. Der Blick weckt das Begehren, das Begehren nach dem Anderen und macht Beziehung möglich.[6]

Menschen haben Wünsche, Träume und Sehnsüchte. An ihnen richten sie ihr Leben aus.

Ohne dieses lebensbestimmende Begehren verlieren sie ebenso ihren Halt wie ihre Orientierung.

Als Geistwesen braucht der Mensch die inspirierende und lebendig machende Kraft des Begehrens. Ohne Begehren stirbt der Mensch psychisch; durch das Begehren kommt er zum Mitmenschen und darüber hinaus zum eigentlichen Urquell des Lebens, Gott selbst.[7]

Der geldgierige Zachäus, der sich in seinem Genießen und der damit einhergehenden Logik eingegraben hat, lässt an Jacques Lacans Bonmot erinnern: „Nur die Liebe erlaubt es dem Genießen, hinabzusteigen zum Begehren (Übersetz. GM)."[8] Nur die Liebe, diese fragile, hoffnungsvolle und von Projektionen übersättigte Zuneigung zu einem Mitmenschen vermag die Festung des Genießens[9], in die Individuen sich seit frühesten Tagen einrichten, aufzubrechen und neue Lebensoptionen zu eröffnen.

Theologie, die vermeintliche Wissenschaft von Gott, steigt – wie dereinst Zachäus – gern auf den Baum der Erkenntnis. Sie bezieht Elfenbeintürme, in denen sich über die Jahrhunderte ein enormes Wissen angesam-

---

3 Lutherbibel, Lk 19, 3
4 Lk 10, 25–37
5 Mk 10, 17–27
6 Vgl. Françoise Dolto, Ein neuer Weg zum Evangelium, Olten 1981
7 Guido Meyer, Begehren – ein Schlüsselbegriff in der religionspädagogischen Elementarisierungsdebatte?
8 Seul l'amour permet à la jouissance de condescendre au désir, Jacques Lacan, Seminar über die Angst, Sitzung vom 13. März 1963
9 Dylan Evans, Wörterbuch der Lacanschen Psychoanalyse, Wien 2017, S. 104 f.

melt hat. Bereitwillig stellt sie sich seit einigen Jahrzehnten der Auseinandersetzung mit der säkularen Vernunft, die sich seit der Aufklärung und den Meistern des Zweifels als Untermieter im Turm angesiedelt hat. Die mittlerweile alle theologischen Disziplinen durchziehende Gegenüberstellung von Glaube und Vernunft findet nach den Regeln und den Mitteln der Vernunft statt. Hier wird argumentiert, verobjektiviert, bewiesen und verworfen. Dass der Glaube als menschliche Grundkategorie eine „eigene Vernunft" hat und dass Religion sich nie ganz in Vernunft aufzulösen vermag, wird dabei nicht selten tunlichst vergessen. Auf dem Baum unter Gleichgesinnten im Setting akademischer und universitärer Anforderungen kommt es jedoch häufig vor, dass sich die theologische Forschung von den Erfahrungen der Menschen als eine wesentliche Offenbarungsquelle entfernt.

Und die Kirche? Wie nah ist sie an den Erfahrungen der Menschen und schätzt diese als echte Offenbarungsquelle?

Ähnliches gilt für die Kirche, die jahrhundertelang ein asketisches Ideal hochgehalten hat, dessen Ziel es war, das Begehren eher zu erdrücken als es lebensdienlich zu fördern.

Um möglichen Fehlinterpretationen entgegenzutreten: Theologisches Forschen und Reflektieren mit dem Instrumentarium der Vernunft darf und muss sein, solange es sich nicht darin verzehrt. Theologie im Gefolge des Zachäus jedoch hält das Scheitern vor der (absoluten) Vernunft wach, weil nur darin das Begehren nach einem „Mehr-Wert" sich einnisten und entwickeln kann. Lebendige Theologie lebt und entwickelt sich nicht in einer Sonderwelt über den Dingen. Sie braucht die Verbindung mit der harten, oftmals gnadenlosen Welt dort unten. Gleichwohl: All dies geschieht nicht aus sich heraus. Sie muss sich anblicken lassen. Theologie muss sich dem voraussetzungs losliebenden Blick Jesu stellen, der uns im Alltag auf vielfältigste Weise begegnet, aber eher selten als solcher wahrgenommen wird. „Sein ist wahrgenommen werden"[10], meint George Berkeley und unterstreicht auf seine Weise die Bedeutsamkeit des Anderen als desjenigen, der das Begehren und damit die seelische Lebensenergie in uns weckt.

Durch den Anderen, der mein Begehren weckt, gelange ich notwendigerweise auch in seinen Einflussbereich; überspitzt formuliert, unterstehe ich seinem Willen. Daher empfiehlt es sich, nicht mit der theologischen Tür ins Haus zu fallen, um auf diese Weise einem von vielen Seiten immer wieder ins Feld geführten Vorurteil, im innersten Kern ginge es Theologie doch nur um Apologie, nicht Vorschub zu leisten. Es geht nicht darum, dem Andern sein Begehren aufzuoktroyieren, sondern ganz im Gegenteil aufmerksam zu schauen, „wo jemand wohnt", und auf diese Weise wahrzunehmen, wo und wie er sich im Leben eingerichtet hat, um von seinem Heim, seiner inneren Heimat aus, dem Begehren zu folgen.

Das Heil, von dem Jesus in seiner Reich-Gottes-Botschaft kündet, wohnt nicht in Bäumen einer einseitigen theologischen Wissenschaft, es wohnt unter den Dächern der Menschen, deren Sehnsüchte von der Theologie ernst genommen werden müssen und die sich ihrerseits vom dem Blick der Bedrängten, Gedemütigten und heutzutage wohl auch der Blasierten inspirieren lassen muss.

Über den Autor: Dr. Guido Meyer ist Theologie-Professor an der RWTH Aachen (mit dem Schwerpunkt Religionspädagogik). Der Artikel berührt den Gedanken des Begehrens aus der Veröffentlichung Begehrend glauben, glaubend begehren, Christentum als Kultur des Begehrens, Logos Verlag, Berlin 2010.

10 George Berkeley, Eine Abhandlung über die Prinzipien der menschlichen Erkenntnis, Stuttgart 2005

Ich-xperiment

Ein Brief Gottes – Hunderte Offenbarungsträger?

Blasierte
Außenseiter
Kinder
Ausländer
Kranke
Coole
Prostituierte
Hipster
Pharisäer
Hartz-IV-Empfänger
Hedonisten
Bischof
Alleinerziehende
… Offenbarungsträger?

Offenbarung:
Gott teilt sich selbst mit. Seine Botschaft kann ich mir nicht selbst sagen. Nur deswegen können wir über Gott, der/die ein Geheimnis ist, sprechen. Die katholische Kirche spricht von einem Glaubenssinn der Gläubigen.
Nach II. Vatikanum

Gott: Alles meine Geschöpfe!
Jesus: Meine Freunde!
Paulus: Jeder – ein Brief Gottes!
Kirche: Alle haben Glaubenssinn!

⇨ WENN JEDER MENSCH EIN BRIEF GOTTES IST: WELCHE BRIEFE/BOTSCHAFTEN SIND FÜR MICH LEICHT ODER SCHWER VERSTÄNDLICH?

Leicht verständlich:	Schwer verständlich:
______________	______________
______________	______________
______________	______________
______________	______________

Timothy Radcliffe

Leben in der Krise

Aus dem Englischen übersetzt von George Reilly

Wenn du ein erfülltes und reiches Leben hast, anstatt nur zu überleben, wirst du Krisenmomente haben. Eine Krise ist ein Moment großer Schwierigkeiten, der oft eine wichtige Entscheidung erfordert. Studenten sprechen oft von einer „Essay-Krise", was bedeutet, dass sie Schwierigkeiten haben, eine Aufgabe zu Ende zu führen, aber echte Krisen sind viel dramatischer und können ein Leben verändern. Vielleicht trennt man sich von jemandem, den man liebt, und das eigene Leben fällt auseinander. Vielleicht lassen sich deine Eltern scheiden, oder du hast eine schreckliche Krankheit oder einen Unfall, der dein Leben verändert. Vielleicht tust du etwas, das dich beschämt, und du fragst dich, wie deine Zukunft sein wird, oder du scheiterst an einer wichtigen Prüfung. Das sind echte Krisen, die unser Leben auf den Kopf stellen können und uns die Frage stellen, was wir tun können und was aus uns werden wird.

Für mich ist das Erste,
was ich tun muss,
nicht der Angst zu erliegen.

Wir alle können im Krisenfall mit Angst konfrontiert werden. Das ist ganz natürlich, aber wir müssen nicht der Gefangene unserer Ängste sein. Irgendwie kann auch aus der schlimmsten Krise etwas Gutes kommen.

Als ich Student war, war John Profumo ein berühmter Politiker mit einer fantastischen Zukunft vor sich. Dann wurde er in einen Skandal verwickelt. Er wurde als Freier von Prostituierten entlarvt, die den Russen nahestanden. Um seine Karriere zu retten, log er im Parlament. Er musste zurücktreten und sein vielversprechendes Leben schien vorbei zu sein. Dann begann er in einem armen Teil Londons mit Kindern zu arbeiten, die in Verbrechen und Drogen verwickelt waren. Er wurde als heiliger Mann verehrt und wurde mehr respektiert als damals, als er Politiker war.

Im Rückblick könnte man sagen,
dass die Krise ihn zum
Besseren verändert hat.

Ich möchte eine außergewöhnliche Erfahrung teilen. 1993 habe ich Ruanda zum ersten Mal besucht. Wir hatten geplant, in den Norden des Landes zu fahren, als der belgische Botschafter kam, um uns zu warnen, nicht dorthin zu fahren, da im ganzen Land der Ausnahmezustand herrsche. Es war der Beginn der Gewalt, die zu dem schrecklichen Völkermord führen würde, bei dem Hunderttausende starben. Aber ich war jung und dumm, und so fuhren wir hin. Überall sahen wir Anzeichen von Konflikten, Soldaten und Rebellen, die sich gegenseitig suchten, um sich zu bekämpfen. Am Ende des Tages besuchten wir ein Krankenhaus mit jungen Menschen, die Arme und Beine verloren hatten, vor allem durch Minen. Ich erinnere mich an einen kleinen Jungen, der zwei Beine, einen Arm und ein Auge verloren hatte. Sein Vater saß am Bett und weinte. Ich ging in den Busch, um selbst zu weinen, begleitet von Jugendlichen, die nur hüpfen konnten, da sie jeweils nur ein Bein hatten.

An diesem Abend besuchte ich meine dominikanischen Ordensschwestern. Die Wände ihres Hauses wurden von Kugeln aus den Kämpfen durchlöchert. Aber was könnte ich angesichts all dieses Leidens sagen? Ich fühlte, dass ich überhaupt keine Worte hatte. Ich fühlte mich überwältigt. Dann erinnerte ich mich, dass es etwas gab, was ich tun könnte. Ich könnte nachvollziehen, was in der letzten Nacht vor dem Tod Jesu geschah, als er das Brot nahm, segnete und brach und es seinen Jüngern gab: Das ist mein Leib, der für euch hingegeben wird. Das ist mein Blut, das für euch vergossen wird. Bei jeder Eucharistiefeier erinnern wir uns an den schlimmsten Moment in der Geschichte der Menschheit. Perfekte Liebe kam, um an unserem Leben teilzuhaben, und wir sagten Nein! Sogar Petrus war dabei, ihn zu verleugnen. Alles, was vor uns lag, war Leid und Tod. Aber in diesem schrecklichen Moment der Verzweiflung machte Jesus die große Geste der Hoffnung. Als sich die Gemeinschaft auflöste, gab er uns das Sakrament der Gemeinschaft.

Die größte Krise war die Quelle der tiefsten Hoffnung.

Eine ähnliche Erfahrung habe ich vor ein paar Jahren in Syrien gemacht. Das Land ist seit Jahren vom Bürgerkrieg zerrissen. Ich hatte den Auftrag, die christlichen Gemeinschaften zu besuchen und ihnen zu versichern, dass wir sie nicht vergessen hatten. Wir befanden uns nur vier Kilometer von der Frontlinie zum Da'esh, der terroristischen Armee, entfernt und blieben nachts durch die Kämpfe wach. Jeden Morgen wurden wir von der Glocke zur Kapelle gerufen, um die Eucharistie zu feiern. Ich habe mich gefragt, was die Terroristen wohl dachten, als sie es hörten. Wenn man in der Nähe von Menschen weilt, die dir den Kopf abschneiden möchten, gibt es nichts Vergleichbares, um dich daran zu erinnern, dass die Eucharistie unser großes Sakrament der Hoffnung ist – gegeben, als es keine Hoffnung gab.

Wenn ich also eine schwere Zeit durchgemacht habe, wenn mein Leben auseinanderzubrechen schien, habe ich es voller Hoffnung während der Eucharistie auf den Altar gelegt. Manchmal scheint unser Leben in eine Sackgasse zu geraten, wenn wir keinen Weg nach vorn sehen. Die Eucharistie ist das Zeichen dafür, dass es eine Zukunft gibt, egal was mit uns passiert, welches Scheitern auch immer wir ertragen, in welches Durcheinander wir geraten, und diese Zukunft wird besser sein, als wir es uns vorstellen können.

Ich blicke auf mein Leben zurück und erkenne, dass es Krisenmomente gegeben hat, für die ich heute dankbar sein kann. Kurz nachdem ich zum Priester geweiht wurde, verliebte ich mich in eine junge und schöne Frau. Und sie hat sich in mich verliebt! Ich hatte mich der Kirche als Priester und Dominikaner auf Lebenszeit hingegeben, und plötzlich war hier ein anderer Lebensentwurf, den ich hätte aufnehmen können, den ich mit einer anderen Person in der Intimität der Liebe hätte teilen können. Ich war zerrissen.

Das Erste, was ich tat, war, sie einzuladen, bei meiner Gemeinschaft in Oxford zu wohnen und meine dominikanischen Mitbrüder kennenzulernen. Ich wollte, dass sie sie kennenlernen und dass sie sie kennenlernt. Ich tat dies, weil die Versuchung bestand, ein Doppelleben zu führen, auf der einen Seite meine Liebe zu ihr und auf der anderen Seite mein Leben mit meiner Kommunität. Aber ich wusste, dass das eine Katastrophe sein würde! Sie musste sehen, dass die Person, die sie liebte, ein Bruder dieser Brüder war, und die Mitbrüder mussten sehen, dass ihr Bruder jemand war, der dieser Frau tief verbunden war.

Langsam und mit der Gnade Gottes, mit etwas Schmerz und Kummer, funktionierte alles zum Besten.

Ich blieb ein Priester, und doch wurde mein Leben bereichert und ist immer noch von einer tiefen Liebe geprägt, die mir hilft, hoffentlich ein besserer Priester zu sein. Sie hat auch ihr eigenes Glück gefunden und ist

Christin geworden. Wir blieben in ständigem Kontakt. Diese Krise war also für uns beide fruchtbar, und ich danke dafür.

Eine weitere Krise, die ich etwas später durchlebte, war der Verlust, die Gegenwart Gottes zu spüren. Ich hörte nicht auf, an Gott zu glauben, aber ich war von der Religion gelangweilt. Klingelt da etwas? Essen, Trinken, Sex, Musik und Filme, alles andere wurde immer interessanter. Ich hatte nicht den Wunsch zu beten. Dann entdeckte ich eines Tages die Gegenwart Gottes wieder. Seltsamerweise war es am unwahrscheinlichsten Ort, dem Garten von Gethsemane, wo Jesus am nächsten Tag weinte und sich angesichts seines bevorstehenden Leidens allein fühlte. Seine besten Freunde, die Jünger, waren gerade eingeschlafen.

Es war in diesem Garten,
dass ich plötzlich wieder von der
Gegenwart Gottes berührt wurde.

Es war nicht so, als würde man jemanden anderen entdecken, der sich hinter einem Olivenbaum versteckt. Es war mehr ein Bewusstsein für Gott im Zentrum meines Seins, wo Gott schon immer gewesen war. Augustinus sagt, dass Gott mir näher ist als ich mir selbst. Oder im Koran steht geschrieben, dass Gott mir näher ist als meine Halsvene. Es war nicht so, dass Gott von mir abwesend gewesen wäre. Ich war von meinem tiefsten Selbst abwesend gewesen.

Wenn wir denken, dass wir Gott verloren haben, ist es für die meisten Menschen ein Moment der Krise. Was ist der Sinn meines Lebens oder irgendeines Lebens, wenn Gott nicht da ist? Aber es ist immer ein Schritt in Richtung tiefere Intimität. Es gibt nur einen winzigen Unterschied zwischen dem Atheisten und dem Gläubigen. Wir beide erleben den Verlust Gottes, aber der Christ verliert Gott, um Gott näher zu entdecken. Für den Atheisten gibt es nur Abwesenheit. Der Christ und der Atheist, sie beide verlieren das kindliche Bild Gottes als eines netten alten Mannes mit einem wolligen Bart, der auf einer Wolke sitzt. Für Gläubige bedeutet dies, Gott noch näher zu entdecken. Später verlieren wir Gott als die mächtige Person, die das Universum steuert. Wenn wir erwachsen werden, werden wir den Gott verlieren, der der große Problemlöser, die ultimative Versicherungspolice, das Sicherheitsnetz ist. Für den Atheisten ist jede Erfahrung eine vertiefende Abwesenheit. Für den Gläubigen führt es zu einer engeren Intimität. Der heilige Thomas von Aquin sagt, dass wir mit Gott wie mit dem Unbekannten verbunden sind.

Es ist genauso, wie wenn man einen Freund auf der anderen Seite des Raumes sieht. Da ist er oder sie, völlig sichtbar. Wir nähern uns einander und umarmen uns innig. In diesem Moment sieht man nur noch das andere Gesicht. Der andere Körper ist verschwunden. Ihr gebt euch gegenseitig einen Kuss, und dann seid ihr unsichtbar, weil ihr euch so nah seid. Es ist Gottes tiefe Intimität, die ihn abwesend erscheinen lässt.

Es sind nicht nur Einzelpersonen, die Krisen durchleben. Gemeinschaften auch. Die katholische Kirche durchlebt in diesem Moment die schwerste Krise seit 500 Jahren, mit dem Bekanntwerden des schrecklichen sexuellen Missbrauchs durch Priester. Das hat Millionen von Menschen schockiert und skandalisiert. Es kann auch der Anfang von etwas Neuem sein. Zuerst müssen wir uns dem mit voller Ehrlichkeit stellen und denen nahe sein, die missbraucht wurden. Jetzt ist nicht die Zeit für Ausreden.

Wenn wir uns von ihrem Schmerz
berühren lassen und versuchen,
an ihm teilzuhaben, dann könnte
dies ein transformativer Moment
im Leben der Kirche sein.

Es wird uns Priester demütiger machen und uns der Heiligkeit jedes Menschen, besonders der Schwachen, bewusst werden lassen. Es kann ein Moment der Wiedergeburt für die Kirche sein, der uns einfacher, freundlicher, demütiger werden lässt, im Bewusstsein, dass wir alle Mitjünger, Brüder und Schwestern sind, gleich in Würde, wer immer wir sind.

> Wenn also Krisen in eurem Leben geschehen, und das werden sie, habt keine Angst. Wenn wir die Augen öffnen und das Geschehen mit Mut und Vertrauen auf Gott betrachten, können es Momente eines neuen Lebens sein.

Der Mensch wächst durch verschiedene Krisen. Die erste war eine, an die wir uns nicht erinnern können, als wir den gemütlichen Whirlpool des Mutterleibs verließen und schreiend in die kalte Welt hinauskamen. Es gab die Krise, die auch vergessen wurde, von der Brust unserer Mutter entwöhnt zu werden und stattdessen feste Nahrung zu essen und am Tisch sitzen zu müssen. Es gibt die Krise der Pubertät, wenn Hormone in unserem Körper schwirren und wir uns körperlich verändern, was sehr beunruhigend sein kann! Es gibt vielleicht die Krise, das Haus zu verlassen und ein neues Leben zu beginnen, vielleicht mit jemand anderem. Schließlich liegt vor uns allen die Krise des Todes, von der wir glauben, dass sie auch eine Wiedergeburt ist. Ohne diese Krisen würden wir nie erwachsen werden.

Das sind alles natürliche Krisen, aber die anderen, mit denen wir konfrontiert sind, mit denen ich begonnen habe, können auch Momente eines neuen Lebens sein. Sie öffnen unser altes Leben. Wir können versuchen, dort festzuhalten, wo wir waren, oder mutig herauszutreten und ein neues Leben anzunehmen, mit Mut und Vertrauen in Gott. Als ich versuchte, meinen amerikanischen Mitbrüdern das zu sagen, gaben sie mir ein T-Shirt, auf dem geschrieben stand: „Ich wünsche dir eine gute Krise!"

Über den Autor: P. Timothy Radcliffe OP leitete als Generalmagister von 1992 bis 2001 den Dominikanerorden und ist seit 2015 päpstlicher Berater im Rat für Gerechtigkeit und Frieden. Er lebt im Dominikanerkonvent in Oxford. Zuletzt veröffentlichte er „Alive in God. A Christian Imagination" (London 2019). Auf Deutsch erschien „Warum Christ sein. Wie der Glaube unser Leben verändert" (Freiburg 2012).

Kintsugi-Schale – wie der Mensch? Wertvoll und verletzlich

There is a crack in everything
that's how the light gets in.
Leonard Cohen

Dort, wo wir verwundet sind,
wo wir gebrochen sind,
dort sind wir auch aufgebrochen für Gott.
Henri J. M. Nouwen

Die Wunden zerbrechen mir die Masken, die ich mir aufgesetzt habe, und legen den wahren Grund frei. [Das] setzt voraus, dass ich mich aussöhne mit meinen Wunden, dass ich meine Wunden als meine besten Freunde ansehe, die mir den Weg zum Schatz in mir zeigen. Die Enttäuschung zeigt mir, dass mein Selbstbild nicht gestimmt hat. So ist die Enttäuschung die Chance, das wahre Selbst zu entdecken.
Anselm Grün

Wer sich selbst als irgendetwas sieht oder sehen will, egal ob als moderne Mutter, als Schriftstellerin oder als Erfolgsmensch, der muss dieses selbstgewählte Bild permanent verfolgen. Das ist anstrengend.

Vielleicht würde es uns gut tun, diese Selbstdefinitionen und sogar die Suche nach Identität ein bisschen sein zu lassen.
Juli Zeh

Angenommen:
Das Geheimnis Gottes zerbricht unsere zu kleinen Weltanschauungen (wie Timothy Radcliffe sagt) oder unsere zu kleinen, zu starren, zu engen Vorstellungen zerstören das Geheimnis Gottes, des eigenen Ichs, einer Beziehung …

WANN MÖCHTEST DU DIESEN WUNSCH GOTT SAGEN: "MEINE ENGEN GRENZEN, MEINE KURZE SICHT – WANDLE SIE IN WEITE."?

WIE SIND DEINE BEZIEHUNGEN?
Wertvoll, aber/weil … verletzbar.
Verletzbar, aber/weil … wertvoll.
Suche auch mit anderen Worten eine passende Formulierung für dich:
Stark, schwach, heil, würdig, (un)berührbar, (un)vollkommen, (un)besiegbar …

Bildimpuls

Ein Setzkasten – passend für Gott und dein Leben?

Ein Setzkasten ist nicht die „artgerechte“ Haltung für Gott oder wirkliches Leben. Entweder das Geheimnis Gottes zerstört unsere zu engen Vorstellungen oder unsere zu engen Vorstellungen zerstören das Geheimnis Gottes.

Jürgen Werbick

Die Menschenfreundlichkeit der Unterbrechung

Atemlose Kommunikation

Das ist ein Zeichen der Zeit, an dem sich identifizieren lässt, was „unsere" Zeit von früheren unterscheidet: globalisierte, unendlich verdichtete Kommunikation. Netzaffine Menschen können im Prinzip überall dabei sein und teilnehmen. Ohne Unterbrechung teilen sie alles mit allen, teilen zu allem ihre Meinung mit. Sie vernetzen sich, wie sie wollen, sind Follower, wo und von wem sie wollen. Ohne diese Vernetzung ist unsere Welt nicht mehr denkbar. Für viele Zeitgenossen ist sie das Lebenselixier, das ihnen Leben in Fülle zugänglich macht – oder verheißt, vorspiegelt.

Die Kehrseite: Kommunikation reduziert sich – nicht nur im Netz – vielfach auf Information und Desinformation. Sie will Aufmerksamkeit okkupieren[1], Meinungen und Meinungsdruck hervorrufen, Zustimmung mobilisieren. Sie zerrt die „Informierten" atemlos hierhin und dahin, stimuliert folgenlose Neugier, müllt das Interessiert-Sein zu, lässt es im Dauerfeuer aufgeblasener Nichtigkeiten zerbröseln. Die Überfülle der Informationen reduziert Dabeisein auf die Voyeur-Perspektive – oder überlastet die, die sich von Bildern und Nachrichten anrühren lassen. Übergroß sind dann die Empathie-Herausforderungen, sodass sich das Dabeisein oft in relativ folgenloser Erschütterung und Betroffenheit, in Empörung und Schuldzuweisung entlädt. Die wachgerufenen Emotionen reichen von der Selbst-Zerknirschung angesichts der offenkundigen Hilflosigkeit, zu der man sich durch die Übermacht einer zynisch durchgesetzten Interessenpolitik oder ökonomischer „Zwangsläufigkeiten" verurteilt sieht, bis zur Meinungsaggression gegen die vermeintlich oder tatsächlich Schuldigen, oft auch bis zum Zynismus der relativ gut Davongekommenen oder bis zum Rückzug auf eine „Lebenskunst", die sich die komfortable Möblierung des Privatbereichs geschmackvoll auszuwählen und zu sichern weiß.

> Die Flut der Informationen macht vielleicht realitätsfähiger. Meist aber macht sie nur die Räume und die Zeit eng.

Sie erzieht zur „Servilität gegenüber der Wirklichkeit"[2] bzw. dem gegenüber, was als Wirklichkeit präsentiert wird: die unausweichlichen Gegebenheiten, die Codes der Meinungsführer, die man übernehmen muss, wenn man *dazugehören* will: zur Avantgarde, zum immer mehr benachteiligten und abgehängten „Volk", zu den kritischen Intellektuellen, die sich nicht genug entsetzen können über die Tumbheit der Anderen, auch der Politiker, der Machtinhaber in Gesellschaft und Kultur. Da steht man mei-

1 Vgl. Georg Frank, Ökonomie der Aufmerksamkeit. Ein Entwurf, München – Wien 1998.

2 Die Formulierung stammt von Ricarda Huch und richtete sich ursprünglich gegen die Historiographie Leopold von Rankes (vgl. Dorit Krusche, Wilder, böser, schöner. Ricarda Huch wollte das Leben schildern, wie es ist – als Schriftstellerin und als Historikerin, in: DIE ZEIT Nr. 30 vom 17. Juli 2014, S. 17). Die Narrative, die uns heute umgeben und lenken, geben sich so alternativlos, dass sie gar nicht mehr als solche „gelesen" werden. Sie sind Identitätsmarker, an denen sich entscheidet und zeigt, was gilt und gelten soll.

lenweit drüber; je besser man informiert ist, desto mehr Verachtung hat man dafür übrig. Kommunikation und Information geben die Basis ab für ein Gefühls-Management und Identitäts-Politiken, die es auf die Übernahme von Meinungen abgesehen haben, Beeinflussungs-Machtsphären erweitern und Meinungshoheit etablieren wollen.

In der Liebe, der Intimität, dürfte es doch anders sein: Kommunikation nicht nur in Echtzeit, sondern in der Tiefe, im Unendlichkeitsraum des Ineinander-versunken-Seins!? Und dann doch wieder: „Atemlos durch die Nacht"? Auch sexuelle Faszination macht atemlos, liebt die atemlose Spannung, das Hingerissen*sein*[3]. Vielleicht ist das ja die große, allein noch hoffnungsvolle Alternative zum Mitgerissen*werden* von dem, was Nietzsche – semantisch offenherzig wie keiner sonst – als den *Willen zur Macht* ausgesprochen hat; die Restverheißung, für die ein biologistischer Fatalismus allenfalls noch die Gewähr bieten könnte? – Atemlos durch den Tag und seine Informations-Pakete, aber dann: Atemlos durch die Nacht!

Zeichen der Zeit sind *Ambivalenz-Marker*. Wollte man Eindeutigkeit erzwingen, würde man in altbackener Kulturkritik oder in blinder Netzeuphorie landen. Aber theologisch geht es doch darum, die Zeichen der Zeit kritisch zu lesen und zu interpretieren, um sie als Herausforderung für kirchliches Zeugnis und für die Glaubens-Verkündigung ernst zu nehmen. Zwiespältiges, zum sorgfältigen Hinschauen, zur Würdigung im Glauben herausforderndes Zeichen: Kommunikation weitet den Horizont – fast ins Unendliche; mutet das Gesehene, Gelesene, Gehörte zu, macht geltend, was ist. Und sie überlastet mit An-Teilnahme, provoziert zur Nicht-Teilnahme im Zuschauen; sie macht atemlos im Wirbel der „Ereignisse", bei all den „Fakten", denen man sich nicht entziehen kann; vor allem dies: sie überrollt mit Unabänderlichkeiten.

Der Fatalismus der Zuschauer

Wie sollte man sich von der Übermacht der Verhältnisse nicht erdrücken lassen? Indem man sich als Zyniker Luft macht und intellektuelle Überlegenheit demonstriert? Indem man sich innerlich zutiefst betroffen mit den Opfern solidarisiert oder sich diese Solidarisierung wenigstens vorgaukelt? Indem man sich fatalistisch mit dem Lauf der Dinge identifiziert: Ja, wir schaffen uns ab. Na und!? Die Natur wird sich ohne uns zu helfen wissen! Indem man Handlungsfähigkeit und Lösungskompetenz für sich reklamiert und die Hilflosigkeit der Anderen attackiert – der Vorgänger, der politischen Feinde, auch derer, die die Kirche totmoralisieren und leerpredigen? Schließlich macht man sich in der Regel das Beste draus: ein abwechslungsreiches Unterhaltungs-Programm, mit vielen Aufregern für die Zuschauer, die es beim Zuschauen, bei der Meinungs-Produktion, bei der folgenlosen Empörung, beim Kitzel der Katastrophen ganz gut aushalten können.

> Gewinnt man ein wenig Abstand, kann einem aufgehen, dass diese Überwältigung vom fast Unabwendbaren bis ins Innerste der Alltags- und Kommunikationserfahrung hinein schon lange unterwegs ist und von weit her kommt.

Ich will *Søren Kierkegaard* in den Zeugenstand rufen, den Quer- und Vorausdenker aus der ersten Hälfte des 19. Jahrhunderts. Das ist schon arg lange her. Weit weg? Vielleicht muss man einen langen Anlauf nehmen, um hier nicht zu kurz zu springen. Und vielleicht darf man sich bei ihm „bedienen", ohne alle seine zeitbedingten Denk- und Glaubens-Voraussetzungen mit einzukaufen.

Das macht den glaubenden Menschen für Kierkegaard aus: Er schaut nicht nur zu, lässt

3 Helene Fischer hat mit dem Song „Atemlos durch die Nacht" die Stichworte gegeben: „Atemlos einfach raus / Deine Augen zieh'n mich aus! / Atemlos durch die Nacht / Spür', was Liebe mit uns macht."

sich nicht nur überfordern; er glaubt, „dass alles möglich ist bei Gott". Gott bedeutet ihm genau „dies, dass alles möglich ist."[4] Nicht den kleingläubigen Wunderglauben hat Kierkegaard im Blick, sondern den, dem es um alles geht, den Glauben gegen den Fatalismus und gegen das Fatum par excellence, den Tod. Der Glaube, dem es um alles geht: Auferstehungsglaube, Glaube über das alternativlos Notwendige hinaus; an das Mögliche, das durch Gott – durch ihn allein – für den Glaubenden möglich wird. Aber eben kein Glaube, der sich ins sturmfreie Jenseits hineinträumt, vielmehr der Glaube als Kampf: „Dies ist der Kampf des Glaubens, welcher, wenn man so will, verrückt für Möglichkeit kämpft. Denn Möglichkeit ist das Eine, was rettet."[5]

Glaube steht da gegen Glauben: der verrückte Kampf für Möglichkeit gegen die stumme Ergebung in die Notwendigkeit, in das, was alternativlos sein soll. Die Verehrung des Fatums ist ja „wesentlich […] Stummsein, stumme Unterwerfung"; der Fatalist „kann nicht beten". Für ihn und bei ihm kommt nichts dazwischen; nichts hält den Lauf der Dinge mehr auf. Er erlaubt keine Atempause, kein Abstandnehmen, keine *Distanzierung*. „Das Selbst des Deterministen vermag nicht zu atmen, denn es ist unmöglich einzig und allein das Notwendige zu atmen, welches rein und bloß des Menschen Selbst erstickt […] sein Gott ist Notwendigkeit", das Fatum.

„Die Gottesverehrung des Fatalisten ist daher zuhöchst eine Interjektion", Zwischenlaut, der nicht einmal mehr Zwischenruf ist. Für den Glaubenden aber ist Beten „ein Atmen, und die Möglichkeit ist für das Selbst, was der Sauerstoff für die Atmung ist", das Aufatmen im Glauben daran, dass bei und durch Gott alles möglich ist, „das ewig sichere Gegengift gegen Verzweiflung".[6] Also doch Notausstieg aus dem Überwältigenden, aus der Überwältigung durch das alternativlos Notwendige – oder aus der unendlichen Überforderung durch das Überwältigende?

Wie konnte Kierkegaard unsere Glaubens-Situation, unsere Atemlosigkeit, nur so genau voraussehen?

Dass religiöse Kommunikation dem Atemholen „der Seele" dient, dass sie Kommunikationsräume offenhält, in denen die heillose Verdichtung der Kommunikation von „Notwendigkeit" und Alternativlosigkeit aufgehalten, vielleicht sogar außer Kraft gesetzt wird, das wäre die elementare Herausforderung des Christlichen: Die „Biotope"[7] wären zu pflegen und zu schützen, in denen Hoffnung keimen kann: die Hoffnung darauf, dass man im Glauben an Gottes „Möglichkeiten" partizipieren darf, sich den lebensfeindlichen Notwendigkeiten nicht einfach ergeben muss, Räume finden wird, Gottes Möglichkeiten jetzt schon mitzuleben. Man wäre damit vermutlich nahe an Jesu Reich-Gottes-Verkündigung und Reich-Gottes-Praxis, an seinem Zeugnis gegen die tödlichen Notwendigkeiten der „Mächte", deren Herrschaft nicht länger hingenommen wird, da ihr „Anführer" vom Himmel gestürzt ist (vgl. Lk 10,18).

Aber auch die Erfahrungen mit Kirche in unseren Breiten sind nicht so. Man erlebt eine atemlose Pastoral, in der vor allem grenzenlose *Überforderung* kommuniziert wird: durch das Scheitern der Volkskirche, der bisher geübten flächendeckenden Erfassungs-

4 Søren Kierkegaard, Die Krankheit zum Tode. Gesammelte Werke, 24. und 25. Abteilung, hg. von E. Hirsch und H. Gerdes, Gütersloh [4]1992, 35–37.
5 Ebd., 35.
6 Ebd., 37. Die Formulierung „Beten ist das Atemholen der Seele" wird vielfach – freilich ohne Beleg – John Henri Newman zugeschrieben. Dass sie – wenn auch nicht wörtlich – auf Kierkegaard zurückgeht, liegt auf der Hand.
7 Die Erklärung der deutschen Bischöfe *„Zeit zur Aussaat". Missionarisch Kirche sein* vom 26. November 2002 spricht von „Biotopen des Glaubens" (Ziffer 4).

pastoral, der bisher üblichen Rollenkonzepte von „Pastoralarbeitern", durch das Scheitern moralischer Selbst-Erhöhung und kirchlicher Deutungs-Kompetenz-Ansprüche; die Überforderung auch durch politisch-moralische Herausforderungen, in denen man sich dann nicht selten durch ratloses „Gutmenschentum" aus der Affäre zieht. Kommunikations-Verdichtung: Alles kommt ungefiltert an mich ran, Kommunikations-Überforderung durch das Wahrnehmen-Müssen eines ubiquitären Scheiterns. Können die Kirchen ihren Senfkornglauben, ihre Senfkornhoffnung glaubwürdig bezeugen, indem sie Räume offenhalten, in denen das Kleine, was jetzt geschieht, ausgesät wird, mit dem zusammengehalten werden kann, was – weil es für Gott möglich ist – daraus werden darf? Räume, in denen die permanente Überforderung nicht erdrückt, sondern kreativ *relativiert* wird? Das sind Fragen, die an die klassische Rechtfertigungstheologie und an eine Pastoral zu stellen wären, die leistungsfähig und – ja durchaus: erfolgreich – sein will, aber das kirchliche Miteinander nicht durch Leistungsdruck erdrücken dürfte.

Die Fragen sind natürlich größer als die Antworten, die man kirchlich und pastoral darauf finden und umsetzen könnte. Eine Richtung, in der weiter gefragt und weiter ausprobiert werden müsste, lässt sich immerhin ausmachen: Eindämmung der Überforderungs-Kommunikation auf allen Ebenen, so auch in den moralischen Diskursen; eine Kommunikation der Ermutigung zu Praxismodellen der „Aussaat". Es ist Zeit der Aussaat, in der die Sä-Leute tun, was sie können, und nicht immer schon vorwegnehmen, dass das ja kaum ein Tropfen auf den heißen Stein ist. Was wir einbringen können, ist immer viel zu wenig. Aber es ist viel besser als nichts. Und vielleicht wird ja doch etwas daraus, wenn Er es in seine Hand nimmt. Vielleicht wird ja doch das Material daraus, aus dem Er das Reich Gottes macht.

Wenn man uns immer kommuniziert: „Viel zu wenig" und „Eher bedeutungslos", wird nichts wachsen, wird alles totgetrampelt von einer hochverdichteten Überforderungs-Kommunikation. Entlastung von einer Überlast kann nicht heißen, sich den Notwendigkeiten, die uns den Atem rauben, in die Unbetroffenheit zu entziehen. Heißt aber auch nicht, sich in bloßer Betroffenheits-Kommunikation „selbst zu rechtfertigen". Es heißt, Atem-Räume, Kommunikations-Räume zu finden, in denen Menschen sich zum Nicht-Kapitulieren zusammenfinden, zum Glauben daran, dass die „großen Fragen" uns nicht zur Hoffnungslosigkeit verurteilen. Gemeinden können Asyl-Orte für die großen Fragen sein: dass sie weitergefragt und nicht mutlos „heruntergebrochen" oder verdrängt werden; Biotope aber auch der Hoffnung, dass aus uns und dem Wenigen, das uns jetzt möglich scheint, noch etwas werden kann, weil Gott es nicht verloren gehen lässt. Diese Hoffnung wäre nicht zu billig, wenn sie mit dem tatkräftigen Widerstehen-Wollen verbunden wäre:

Wir lassen uns von den Alternativlosigkeiten nicht den Mut und die Phantasie dafür nehmen, wie Gottesherrschaft jetzt mit uns beginnt.

Wir lassen uns auch nicht zum Leichtsinn verführen, der das Gewicht der Dinge bloß noch abwerfen will und sich so auch der Solidarität mit denen entzieht, die die Verantwortung für die nächsten Schritte schultern müssen.

Unterbrechung

Es müsste etwas dazwischenkommen können ins atemlose Weitermachen, Weiter-Kommunizieren. Dass es nicht immer nur so weiterginge. Johann Baptist Metz hat die seither oft zitierte Formel geprägt: „Kürzeste

Definition von Religion: Unterbrechung."[8] *Unterbrechung:* den Stecker ziehen oder der System-Absturz. Die Maschine funktioniert nicht mehr? Da werde ich erst recht atemlos: Was habe ich verkehrt gemacht? Was stellt der PC jetzt mit mir an? Warum bin ich abgeschnitten vom Kommunikations-Strom, der mich doch gerade noch in der Gewissheit gewiegt hat: Ich kommuniziere, also bin ich?

Natürlich meint Metz es *ganz anders,* Unterbrechung ganz anders. In den Religionen wird die Ahnung, ja die Hoffnung auf Unterbrechung kommuniziert, denn: „Dass es so weitergeht, ist die Katastrophe."[9] Ob man es heute wieder ähnlich dramatisch sehen muss, wie es Benjamin – hellsichtig wie wenige – kurz vorm Heraufziehen der Weltkatastrophe des 2. Weltkriegs und des millionenfachen Mords an den Juden gesehen hat? Immerhin dies wird kaum jemand bestreiten – von einigen Fake-News-Produzenten und ihren Tweets einmal abgesehen: Wenn es so weitergeht, ist es die Katastrophe. Wie kommt man nur dazwischen, so dazwischen, dass es nicht so weitergeht?

Kirchen und ihre Verkündigung der nahe gekommenen Gottesherrschaft werden dem Weiter-Geschehen kaum revolutionär in die Speichen greifen können.

Aber sie werden von dem sprechen dürfen – und dem Räume geben, von dem Zeugnis geben müssen –, wofür sie da sind: Unterbrechung. Gegen den Fatalismus des Einverstandenseins mit den Fakten werden sie prophetisch Zeugnis geben müssen, indem sie es zur Unterbrechung kommen lassen und den Gott in Anspruch nehmen, der die Unterbrechung ist. Wenn er die „letzte Instanz" ist, darf es nicht zur „Servilität gegenüber der Wirklichkeit" kommen – gegenüber dem, was einfach nicht aufhören und uns nicht freigeben will.

Davon gilt es Zeugnis zu geben: Wie Gott dazwischenkommt; dass es deshalb kein göttliches Fatum gibt. Dass die Berufung auf das Schicksal – dass es alternativlos so kommen muss – eine billige Ausrede ist. Das fängt damit an, dass es *Vergebung* gibt, weil sie von Gott ausgeht und zu ihm führt. Es muss nicht so weitergehen mit dem „Fluch der bösen Tat, dass sie fortzeugend immer Böses muss gebären".[10] Gott kommt dazwischen, soll dazwischenkommen. Das ist die Hoffnung, ist der Glaube, von dem die Bibel seit alters her Zeugnis gibt. Er unterbricht – „sühnt" –, wo Menschen wenigstens im Ritus den Raum dafür offenhalten, dass er dazwischenkommt. Die Riten sind uns, auch in der Kirche, fremd geworden: kommunikative Handlungen, die in den innerweltlichen Handlungszusammenhängen „leerlaufen", die sich nicht einordnen in geschlossene, konsequent ablaufende Funktionszusammenhänge. Sie halten kommunikative Räume dafür offen, dass wir uns aus dem bloßen Funktionieren herausnehmen. Sie können das obsessive Weitermachen, Weiter-Planen, Auf-dem-Sprung-Sein unterbrechen. Jetzt muss ich nicht angestrengt den nächsten kommunikativen Spielzug entwerfen, planen, wie ich mich einmische, damit die Dinge nicht über mich hinweggehen.

Jetzt kann und will ich mich unterbrechen lassen, damit etwas Neues mit mir anfangen kann. Jetzt dürfte Er dazwischenkommen.

Gemeinsam rufen wir Ihn in unser Leben hinein. Wer weiß, was daraus wird.

Oft wird nicht viel draus, scheint es. Es ist ja auch tatsächlich so, dass wir uns kaum „nachhaltig" unterbrechen lassen. Genau deshalb

8 Ders., Glaube in Geschichte und Gesellschaft, Mainz 1977, 150.
9 Walter Benjamin, Gesammelte Schriften, Frankfurt a. M. 1991, Bd. V/1, 150.
10 Friedrich Schiller, Die Piccolomini, V,1.

ist der Ritus auf Wiederholung angelegt und gehen wir da hin, wo er vollzogen wird, verlassen wir ein wenig unsere alltägliche Lebenswelt, suchen wir die Räume gemeinsamen Glaubens und miteinander gelebter Sehnsucht auf. Die Atemlosigkeit soll in diesen kommunikativen Räumen zur Ruhe, zum Aufatmen, kommen dürfen. Vielleicht geschieht es nicht allzu oft. Aber die Chance ist da; und die Erfahrung auch, dass es geschehen kann. Dass da Gott dazwischenkommen kann mit seinem Wort – und etwas bewegt, die Prioritäten relativiert, zu deren Knecht und Magd wir geworden sind.

Die Kirche erweist sich als menschenfreundlich, wenn sie solche Räume offenhält und kommunikativ einladend macht, sie als Orte alternativer Kommunikation ohne Atemlosigkeit kenntlich macht.

Als Orte, an denen man mit Gottes Dazwischenkommen „rechnet", an denen man lernt, wie er ganz alltäglich, draußen, dazwischenkommen kann. Wir brauchen solche Orte, und die Menschen, die sie offenhalten; buchstäblich, sodass die Türen nicht verschlossen sind, und kommunikativ: die den Ritus so feiern, dass er Menschen-freundlich und Gottes-freundlich sein kann. Das ist eine anspruchsvolle und schöne Aufgabe; aber keine, die atemlos machen müsste.

Über den Autor: Dr. Jürgen Werbick ist em. Theologie-Professor für Fundamentaltheologie und lebt in der Nähe von Münster. J. Werbick veröffentlichte u.v.a. „Vater unser. Theologische Meditationen zur Einführung ins Christsein", Freiburg 2011, und „Eine kleine Gotteslehre im Dialog mit Papst Franziskus", Freiburg 2018".

Man weiß immer, dass man jemand ganz besonderen gefunden hat, wenn man einfach mal für 'nen Augenblick die Schnauze halten und zusammen schweigen kann.

Mia Wallace in „Pulp Fiction"

WANN HAST DU DEINE ALLTÄGLICHE LEBENSWELT EIN WENIG ODER NACHHALTIG VERLASSEN?

Verstehen Sie mich nicht zu schnell.

André Gide zugeschrieben

Wirklich zuhören

... ist das ein Abwarten, um anschließend etwas anderes bzw. eigenes sagen zu können?

... um zu antworten?

... um zu verstehen?

... um sich selbst verändern zu lassen?

Wir lassen uns kaum „nachhaltig" unterbrechen.

Jürgen Werbick

Lass mich dich lernen,
dein Denken und Sprechen,
dein Fragen und Dasein,
damit ich daran die Botschaft
neu lernen kann, die ich dir zu
überliefern habe.

Klaus Hemmerle

STELL DIR EINEN WICHTIGEN ENTSCHEIDUNGSTRÄGER VOR, DER MIT EINEM „HÖRENDEN HERZEN" ENTSCHEIDET – WAS KÖNNTE PASSIEREN?

Listening is extremely dangerous.

Timothy Radcliffe

Ich-xperiment

Gottes Memory-Book für mich

In Afrika und auch anderswo schreiben Aidskranke für ihre noch sehr jungen Kinder Memory-Books, da sie wahrscheinlich sterben werden, bevor sie ihren Kindern ihre Geschichten erzählen können.
Der Schriftsteller Henning Mankell schreibt über diese Memory-Books:
Diese Erinnerungsbücher, diese kleinen Hefte mit eingeklebten Bildern und Texten, von Menschen geschrieben, die kaum das Alphabet beherrschten, könnten sich in vielerlei Hinsicht als die wichtigsten Dokumente unserer Zeit erweisen.

WAS IST DAS WICHTIGSTE SCHRIFTSTÜCK IN DEINEM LEBEN? WELCHES SIND DIE WICHTIGSTEN SÄTZE?

Stell dir vor: Du bist über 80 Jahre alt und hast in deinem Leben Wichtiges in einer Erinnerungsbox gesammelt. Was würde sich darin finden?

Die Ordensschwester Ancilla Röttger hat die Bibel „Gottes Memory-Book“ genannt. Welche Geschichten aus diesem Memory-Book sind für dich stärkende, heilende, befreiende oder froh machende Erinnerungen?
J. B. Metz sprach von „gefährlichen Erinnerungen“ der Bibel: Für wen oder was können biblische Erinnerungen gefährlich sein?

WENN DIE BIBEL GOTTES MEMORY-BOOK FÜR UNS MENSCHEN IST: WELCHE BIBLISCHEN GESCHICHTEN SAGEN MIR, ZU WEM ICH GEHÖRE? WER BIN ICH UND WAS IST DAS FÜR EINE "FAMILIE"?

- Welche Geschichte ist mir besonders wichtig?
- Welche Geschichten möchte ich (meinen) Kindern weitergeben?
- Welche Geschichten sollten die Menschheit nie vergessen?
- Welche Geschichten sollten die Menschen ernster nehmen?
- Welche Geschichten stärken die Kirche von morgen? Warum?

Zuspruch steht im Zentrum

WÄHLE AUS DEN FOLGENDEN ZITATEN EINES AUS ODER FINDE EINEN EIGENEN SATZ UND SCHREIBE IHN IN DEN RAHMEN ODER AUF EINE KARTE ZUM MITNEHMEN.

Gott wird jede Träne abwischen,
der Tod wird nicht mehr sein,
keine Trauer, keine Klage, kein Schmerz.
Das Alte ist vergangen,
siehe, ich mache alles neu.
Offenbarung 21,4

Das Gute, das Gott
bei dir begonnen hat,
das wird er auch vollenden.
Paulus (Nach Philipper 1,6)

Gott kann nur lieben.
Nach Isaak von Ninive

Mit dir überspringe ich Mauern.
Du stellst meine Füße
in weiten Raum.
Nach Psalm 18,30; 31,9

Wenn du liebst,
kannst du verletzt werden,
sogar gekreuzigt.
Wenn du nicht liebst,
bist du schon tot.
Herbert McCabe

Zuspruch

Ich stelle euch heute vor die Wahl
zwischen Glück und Unglück,
zwischen Leben und Tod.
Wähle das Leben.
Gott (Nach Deuteronomium 30,15)

Wenn du durch Ströme gehst,
reißen sie dich nicht fort.
Wenn du durch Feuer gehst,
wirst du nicht verbrennen.
Denn du bist in meinen Augen
lieb und teuer und ich hab dich lieb.
Fürchte dich nicht!
Gott (Nach Jesaja 43,2,4a,5a)

Ich nenne euch
nicht Knechte,
sondern Freunde.
Jesus (Nach Johannes 15,15)

Gott sagt zu jedem Menschen:
„Es ist wunderbar,
dass es dich gibt!"
Paulus (Nach Philipper 1,6)

Du hast das Recht,
ein anderer zu werden.
Nach Dorothee Sölle

Lasst uns dem Leben
trauen -
weil Gott es mit uns lebt.
Nach Alfred Delp

Die mit Tränen säen,
werden mit Freuden ernten.
Psalm 126

Du bist mein geliebtes Kind.
Ich lasse dich nicht allein wie
ein Waisenkind.
Ich bin bei dir.
Gott (Nach Johannes 14,18)

Achte auf Zufälle:
Was, wenn Zufälle
Geschenke sind ...?

Pastorale und soziale Erfahrungen

Ich habe eine dogmatische Sicherheit: Gott ist im Leben jeder Person.
Gott ist im Leben jedes Menschen.
Auch wenn das Leben eines Menschen eine Katastrophe war,
von Lastern oder Drogen zerstört ist:
Gott ist in seinem Leben.

Ich sehe ganz klar, dass das, was die Kirche heute braucht,
die Fähigkeit ist, Wunden zu heilen und die Herzen der Menschen zu wärmen –
Nähe und Verbundenheit. Ich sehe die Kirche,
wie ein Feldlazarett nach einer Schlacht.
Man muss die Schwerverwundeten nicht nach Cholesterin
oder nach hohem Zucker fragen. Man muss Wunden heilen

Papst Franziskus

Bernhard Hertwig

Aus der Perspektive eines Tischlers, Entwicklungshelfers und Seelsorgers in der Forensik

Bruder Hans Vester (Mill-Hill-Missionaries) holt uns, Gerhard Strauch (Elektroingenieur) und mich, vom Schiff ab, das uns in zwei Wochen von Genua nach Karachi gebracht hat. Durch den Zoll schmuggeln wir unsere Lebensgeschichte, die Berufskenntnisse und religiöse Prägung. In den zu öffnenden Kisten befindet sich außer der Kleidung und Gebrauchsgegenständen das Bronzekreuz und ein Werkzeug, das uns Kardinal Frings bei der Aussendungsfeier in St. Heribert, Köln, überreicht hat.

Karachi heißt uns mit Temperaturen von 35 bis 40 Grad willkommen, grüßt uns mit Basardüften, uns fremde Menschen mit anderer Religion. Fünf Tage lang gibt uns die quirlige Hafenstadt Gelegenheit, uns darin einzuüben, dass wir hier Ausländer sind.

Am Abend des **14. August 1963** stehen wir drei mit den Habseligkeiten auf dem Bahnsteig und warten auf den *Chenab-Express,* der uns in knapp 24 Stunden von Karachi ins 1000 Kilometer entfernte Sargodha bringen soll. Bruder Hans erhebt sich plötzlich von der Kiste, auf der er gesessen hat, und deutet mit ausgestrecktem Arm und offener Hand auf einen weißgekleideten Mann hin, der auf uns zukommt. „Das ist unser Bischof, *Nicholas Hettinga Bishop of Rawalpindi.*"

Ein Bischof kommt unseretwegen auf den Bahnsteig???!!!

Sein gewinnender, strahlender Gesichtsausdruck, verbunden mit fester Hand-Gabe, unterstreichen glaubhaft seinen Gruß: *„Welcome in Pakistan!"* „Ich freue mich, dass ihr nach Sargodha kommt, um junge Menschen handwerklich auszubilden. Wie war die Reise? Ich wünsche euch, dass ihr euch gut einlebt und wohlfühlt. *God bless you."*

Unser eng begrenzter englischer Wortschatz reicht für kurze Antworten und ein: *Thank you.* Ehe der Bischof sich verabschiedet, erwähnt er, dass er am nächsten Tag nach Rom fliegen werde, wo die zweite Sitzungsperiode des Konzils am 29. September 1963 beginne. Seine Begeisterung für die Versammlung ist deutlich zu spüren. Bei uns springt kein Funke über.

Wir haben gehört und gelesen, dass ein Konzil stattfindet, können die Bedeutung und Tragweite aber nicht erahnen.

Uns bedrängen andere Fragen: Was erwartet uns in den nächsten drei Jahren?

Wie wird das sein mit dem Aufbau der Handwerkerschule, mit der Ausbildung der Jugendlichen, mit der Unterkunft und dem Zusammenleben?

Letzteres erfahren wir unerwartet entgegenkommend, als wir am Abend des 15. August auf dem Bahnhof von Sargodha abgeholt, im Pfarrhaus von drei Entwicklungshelfern, zwei Brüdern und vier Patres herzlich empfangen werden. In den kommenden Jahren leben wir mit zwölf bis 14 Personen aus fünf Nationen (Irland, Niederlande, Südtirol, Italien, Goa-Indien und Deutschland) in einer Art *Urkirche* zusammen. Hinzu kommen in der Nachbarschaft Ordensschwestern aus Irland, die eine Schule für Mädchen unterhalten, und Schwestern mit Ärztin vom Missions-Ärztlichen-Institut, Würzburg, die ein Krankenhaus führen. Wenn Besucher kommen, pflegt der Gastpater zu sagen: Hier leben Ordensfrauen, Brüder, Patres und *Catholics:* damit waren wir Entwicklungshelfer gemeint. Eine andere Kennzeichnung ist: *Misereor-People.*

In den Werkstätten, Klassenräumen und Wohnheimen erleben wir talentierte, wissbegierige junge Pakistani (Christen und Muslime), die, wie trockene Schwämme Wasser speichern, angebotene Theorie und Praxis in sich aufnehmen.

Wir nehmen am Gottesdienst der Gemeinde teil und fahren gelegentlich mit in eine abgelegene Station, die der Priester einmal im Monat aufsucht, um zu taufen, Beichte zu hören, Paare zu trauen und Eucharistie zu feiern.

An den anderen drei Sonntagen ruft der Katechet die Gläubigen zusammen, um in der Bibel zu lesen, darüber zu sprechen, Lieder zu singen und zu beten; denn: *„Wo zwei oder drei in meinem Namen versammelt sind, da ist er gegenwärtig"* (Mt 18,20).

Während in Rom die Bischöfe beraten und beschließen, sind die Auswirkungen vor Ort zu spüren. Niederländische Priester, die nach sieben Jahren Dienst aus dem dreimonatigen Heimaturlaub zurückkommen, drängen auf Wandel und Heimisch-Werden der kirchlichen Strukturen und Praxis. In der Schule fertigen wir Altäre und Pulte, damit die Priester, dem Volk zugewandt, Gottesdienst feiern können. Dicke Brokat-Messgewänder weichen schlichten, weißen Alben. Gebete und Lieder sind in *Urdu* zu hören und wir brauchen nicht, wie an Weihnachten 1963, als Entwicklungshelfer-Schola das lateinische Ordinarium singen. In der großen Runde unserer *Urkirche* diskutieren wir über Gott und die Welt. Was sollen die Christen in einem muslimischen Land (1 % Christen, 98 % Muslime)? Ist ihr Gott unser Gott? Verdanken sie nicht, wie wir, IHM das Leben?

Am 8. Dezember 1965 endet das Konzil. Wir wussten nicht, dass *unsere* Fragen in Rom beraten worden waren.

In der Begleitung von Kardinal Alfrink (Utrecht) kehrt „unser" Bischof Hettinga nach Pakistan zurück. Der Kardinal fügt einen Gedenkstein in das im Bau befindliche Schülerwohnheim ein. Wir freuen uns und sind überzeugt, dass der Segen des Würdenträgers mit einer großzügigen Dollarspende verbunden ist und der Schule dient.

Im Juni 1966 endet die dreijährige Zeit als Entwicklungshelfer. Zu zweit fahren wir nach Rawalpindi, um uns vom Bischof zu verabschieden. In aller Herrgottsfrühe (6 Uhr) hat er – wie am Vorabend versprochen – das Frühstück vorbereitet. Mit seinen guten Segenswünschen machen wir uns auf den Heimweg und erinnern uns: „Das wird euch in Deutschland kaum passieren, dass euch ein Bischof im Unterhemd das Frühstück serviert."

Als *Laien,* als vom Krieg und der Nachkriegszeit geprägte *Catholics* haben wir die Auswirkungen des Konzils mit den Neuerungen in einem muslimischen Land erlebt, wo die Christen anfangs dabei waren, den Glauben in der vorgegebenen Kultur und Geschichte des Landes zu verorten.

Angeregt, angesteckt, begeistert vom Erlebten folge ich dem innersten Drängen und studiere Theologie in Münster von 1969 bis 1974. Hier bekomme ich theoretisch-theologisch nachgereicht und erklärt, was ich in der Praxis erlebt hatte.

In den Vorlesungen und Seminaren der Professoren Thüsing und Gnilka (Exegese), Kötting und Iserloh (Geschichte), Rahner und Kasper (Dogmatik), Metz (Fundamentaltheologie) kommt **das Konzil** vor. Verständlich, zusammenfassend und einprägsam hat Prof. Dr. Adolf Exeler (1926–1983) die Bedeutung und das Revolutionäre auf den Punkt gebracht, indem er den Wandel an der Tafel skizzierte.

Links ist die streng hierarchische Struktur der Kirche dargestellt, mit dem Papst an der

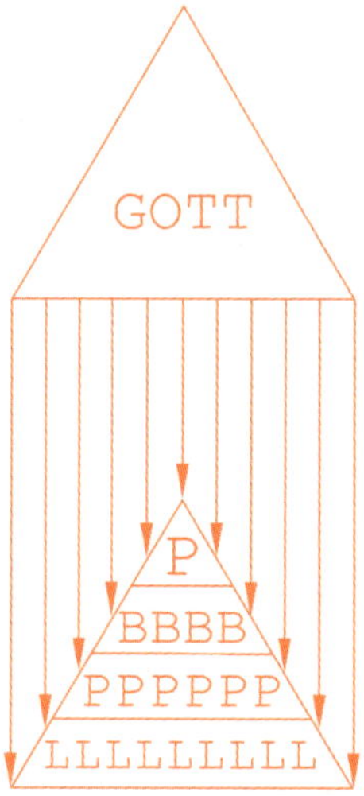

Abb. 1

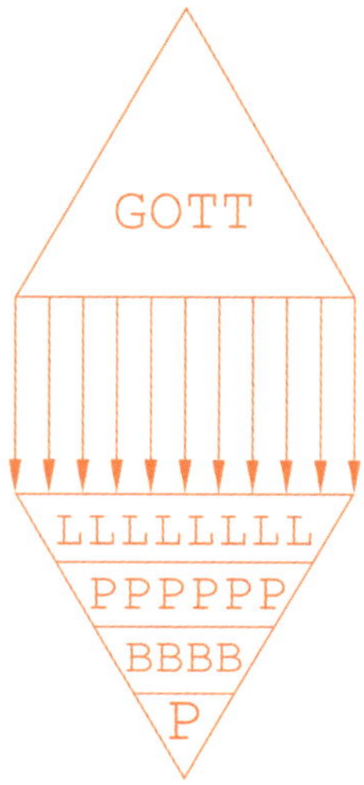

Abb. 2

Spitze. Unter ihm folgen die Bischöfe, darunter die Priester und Laien. Die Getauften können den Eindruck gewinnen: Wir sind weniger wert. Gottes Kraft, *Heiliger Geist*, kommt bei uns „verdünnt" an. Wir haben keine Ahnung und haben nichts zu sagen. Irreführend ist das Ansinnen, das Reich Gottes sei deckungsgleich identisch mit der Kirche.

Nach Prof. Dr. Adolf Exeler stellt das Konzil die herkömmliche Struktur auf den Kopf. Die Getauften stehen unmittelbar Gott gegenüber, als Mann und Frau von IHM ins Leben gerufen und von IHM geliebt. Treffend ist in den Texten die Rede vom *Volke Gottes*, im weitesten Sinn ist die Menschheitsfamilie gemeint. In diesem Bild sind die Priester, Bischöfe und der Papst nicht überflüssig. Sie sollen *auflesen* und bewahren, was die Getauften glaubend erleben, und korrigierend zurückgeben, was in der Tradition aufbewahrt ist. Das Miteinander von Getauften und Hirten ist in *Lumen Gentium*, Kapitel 37 nachzulesen. Erst in den letzten Jahren ist mir aufgegangen, **dass sich GOTT und Menschheitsfamilie im Davidsstern wiederfinden können. GOTT ist eingefleischter Jude Jesu.**

Anmerkungen zu den Darstellungen:

Zu Abb. 1: In der tridentinischen Messe spiegelt sich obiges Bild von hierarchischer Kirche. Papst Bischöfe, Priester, alles Männer in fraulichen Gewändern, feiern in Latein mit dem Rücken zum Volk den Gottesdienst. Mit breitem Rücken verhindern die Hirten den Schafen – Laien – den Blick auf Gott. Vielsagend sind die Titel: *Heiliger Vater (Papst)*. Dagegen Jesus: „Niemand sollt ihr Vater nennen; denn einer ist euer Vater, der im Himmel" (Mt 23,9).

Oberhaupt der katholischen Kirche. Im Kolosserbrief: Christus ist das Haupt des Leibes, das ist die Kirche (Kol 1,18). *Oberhirten* werden Bischöfe genannt: *Psalm 23.* Der Herr ist mein Hirte. Und Jesus: Ich bin der gute Hirte. (Joh 10,7)

Schreibt das **Ober-Haupt** (Papst) dem Haupt – Christus – vor, was ER denken, tun und lassen soll? Lassen sich die **Ober-Hirten** vom *Guten Hirten – Christus* – noch etwas sagen? Ist das alles „nur" deutsche Titelsucht, oder schon Gotteslästerung?

Zu Abb. 2: In den Texten des II. Vatikanischen Konzils wird vom Volke Gottes gesprochen. Darüber hinaus gilt: *Alle Völker sind eine einzige Gemeinschaft und eines Ursprungs, da Gott das ganze Menschengeschlecht auf dem Erdkreis wohnen lässt* (Nostra aetate 1) **Alle Menschen sind Würdenträger!** Die mystische Kirche (Karl Rahner) dient der Völkerfamilie als Leitbild in der Evolution. Es gibt kein *Oben* und *Unten,* sondern einen GOTT vor uns. Die Hirten sind berufen, die *„Schafe"* dem *Leben* entgegenzuleiten. (Besser als die Hirten wissen die Schafe, wo es gute Weide gibt. – Schweizer Volksweisheit) In der mystischen Kirche gibt es nicht mehr: *Juden und Griechen, Sklaven und Freie, nicht Mann und Frau; denn ihr alle seid einer in Christus Jesus* (Gal 3,28).

Christus als Gewand anlegen ist die Kleiderordnung! (Gal 3,27)

Als von Gott geliebte Heilige bekleidet euch ... (Kol 3,12ff).

Zusammenfassung

- Mit den Skizzen von Prof. Dr. Adolf Exeler im Kopf und den Lebenserfahrungen bin ich 1974 ins Priesterseminar gegangen.

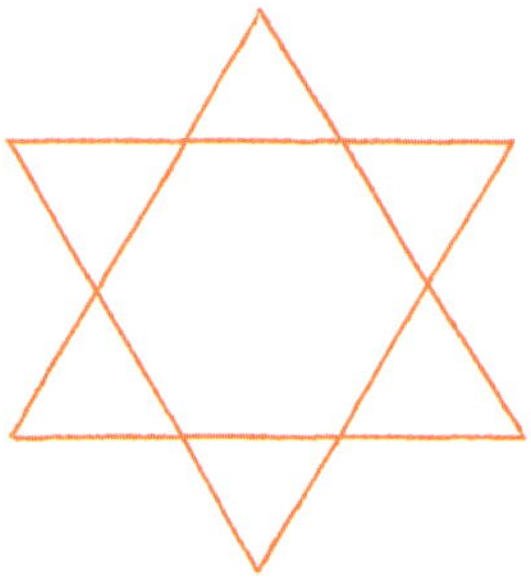

- Mich hat das „Alle Menschen" im Verhältnis zu Gott mehr bewegt als die Katholiken allein, oder die Christen.
- *Alle* suchen *dich* (Mk 1,37) habe ich als Primizwort gewählt und als Gebetszettel gestaltet. Rückblickend kann ich sagen, dass mich das Wort anregend und prägend durch die Jahre begleitet hat.
- In der Begegnung mit den Menschen ist mir aufgegangen, dass *alle* eine Sehnsucht, ein Verlangen, Hunger und Durst nach Anerkennung, nach dem Guten, Schönen, Heilen, Wahren und Bleibenden im Herzen tragen.
- Diese Sehnsucht und das Verlangen sind das *Göttliche* in jedem Menschen. *ER* ist es, der den Hunger und Durst hervorruft.
- Irregeleitet können Menschen dieses Verlangen zu stillen versuchen, indem sie sich Ansehen beschaffen und Güter erwerben, die nur vorläufig befriedigen. Der Weg, sich die Befriedigung gewaltsam zu beschaffen, ist kurz. Nach Thomas von Aquin will jeder Mensch das Gute und Beste für sich. Selbst der Mörder will das Beste für sich, weil er annimmt, wenn es diesen Menschen nicht mehr gibt, ist es besser für *mich.*
- In den Gefängnissen bin ich Menschen begegnet, die abgrundtief in die irreführende, verlockende Falle geraten sind. Der Schock hat manchen geholfen, frei zu werden auch durch das Leben Jesu, der unterscheidet zwischen Tat und Täter. Die Tat ist verwerflich, der Täter behält in der Umkehr seine Würde.
- In der gegenwärtig vielbeklagten Krise der Kirche sehe ich den erfrischenden Wandel von einer herkömmlichen Struktur der Kirche zur Gestalt des Volkes Gottes. Auch in der Rede von Gott vollzieht sich der Wandel; denn Gott kann nicht mehr ohne die Erkenntnisse der Natur- und Humanwissenschaften erahnt und verstanden werden. Uns wird zugemutet, mit dem unbegreiflichen Geheimnis zu leben.
- In der Zeit des Übergangs und des Wandels braucht es Zeit und Geduld, damit jeder Mensch, soweit es ihm möglich ist, sucht und in eine glaubende Beziehung zu Gott hineinfindet, sie in Stille und Gebet lebendig erhält.
- Wir müssen als die Starken die Schwäche derer tragen, die nicht stark sind, und dürfen nicht für uns selbst leben. Was Paulus im Römerbrief schreibt (Röm 15,1), gilt für alle, die suchend glauben und durch die Gnade Gottes sind, was sie sind (Kor 15,10).
- Als glaubend Suchender leide ich nicht unter dem Druck, andere bekehren zu müssen, damit sie endlich glauben und gerettet werden. Gerettet sind alle durch das Leben Jesu Christi; denn als Gottes Sohn ist er eingefleischter Mensch. Ist einer im Sterben vom Leben zum *Leben* gelangt, ist das gültig für *alle.*
- Im Laufe meiner 43 Priesterjahre mögen vielleicht 20.000 Menschen mich gesehen, mir zugehört haben, mir begegnet sein. Ich gebe mich damit zufrieden, dass manche von mir sagen können: „Ich kenne einen, der sucht, glaubt, in der Bibel liest, betet und Gottesdienst feiert."
- *GOTT sei Dank* gesagt für das Leben, das ich mit seinen verliehenen Gaben gestalten durfte. *Nichts* ist meine Leistung. *Alles* ist sein Geschenk. *GOTT sucht alle, liebt alle. Die Leidenschaft GOTTES ist der Mensch.*

Über den Autor: Bernhard Hertwig hat als Schreiner in der Entwicklungshilfe in Pakistan und als Gefängnisseelsorger gearbeitet. Zurzeit ist er Seelsorger in einer Gemeinde und in der Forensik in Münster.

Die Grenze ist der Kontaktpunkt.

Widerstand

Widerstand ist Information.

Du bist so frei, wie du mit anderen verbunden bist.

Freiheit

Die Wahrheit macht frei.

Johannes 8,32

Bindung

Es ist nicht gut, dass der Mensch alleine bleibt.

Genesis 2,18

Macht

Er wirft die Mächtigen vom Thron.

Magnificat

Autorität

Es ist die Aufgabe von Leitungsautorität, für einen Vorrat an Visionen zu sorgen, der von vielen „bewohnt" (geteilt) werden kann.

Paul Zulehner

Wenn die Macht der Liebe die Liebe zur Macht überwindet, erst dann wird es Frieden geben.

Jimi Hendrix

Wir werden keine Autorität haben, wenn wir der Erfahrung der Leute nicht Autorität geben.

Timothy Radcliffe

Gott zwingt nicht, er begeistert.

Rainer Maria Schießler

Gute Leiter inspirieren andere, statt Befehle zu erteilen und zu fordern. Gute Leiter wollen, dass innerhalb der Gruppe Freiheit und Identifikation zunehmen und nicht Untertanengeist.

Richard Rohr

JEDER BEGRIFF KANN UNTERSCHIEDLICH VERSTANDEN UND GELEBT WERDEN: WELCHES VERSTÄNDNIS DIENT DEM LEBEN ODER ERSCHWERT ES?

FÜR DEN KOPF: WIE HÄNGEN DIE BEGRIFFE AUS DEINER SICHT ZUSAMMEN? ZEICHNE DEINE MINDMAP.

FÜR DAS HERZ: WELCHE ERFAHRUNGEN VERBINDEST DU MIT DEN WORTEN ODER SÄTZEN? WO SPÜRST DU EIN INNERES „ABER ..."?

Wenn wir uns um die Mitte streiten, ist dort kein Platz für Ihn

Timothy Radcliffe

Liebe

Er wusch ihnen die Füße.

Dienen

Wir sind nicht Herren eures Glaubens, sondern Diener eurer Freude.

Paulus, 2 Kor 1,24

STELL DIR VOR, WAS JESUS ZU EINZELNEN WORTEN ODER SÄTZEN SAGEN WÜRDE – ODER WAS ER HEUTE TUN WÜRDE.

Die Kirche von morgen wird eine Kirche sein, die sich weggibt an die anderen; eine Kirche, die viel radikaler, als es bisher geschah, alle Fragen, alle Sorgen, alle Nöte der Menschen teilt und sich ihrer annimmt.

Ich-xperiment

Storytelling – mein Leben als Dreiteiler

Welche Geschichten aus deinem Leben erzählst du immer wieder – anderen oder im Stillen dir selbst? Fällt es dir leichter, diese Frage für deine Eltern oder einen nahen Menschen zu beantworten?
Angenommen: Geschichten-Erzählen ist ein Energie-Spender: Welche Geschichten stärken dich?
Angenommen: Geschichten-Erzählen ist eine Antwort auf die Frage „Wer bin ich?“: Was sagen deine Lieblingsgeschichten über dich aus?
Angenommen: Es gibt blinde Flecken im Blick auf deine eigene Person: Wie erzählt oder hört jemand von außen deine Geschichte?

Deine Geschichte als Dreiteiler

Stell dir vor, du bist im Kino und nachdem es dunkel geworden ist, erscheint als Titel: Dein Name! Welche Szenen bleiben im Gedächtnis? Welche Situationen willst du nicht vergessen?

1. Teil: Was bisher geschah

- Welche Kinderbilder fallen dir ein?
- Wer hat dich getragen?
- Wer war Stütze beim Gehenlernen?
- Wer hat aufgepasst, dass du nicht untergehst beim Schwimmen?
- Wer hat dich einfach so geliebt, als du noch nichts konntest?
- Wer hat dich geprägt?
- Was sind Schätze deiner Kindheit?
- Wo ist für dich Heimat?

2. Teil: Deine Gegenwart

- Wo ist jetzt dein Zuhause?
- Was magst du an dir?
- Wo/Bei wem kannst du sein, wie du bist?
- Von wem möchtest du Anerkennung bekommen?
- Was macht dich nachdenklich?
- In welchen Situationen orientierst du dich an anderen (ganz ehrlich und nicht so, wie du dich am liebsten sähest)?

Ich-xperiment

3. Teil: Deine Zukunft

- Was möchtest du im Leben erreichen?
- Was möchtest du an dir entwickeln?
- Welche Überzeugungen möchtest du weitergeben?
- Wenn du berühmt wirst – dann aus welchem Grund?
- Was sollte nicht passieren?
- Für wen willst du da sein?
- Was erhoffst du von Gott?

Imaginations-xperiment: Drei große Geschichten

ERZÄHLE DIE GESCHICHTE GOTTES MIT DEN MENSCHEN – AUS GOTTES SICHT.

ERZÄHLE DIE GESCHICHTE DER LETZTEN TAGE VON JESUS – AUS WECHSELNDEN PERSPEKTIVEN.

ERZÄHLE DIE GESCHICHTE DER KIRCHE ALS DIE EINER FRAU, DIE VIELE UNTERSCHIEDLICHE ANTEILE IN SICH VERSAMMELT: DIE SORGE UM DAS VERTRAUTE, DIE BEGEISTERUNG FÜR DAS NEUE, DIE EINSICHT IN DIE EIGENEN FEHLER, DIE VERANTWORTUNG FÜR IHREN BOTEN-AUFTRAG …

- Welche Überraschungen gibt es?
- Stelle dir dabei vor: Wie waren die Begegnungen mit den Kulturen oder (Groß-)Gruppen in den verschiedenen Zeiten und auf verschiedenen Kontinenten? (Zum Beispiel können personalisiert werden: eine Figur für das Römische Reich, eine für die Moderne, eine für die heutige Jugend …)
- Es geht dabei nicht um richtig oder falsch, sondern um Ideen und Perspektiven.

ACHTE BEIM ERZÄHLEN DER GESCHICHTEN AUF DIE REAKTIONEN DER ANDEREN UND IHRE IDEEN.

Agnes Hülsmann

„Du bist safe". Kirche als sicherer Ort

Wünsche an die Kirche aus der Erfahrung mit Suchtkranken

Offene Türen bedeuten berührbare Herzen ...

Aus meiner langjährigen beruflichen Erfahrung im Umgang mit suchtkranken Menschen zeigt sich, dass frühe Verlusterlebnisse in der Familie und Erfahrungen physischen, sexuellen und psychischen Missbrauchs für die Entwicklung im Kindes-, Jugend- und Erwachsenenalter eine wichtige Rolle spielen. Vor allem kommt der Qualität der emotionalen Beziehungen in der Familie besondere Bedeutung zu. Das Aufwachsen in dysfunktionalen, kommunikationsgestörten Familien mit einem möglicherweise hohen Grad an psychischer, körperlicher oder sexueller Gewalt stellt einen wesentlichen Risikofaktor für das Auftreten einer späteren Abhängigkeitserkrankung dar.

Es sind zusammengefasst oftmals traumatische Lebenshintergründe mit fehlenden Strategien zur Problemlösung, die Menschen dazu bringen, zu einem Suchtmittel zu greifen – im Sinne eines Selbstheilungsversuches (Selbst-Medikations-Hypothese), um Ängste, Selbstunsicherheiten, Kränkungen, Zweifel am Sinn des Lebens etc. mindern bzw. ertragen zu können.

Bei vielen Süchtigen nimmt die Erkrankung einen ähnlichen Verlauf.

Auf exzessiven Konsum folgen Störungen in den verschiedenen Lebensbereichen, worauf sich Kontrollverlust, Toleranzentwicklung, Entzugserscheinungen und schließlich schwere berufliche, soziale und gesundheitliche Beeinträchtigungen einstellen.

Suchtkranke Menschen werden oftmals ausgegrenzt und leben in der Folge zurückgezogen und isoliert von tragenden Lebensbezügen und -gemeinschaften. Das eigene Leben entwickelt sich mehr und mehr zu einer „Sackgasse", der sie sich hilflos und ohnmächtig ausgeliefert fühlen.

Zahlreiche Suchtkranke beschäftigen sich mit beginnender Krankheitseinsicht mit der Frage, wie es ihnen gelingen kann, trotz ihrer erschütternden Erfahrungen zu einem „normalen" Leben zurückzukehren – oder sogar noch als gestärkte Persönlichkeit aus der Krise hervorzugehen.

Vor dem Hintergrund ihrer multifaktoriellen Abhängigkeitsgenese zeigen chronisch Suchterkrankte Störungen auf, die aus einem lebenslangen Lernprozess resultieren und entsprechend auch einer lebenslangen Achtsamkeit bedürfen, um die Abhängigkeit wirksam zum Stillstand bringen zu können.

Neben den stationären und ambulanten Behandlungskonzepten benötigen sucht- und psychisch kranke Menschen offene Räume und Ressourcen, die ihnen dabei helfen, zu sich selbst zurückzufinden, verschüttete Fertig- und Fähigkeiten wieder aufzubauen und das eigene Selbstwertgefühl zu stärken.

Eine heilsame und die jeweilige Entwicklung begünstigende Hilfe spiegelt sich im Dialog, im Gespräch und im Kontakt mit anderen Menschen. Hier kann Kirche als Gemeinschaft und Gemeinde ein sicherer Ort sein! Sie kann ein Ort sein, an dem sich Menschen Erfahrungen von Not und Heilung, von Problemen und Schmerzen erzählen können, ohne gerichtet zu werden. Ein Ort, an dem sie im Gebet um Heilung bitten, wie auch um die Kraft, aus- und durchzuhalten, ein Ort, an dem sie Hilfe ersuchen können, ohne dass Geld oder das Einhalten vorgegebener Rituale die Voraussetzung sind.

Kirche kann begleiten, Menschen zusammen und damit in Beziehung bringen. Sie bietet geschützte Räume und einen verlässlichen Bezugsrahmen.

Diese Stärken der Kirche sind die Kanäle, durch die Gott in unsere Mitte kommt und das Leben in der Gemeinde wachsen lässt.

Kirche wirkt heilend, wenn sie ein Zufluchtsort ist, ein sicherer Ort, wo sich Menschen in einer Atmosphäre der Annahme, der Liebe und der ständigen Anteilnahme mitteilen können. Sie ist eine Gemeinschaft von „Nicht-Perfekten", die ihre jeweiligen Stärken füreinander und miteinander einsetzen.

So betrachtet kann Kirche ein soziales Netz bilden, das trägt, und ein Angebot für Menschen sein, die auf der Suche nach konkreter Hilfe für ihr Leben hier und heute sind.

Über die Autorin: Agnes Maria Hülsmann arbeitet als Dipl.-Sozialpädagogin und Sozialtherapeutin Sucht (VDR) mit alkoholkranken Menschen und in einem Kriseninterventionsteam bei akuten Notlagen.

Ich-xperiment

Heil-Land

„An diesem Ort fragt niemand, was du anhast, hier brauchst du dich nicht zu schminken, hier brauchst du über keine Witze zu lachen, die nicht lustig sind, hier ist es egal, wie alt du bist oder wie viel du verdienst …" – so etwa heißt es in einer Werbung, die im Film „Was Frauen wollen" vorkommt.

WO SIND SOLCHE ORTE FÜR DICH? ZEICHNE EINE FANTASIE-LANDKARTE MIT REALEN UND SYMBOLISCHEN ORTEN UND LÄNDERN. DU KANNST AUCH EINE LEGENDE MIT VERSCHIEDENEN FARBEN ANLEGEN:

- Wo bist du safe?
- Wo sind deine Kraftorte?
- Wo sind Ruhepunkte?
- Wo sind Inspirationsquellen für dich?
- An welchen Orten liegen deine Wurzeln?

- Wo geht es dir gut?
- An welchem Ort fühlst du dich wohl?
- Wo wirst du bedingungslos geliebt / gemocht / wertgeschätzt?
- Wo ist Liebe in deinem Leben?
- Wo gibt es Gebiete voller Leben? Wo Dürre? Wo Oasen?
- Wo Gefahren wie Klippen oder Moor?

- Und Gott?
- Wo ist dann Gott in deinem Leben?
- Gibt es Spuren Gottes in deiner Landkarte?
- Was kann die Kirche von morgen von deiner Karte und deinen Erfahrungen lernen?

Angenommen:
„Wo die Liebe und die Wertschätzung ist, da ist Gott."
Zeichne nun Gott in dein Leben ein.

Ich-xperiment

Bildimpuls

Heimat bei Gott – und in der Kirche?

Bei Gott hat jeder Mensch seine Heimat.
In der Kirche hat jeder Mensch Heimatrecht.

Manchmal sagen Menschen: „Ich bin nicht wirklich katholisch oder christlich."
Alles, was wir antworten sollten, ist: „Welcome home."

Geburt und Tod, Essen und Trinken, Sexualität und Heilung. Hier beginnt die Pilgerreise zum Gottesreich.

Bildimpuls

Will die Kirche in überzeugender Weise Zeugin des Gottesreiches sein, muss sie zu einem Zuhause werden, in dem wir uns als die Menschen wohlfühlen, die wir sind – was immer wir auch waren und getan haben – und in dem die Leute, die uns begegnen, das Willkommen des Heimkommens spüren können.

„Maya Angelou sagt: Das Sehnen nach einer Heimat ist in jedem von uns, nach diesem sicheren Ort, wohin man gehen kann, wie man ist, ohne infrage gestellt zu werden.

(Vgl. M. Angelou, All Gods Children, New York 1991, S. 196).

Eben weil die Kirche unsere Heimat ist, sollten wir uns nicht befragen lassen müssen, wer wir sind und was wir getan haben. Wir sind dort wie Kinder in einem Haushalt. Wir sollten uns frei entfalten, unsere Fragen stellen und unsere Zweifel aussprechen dürfen.

„Paroikeis" (das griechische Wort für Gemeinde) bedeutet: Besucher oder Fremder.
Eine Gemeinde ist ein Zuhause für Fremde, in dem wir mit Menschen zusammenkommen, mit denen wir nicht unbedingt durch Freundschaft oder Verwandtschaft verbunden sein müssen.

Für Benedikt v. Nursia ist der Fremde/Besucher Christus selbst.
Es würde keinen Sinn machen, Christus in der Eucharistie zu empfangen und im Besucher abzulehnen. Kein Christ kann sich vollkommen zu Hause fühlen, solange irgendein anderer Mensch keine Zuhause hat.

Alle Zitate nach Timothy Radcliffe

WO UND WIE ERLEBE ICH MEIN LEBEN AN EINER GRENZE?
WIE GEHE ICH MIT GRENZEN IN MEINEN BEZIEHUNGEN UM?

Bildimpuls

Grenzen in der Kirche

Ich verstehe diejenigen, die eine starre Pastoral bevorzugen, die keinen Platz für Verwirrungen gibt. Aber ich glaube fest daran, dass Jesus eine achtsame Kirche für das Gute wollte.

Papst Franziskus

Eine Erkenntnis meiner Beschäftigung mit dem Schreiben „Amoris laetitia" von Papst Franziskus ist: Wir haben in einigen Feldern eine sehr ausgrenzende Pastoral betrieben. Wenn jemand nicht unseren Normen entspricht, dann hat er kaum eine Chance, inmitten der Kirche zu leben. Gegen diese Ausgrenzung müssen wir angehen, daran müssen wir arbeiten. Es ist mir ein Anliegen, dass wir in unseren Gemeinden wie in der ganzen Kirche für Homosexuelle Akzeptanz und Toleranz weiterentwickeln und stärken.

Heinrich Timmerevers

Die Kirche tritt ein für eine ethnische, kulturelle und religiöse Diversität. Sie unterscheidet nicht nach Herkunft, Kultur und Relegion, sondern erkennt in jedem Menschen den menschgewordenen Gott. (...) sogar Jesus selbst muss nach dem Matthäusevangelium lernen, nicht nur „zu den verlorenen Schafen des Hauses Israel" gesandt zu sein: In seiner Begegnung mit der kanaanäischen Frau, die ihn um die Heilung ihrer Tochter bittet, lernt er, diese Frau nicht als eine nicht zum Volk Israel gehörige Frau zu sehen, sondern als einen Menschen mit „großem Glauben" (vgl. Mt 15,21-28).

Rainer Maria Woelki

Denn ihr alle, die ihr auf Christus getauft seid, habt Christus (als Gewand) angelegt. Es gibt nicht mehr Juden und Griechen, nicht Sklaven und Freie, nicht Mann und Frau; denn ihr alle seid ‚einer' in Christus Jesus" (Gal 3,27f). Das Eins-Werden in Christus bedeutet nicht eine Einebnung der Unterschiede, sondern die Wahrnehmung von Vielfalt und die Entkräftung von Ausgrenzungen und Hierarchien in der Anerkennung jedes und jeder Einzelnen.

Margit Eckholt

Meine konkreten
Wünsche für eine Kirche
von morgen ...
„... wandle sie und mich!"

Jürgen Maubach

Zeitfenster – vom Experiment zum neuen Ort von Kirche

Für viele Menschen ist Zeitfenster in Aachen ein wichtiger Ort geworden, wo sie Raum finden für ihre eigene Spiritualität, aber auch als Hoffnungszeichen, dass Kirche sich weiterentwickeln kann. Und genau so war Zeitfenster auch gedacht, als ich 2010 als Gemeindereferent mit meiner eigenen Unzufriedenheit über das Angebot der Gottesdienste und über die Perspektive der Gemeinden in der Aachener Innenstadt dastand. Diese Unzufriedenheit zuzulassen, nicht ins Jammern zu verfallen, sondern die Sehnsucht dahinter zu entdecken, war der erste wichtige Schritt, die Zeitfenster-Gemeinde ins Leben zu rufen. Meine Sehnsucht war, eine Gemeinschaft und einen Ort zu finden, wo ich mich mit meiner Art zu glauben gut aufgehoben und zu Hause fühlte.

Das Experiment

Anstatt lange Konzepte über die Kirche von morgen zu schreiben, vereinbarte ich mit mir ein Experiment. Sieben Wochen, während der Fastenzeit bis Ostern, wollte ich allen möglichen Leuten von meiner Idee erzählen, eine „etwas andere Gemeinde" zu gründen. Ich hatte nicht viel zu verlieren. Gäbe es bis Ostern fünf Leute, die mitmachen wollen, würde ich das Projekt starten. Wenn nicht, dann müsste ich etwas anderes versuchen.

Es waren mehr als fünf Menschen, die ebenfalls diese Sehnsucht nach einer neuen Form von Kirche verspürten. Und so trafen sich ca. 30 Interessierte im Mai 2010 zu einem ersten Erfahrungsaustausch und Brainstorming: Wo habe ich bisher gute und begeisternde Erfahrungen mit Kirche gemacht? Welche Sehnsucht nach solchen Erfahrungen lebt in mir? Wie könnte das konkret aussehen?

Ich hatte viel recherchiert über neue Gemeinden in anderen Kirchen im In- und Ausland. Aber ich hatte keinen Plan, was hier entstehen würde. Heute weiß ich, dass dieses „Nicht-Wissen" entscheidend war, dass im Dialog miteinander etwas wirklich Neues entstehen konnte. Theologisch könnte man sagen, hier war die Lücke für die Heilige Geistkraft zwischen all unserem Planen, Tun und Werben.

> Die Geduld, das Neue langsam wachsen zu lassen, war etwas, das ich als „Macher" erst einmal lernen musste.

Ich lernte wahrzunehmen, welche Zukunft uns in den Sehnsüchten der Menschen, die hier zusammenkamen, geschenkt ist. Heute bin ich davon überzeugt, dass die Zukunft der Kirche in denen schlummert, die von Jesus Christus in irgendeiner Weise berührt wurden. Oft scheitern Versuche, etwas Neues zu kreieren, daran, dass man zu schnell von der Herausforderung zur Lösung springt, ohne den Prozess einer Öffnung für das Neue und die Zeit des Nicht-Wissens auszuhalten. Erst später habe ich dieses Grundprinzip bei Otto Scharmer in seiner Theorie U wiederentdeckt (http://www.ottoscharmer.com).

Ein neuer Ort von Kirche

Relativ bald kristallisierte sich heraus, dass das Verbindende die Sehnsucht war, in unserem oft sehr vollen und stressigen Alltag eine Zeit für Gott, ein Engagement für die Welt und mich zu haben. Dafür wollten wir Zeitfenster öffnen. So kamen wir zu unserem Namen „Zeitfenster“, der damit auch unser Programm wurde. Drei Jahre haben wir in dieser relativ kleinen Gruppe unsere Vision reifen lassen. Menschen mit und ohne Familien haben sich zu „Sonntags-Zeitfenstern“ getroffen, einer Zeit zum gemeinsamen Essen, für gemeinsame Glaubenserfahrung und einen schlichten Gottesdienst mit Agape. Von Anfang an haben wir dabei gemeinsam überlegt, wie sich Zeitfenster entwickeln soll.

Es war eine gute und wichtige Zeit für unsere Entwicklung, aber wir hatten noch nicht gefunden, wonach wir uns sehnten.

Wir hatten für uns etwas gefunden, von dem wir erfahren hatten, dass es gut und heilsam ist. Aber es blieb die Herausforderung und der Wunsch, unsere Fähigkeiten einzusetzen und es mit anderen zu teilen. Deutlich spürten wir, dass Gemeinde von der Sammlung und der Sendung lebt. Es ist wie das Ein- und Ausatmen, nur so bleiben wir lebendig. Das gilt auch für Gemeinden. Und so wurde die Unzufriedenheit wiederum zur Triebfeder, ein großes regelmäßiges Gottesdienstformat zu starten.

Dafür gaben wir uns ein Jahr Zeit, um im November 2014 den ersten Zeitfenster-Gottesdienst zu feiern. Wie wir das gemacht haben und warum es bei pastoralen Innovationen wichtig ist, besonders auf die potenziellen Nutzer*innen zu achten, und wie Methoden des Marketing uns dabei geholfen haben, hat Ursula Hahmann, Mitglied des Zeitfenster-Boards, in ihrem Aufsatz ausführlich beschrieben. (http://www.futur2.org/article/bitte-weitersagen-fuerchtet-euch-nicht)

Seitdem feiern wir diesen Gottesdienst, der ins Heute passt und berührt, allmonatlich mit über 250 Mitfeiernden. Er ist das Zentrum von Zeitfenster, das Zeitfenster, wo wir gemeinsam mit der Quelle und Mitte unseres Engagements in Berührung kommen. Aber Zeitfenster ist mehr. Über 70 Menschen engagieren sich bei Zeitfenster, um zu zeigen, wie das Evangelium für sie relevant werden kann: in den Gottesdiensten, der Songwriters' Church, im Breakfast-Club, bei Inspiring Mornings und bei der Entwicklung anderer kreativer Ideen. Sie alle bilden Gemeinde, sie entwickeln Kirche von den Menschen her und ihrer Sehnsucht nach Gott.

Was haben wir gelernt? Was kann ich anderen, die eine ähnliche Sehnsucht in sich tragen, mit auf den Weg geben?

1. Das Neue nicht im Alten starten.

Wir haben am Anfang nicht versucht, einen bestehenden Gottesdienst mit ein paar frischen Ideen aufzupeppen. Das führt meistens dazu, dass sowohl die bisherigen Nutzer*innen sich in „ihrem“ Gottesdienst unwohl fühlen, als auch dazu, dass die gewünschten neuen Nutzer*innen sich nicht angesprochen fühlen, weil sie darin zu wenig Neues entdecken können.

Nein, man sollte rausgehen und mit neuen Leuten etwas Neues starten und denen, die mit den vertrauten Gottesdiensten zufrieden sind, diese lassen.

Zweigleisig fahren! Mit dieser „mixed economy“ macht die anglikanische Kirche in England seit vielen Jahren gute Erfahrungen und es sind inzwischen tausende „Fresh Expressions of Church“ im ganzen Land entstanden, die sich mit den traditionellen Formen von Kirche in der gemeinsamen Sendung verbunden fühlen. (Siehe „Guide me – Going deep in the mixed economy“ auf http://freshexpressions.org.uk)

Das ist nicht zuletzt auch eine Frage der Energie. Wie viel Energie will ich in das Ringen um Kompromisse stecken, die am Ende dann doch unbefriedigend sind? Verantwortliche in der Kirche sollten also ermutigen, rauszugehen und neue Formen zu starten, und in offenen Kirchenbildern dafür einen Rahmen schaffen. Eine solche offene Kirchengestalt der Einheit unterschiedlicher Identitäten lässt sich sowohl schöpfungstheologisch als auch von der Trinitätslehre, Wesenseinheit Gottes in drei Personen, her gut entfalten.

2. Der Vielfalt der Gesellschaft entspricht eine Vielfalt von Gemeinden.

Die Milieuforschung belegt, dass sich die Gesellschaft je nach Kriterien in verschiedene Milieus aufteilen lässt, die sich heute vor allem ästhetisch voneinander abgrenzen. Jeder kann das leicht nachvollziehen, wenn er in einer Stadt nach einer Kneipe Ausschau hält. Dann sind die Ästhetik der Ausstattung, der Musikstil, das Getränkeangebot, das Outfit der Besucher*innen die entscheidenden Kriterien, ob ich mich dort passend und wohl fühle. Es hat immer schon Differenzierungen in unseren großen Gemeinden gegeben, aber diese Form der Differenzierung mittels Lebensstil und -ziel, die sich in unterschiedlichen ästhetischen Präferenzen vergleichbaren soziografischen Gruppen zeigen, ist ein neues, postmodernes Phänomen, das die territoriale Gliederung der Kirche herausfordert. Im ersten Jahrzehnt dieses Jahrtausends hat sich die katholische Kirche in Deutschland intensiv mit den Ergebnissen der Milieuforschung beschäftigt. Für mich ist die Vielfalt der Gemeinden, die sich in Sprache, Musikstil und Formaten unterscheiden, eine wesentliche Konsequenz. (Weitere Informationen zu den Sinus-Milieus auf: www.sinus-institut.de)

3. Start with Why.

Dieser Satz des US-amerikanischen Motivationstrainers und Unternehmensberaters Simon Sinek hat sich auch bei uns im Nachhinein als Schlüssel zum Erfolg gezeigt. (https://www.ted.com/talks/simon_sinek_how_great_leaders_inspire_action) Das „Warum“ war bei uns vom Anfang an die Suche nach einer neuen zeitgemäßen Form der Kirche. Wir konnten uns nicht vorstellen, dass das Evangelium nicht in Formen gelebt und verkündet werden kann, die unserem Lebensgefühl entsprechen. Oft verwechseln wir den christlichen Glauben mit einer bestimmten Kultur, den Glauben zu leben, Gottesdienst zu feiern oder sich als Gemeinde zu versammeln. Dass es daneben noch viele mögliche Kulturen gibt, in die hinein die Erfahrung mit Jesus Christus inkulturiert werden kann, war unser „Warum“, die verbindende Vision. Ausgehend von diesem „Warum“ entwickelt sich dann das „Wie“, die Form, wie wir uns organisieren, wie wir kommunizieren, wie wir Entscheidungen treffen und Führungsarbeit leisten. Und erst daraus entstanden die Angebote, das „Was“, was wir tun. Das ist das, was man von Zeitfenster heute als Erstes wahrnimmt: den Gottesdienst, den Breakfast-Club, die Songwriters' Church, die Inspiring Mornings, u.v.a.m. Aber die Menschen spüren, dass dahinter eine neue Art und Weise von Kirche steckt.

> Und es ist dieser Traum von einer sich erneuernden Kirche, einem Ort für ihre Spiritualität in ihnen, der hier berührt wird und sie mit Zeitfenster verbindet.

Diese emotionale Bindung, ob bei den engagierten Mitarbeitenden oder den Mitfeiernden und Besucher*innen, macht den entscheidenden Unterschied zu einer Planung, die vom „Was“, dem konkreten Angebot ausgeht.

4. Kirche von den Menschen her denken.

Unser Ausgangspunkt war, wie oben beschrieben, eine ganz persönliche Unzufriedenheit. Sie war eine wichtige Spur zu einem Traum, der verschüttet war, einer Sehnsucht und konkreten Bedürfnissen, die dahintersteckten. Ihnen sind wir gefolgt und dabei ist Zeitfenster entstanden. Dieser Ort der Kirche wurde von den Menschen, ihrer „Hoffnung und Freude, Trauer und Angst" (GS1) her entwickelt. Und so machen wir es bis heute, wenn wir etwas Neues bei Zeitfenster entwickeln. Wir fragen die Menschen, für die und mit denen wir etwas machen wollen. Wir vertrauen auf die Erfahrung, die wir am Anfang beim Freilegen unseres Traumes gemacht haben, dass die Zukunft der Kirche in den Menschen lebendig ist. Dass Gott das Neue, das er seiner Kirche schenken will, schon in die Menschen hineingelegt hat. Und so nehmen wir das, was bei Zeitfenster gewachsen ist und weiter wächst, als ein Geschenk der Geistkraft Gottes.

Diese Ausrichtung an den Bedürfnissen der Menschen, diesem entscheidenden Wissen von außen, ist die regulierende Ergänzung zur Orientierung am „Warum", der Vision. Sie bewahrt uns davor, um uns selbst zu kreisen. Sie treibt uns an, rauszugehen und uns dienend und hörend den Menschen zuzuwenden, unseren Auftrag, unsere Mission nicht zu vergessen.

Diese Offenheit und Bereitschaft, sich im Hören auf Gott von den Bedürfnissen der Menschen leiten und führen zu lassen, ist ein wichtiger Garant für unsere Relevanz als Ort von Kirche in unserer Zeit.

Das stellt einen Paradigmenwechsel in der pastoralen Planung dar, der Konsequenzen hat für das, „warum" wir Kirche sind, für den Aufbau und die Organisationsform, als auch für die Planung und Ausgestaltung der Angebote. Der Auftrag, die Mission, zu den Menschen zu gehen, rückt in den Fokus und wird der Ausgangspunkt des Handelns. Das gelingt uns für bestimmte Milieus, die Zeitfenster als ihren Ort von Kirche schätzen. Dafür sind wir sehr dankbar.

Infos und Kontakt: www.zeitfenster-aachen.de; maubach@zeitfenster-aachen.de

Über den Autor: Jürgen Maubach ist Gemeindereferent in Aachen und gründete dort 2010 „Zeitfenster". Er ist systemischer Organisationsberater und Bibliodrama-Leiter.

Es muss doch mehr
als alles geben.
Dorothee Sölle

Ich gebe dir die Wahl: Tod oder Leben.
Wähle das Leben!
Gott (Deuteronomium 30,19)

STELL DIR VOR,
DU HAST EINEN
HOHEN LOTTOGEWINN …
STELL DIR ZWEI ANDERE IDEEN VOR, DIE DEIN
LEBEN VERÄNDERN/VERTIEFEN …

„Ich bin gekommen,
damit sie das Leben haben
und es in Fülle haben."
Jesus (Johannes 10,10)

mehr / ganzes / volles Leben

Wenn Beschleunigung das Problem ist,
ist Resonanz die Lösung.
Nach Hartmut Rosa

Weniger ist mehr.

Das alles und noch viel mehr,
würd ich machen,
wenn ich König von Deutschland wär.
Rio Reiser

Wenn wir Fahrräder haben,
auf denen wir fahren, und Menschen,
die wir lieben können,
sollten wir das jetzt tun.
Elisabeth Küber-Ross

Wer sein Leben retten will, wird es verlieren.
Wer sein Leben um meinetwillen verliert, wird es retten.
Jesus (Nach Matthäus 10,39)

Ich-xperiment

Welche Visionen teilst du (mit)?

Angenommen: (Selbst-)Leitung braucht eine Vision und
die Kommunikation dieser Vision.[1]

WENN VISION UND DIE KOMMUNIKATION DARÜBER (NICHT) GELINGEN.
FINDE BEISPIELE FÜR DIE VIER MÖGLICHKEITEN:

Vision +
Kommunikation –
(z. B. wertvolle Gefühle und Erfahrungen, die man kaum in Worte bringen kann)

Vision +
Kommunikation +
(für manche Jugendliche z. B. Taizé)

Vision –
Kommunikation –
(z. B. Streit um nichts)

Vision –
Kommunikation +
(z. B. Small Talks)

Wer Visionen hat,
sollte zum Arzt gehen.
Helmut Schmidt

Die Dinge sind nicht, wie sie sind,
sie sind, wie sie geliebt sind.
Klaus Hemmerle

Das Ich ist mehr, als es ist. Die vielen Du sind mehr, als sie sind. Die Welt ist mehr, als sie ist. Sie alle können verweisen auf Gott, und Gott ist mehr als alles.
Rainer Oberthür

WELCHE VISION MÖCHTEST DU LEBENDIG HALTEN?
See the unseen: „Wolf und Lamm, Kind und Schlage leben im Frieden …"
(vgl. Jesaja 11,6–8)
Was denkst du: Wann sind die Sätze vom Wolf und Lamm entstanden?
In welcher Situation?
Male weitere Elemente in einer Collage. (Tipp: Mach deine Hoffnung nicht zu klein …)
Finde einen Titel.

FÜR EINE KIRCHE VON MORGEN: WELCHE VISIONEN
SOLLTEN WEITERGETRAGEN WERDEN? WELCHE MÖCHTEST DU MITTRAGEN?

1 Nach S. Sinek: „Leadership requires two things: a vision of the world that does not yet exist and the ability to communicate it."

Franz Meurer

Im Veedel HöVi zählen die Taten – immer bei dir

Verkündet das Evangelium, notfalls auch mit Worten", diesen Satz des heiligen Franziskus zitiert unser Papst Franziskus gern.

Bei uns geht es nur mit Taten. 28 Prozent der Haushalte sind überschuldet, 43 Prozent der Kinder arm, 74 Prozent der Kinder bis 10 Jahre haben einen Migrationshintergrund – bei 26.000 Einwohnern in unserem Stadtteil Höhenberg und Vingst in Köln, HöVi genannt.

Bei den Salzburger Hochschulwochen sagte Hartmut Rosa: „Die Politik und die Kirchen haben das gleiche Problem. Die Menschen spüren keine Resonanz." Resonanz heißt: Ich werde beachtet, wertgeschätzt, komme vor, bin gemeint.

Unsere Kinder fragen gern: „In echt?" Sie wollen erleben, dass sie gemeint sind. Ob das Gesagte performativ ist, den Worten also die Taten folgen. Fakes gehen gar nicht.

> Am besten ist es, ohne Worte mit Taten zu beginnen. So verteilen wir jede Woche Lebensmittel an 300 Menschen.

Ein syrischer Flüchtling, Ingenieur von Beruf, repariert seit drei Jahren jährlich über 1.000 geschenkte Fahrräder und gibt sie unentgeltlich weiter. Wir haben zwei Kleiderläden, einen für Kinder, einen für Erwachsene. Unter unserer Kirche machen junge Menschen den Gabelstaplerführerschein. Im Advent hängen wir 120 Weihnachtssterne mit Beleuchtung an die Straßenlaternen im Viertel und stellen 40 Tannenbäume an den Straßen auf, von Kindern geschmückt. Hilde Domin schreibt in einem Gedicht: „Wir essen das Brot, wir leben vom Glanz."

Das ist unser Motto. Wo es arm ist, darf es nicht ärmlich sein. Damit es auch im Stadtviertel schön ist, haben wir im Lauf der Jahre 80.000 Osterglocken auf den Baumscheiben gepflanzt und betreuen danach gut 50 Blumenbeete. Über 30 Kästen mit Hundekottütenbehältern an den Laternen bestücken Ehrenamtliche.

Es funktioniert nicht katholisch, sondern nur zusammen mit unseren evangelischen Geschwistern und mit allen Menschen guten Willens.

Ökumene ist doppelt so gut und halb so teuer. Das wichtigste Ereignis im Jahr ist unsere Kinderstadt HöVi-Land mit 600 Kindern in den ersten drei Wochen der Sommerferien. Hier engagiert sich das ganze Veedel. 300 Erwachsene machen mit, von der Nachtwache bis zur Begleitung von 200 Ausflügen. Oder in der Küche: Es wird frisch gekocht. Über 100 Jugendliche bilden wir jedes Jahr als LeiterInnen aus. Das ist vielleicht am wichtigsten für den Zusammenhalt im Stadtteil: Die Jugendlichen sind das ganze Jahr über Vorbilder für die Kinder.

Auf der Straße treffen sie sich. „Kennst du mich noch? Weißt du noch, wie ich beim Ausflug in den Bach gefallen bin?" Es ist das Gefühl der Zugehörigkeit, das sich im Viertel verbreitet.

Zuerst Belonging, dann vielleicht Believing, wie es in der Pastoraltheologie in den USA formuliert wird. Die Kinder, die bei den Pfadfindern mitmachen, in der KJG, im Kinderchor oder bei den MinistrantInnen, kommen natürlich dem Gemeindeleben näher als viele andere.

Was machen die Erwachsenen? In unserem Stadtbezirk hat die Kirche leider die Familienbildungsstätte wegen des Geldes schließen müssen. So haben wir eine ökumenische Familienwerkstatt gegründet, mit inzwischen über 100 Angeboten im Jahr. Die Veranstaltungen gehen von dem aus, was die Menschen wünschen. Also Männerabende, Frauen-Wellnesswochenenden, Väter-Kinder-Fahrt oder auch ein Besuch in der Sternwarte, den einige vorschlugen. Andere Eltern wünschten sich einen Abend zu der Frage: „Wie können wir unsere Kinder bei der Berufswahl unterstützen?" Die evangelische Jugendleiterin und unser Pastoralreferent koordinieren die Ehrenamtlichen, die die Familienwerkstatt gestalten. Bezahlt wird nur ein Mini-Job, für eine Dame, die die Anmeldungen im Computer bearbeitet.

Es geht uns nicht darum,
Fernstehende zu erreichen.
Unser Ziel ist es, in einem armen
Veedel ein gutes Leben zu fördern.

So können wir zum Beispiel auch dank der Unterstützung guter Menschen von außerhalb das Schulessen an unseren fünf Grundschulen für die Kinder bezahlen, deren Eltern den einen Euro pro Essen einfach nicht hinkriegen.

„Heute bei dir" formuliert der Aachener Bischof als Überschrift der Fernstehenden-Pastoral. Bei uns gilt eher: Immer bei dir. Wer sich im Viertel engagiert, etwa als Leiterin in der Kinderstadt, bekommt immer dann Unterstützung, wenn es nötig ist, ob bei der Berufswahl oder beim Erwerb des Führerscheins.

Die Kirchenlehrerin Teresa von Avila hat vor fast 500 Jahren gesagt: „Ob wir Gott lieben, wissen wir nie in unserem Leben ganz genau. Ob wir unseren Nächsten lieben, merkt man jeden Tag." Mystik ist also immer auch praktisch.

Über unseren Papst Franziskus hat der Chef von Adveniat gesagt: „Der Papst schaut auf die Welt aus der Perspektive eines Schuhputzers." So versuchen wir, aus dem Blickwinkel der vielen Menschen bei uns zu schauen, denen es nicht so gut ergeht. Dann geschieht manches Wunder.

Über den Autor: Franz Meurer ist seit 1992 Pfarrer der katholischen Kirchengemeinde St. Theodor und St. Elisabeth in den Stadtteilen Vingst und Höhenberg. 2002 wurde er für sein soziales Engagement als (erster) alternativer Ehrenbürger der Stadt Köln ausgezeichnet.

Bilder einer Gemeinde

„Ich muss was tun“

Ehrenamt als neue Hoffnung

Start in ein neues Leben

Mazhar Helioun (72) ist unter Lebensgefahr aus seiner Heimatstadt Homs nach Deutschland geflohen. Heute spricht er Deutsch und hilft, in einer Kölner Kirchengemeinde Fahrräder zu reparieren sowie Spenden und Sammlungen von Nahrungsmitteln und Kleidung zu organisieren.

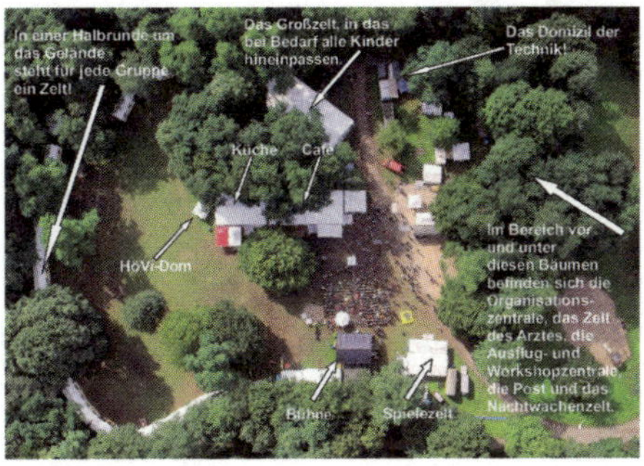

Ich kann nicht verstehen, warum jemand Religionslehrer wird, der nicht fest glaubt.

Eine Theologiestudentin

Und ich kann nicht verstehen, wie jemand Religionslehrer sein kann, der immer fest glaubt.

P. Altfrid Kassing OSB

Trust is the glue of life. It's the most essential ingredient in effective communication. It's the foundational principle that holds all relationships.

Steve Covey

Wenn das Vertrauen aller Dinge Anfang wäre ...

Frère Roger, Taizé

vertrauen

Vertrauen ist auch eine Entscheidung.

Martin Schweer

„Sie kennen Gott wohl persönlich?" – „Ich lerne ihn gerade kennen, aber das braucht Zeit."

Dietrich Bonhoeffer zugeschrieben

zweifeln

Wenn jemand behauptet, er sei Gott mit absoluter Sicherheit begegnet und nicht berührt ist von einem Schatten der Unsicherheit, dann läuft etwas schief. Wenn einer Antworten auf alle Fragen hat, dann ist das der Beweis dafür, dass Gott nicht mit ihm ist. Die großen Führer des Gottesvolkes wie Mose haben immer Platz für den Zweifel gelassen. Man muss Platz für den Herrn lassen.

Papst Franziskus

glauben

Jesus hat die Jünger nicht zuerst gefragt, was sie glauben, er hat sie eingeladen, mit ihm zu leben. Die Worte kamen später.

Frère Paolo, Taizé

Die Kirche hat kein einziges Wort über Moral zu sagen, solange die Menschen Gottes Freude an ihnen noch nicht entdeckt haben. Diese Freude steht am Anfang der guten Nachricht, dass Jesus mit den Steuereintreibern und den Prostituierten isst und trinkt. Erst wenn wir diese Freude kennen, können wir irgendetwas verstehen.

Timothy Radcliffe

Woran wir glauben, ist wichtig, aber noch wichtiger ist, wem wir glauben.

Papst Benedikt XVI.

DURCH WEN HAST DU VERTRAUEN ERFAHREN? WELCHE PERSONEN (UND SITUATIONEN) ERINNERST DU ALS "VERTRAUENS-BRINGER"? KANN MAN SCHWIERIGKEITEN, DIE MAN DARIN HAT, JEMANDEM/GOTT ZU VERTRAUEN (FIDES QUA), DURCH GLAUBENSSÄTZE (FIDES QUAE) LÖSEN?

Ich-xperiment

Vertrauen oder Angst?

Was braucht eine Kirche von morgen ...
a) um ein Erfahrungsraum für (Gott-)Vertrauen zu werden und
b) um Hilfen für das Verständnis der Glaubensbotschaft zu bieten?

Wie wachsen Vertrauen, Freiheit und Engagement ...
a) in deinem Leben und
b) in der Kirche?

ANGENOMMEN: ALLES GESCHIEHT AUS ANGST ODER VERTRAUEN. WELCHE WECHSELWIRKUNGEN KENNST DU AUS DEINER ERFAHRUNG?

geringes/hohes Maß an Vertrauen
geringes/hohes Maß an Angst

geringes/hohes Maß an Freiheit
geringes/hohes Maß an Vorgaben

geringes/hohes Maß an Mitwirkung
geringes/hohes Maß an Distanz

WIE IST ES BEI DIR PERSÖNLICH? WELCHER ANTEIL IST (WANN) BEI DIR TONANGEBEND?

- Ich kenne die Angst, etwas zu verlieren, weil ...
- Ich vertraue dem Leben, weil Gott es mit uns lebt.
- In der Kirche von morgen ist für mich wichtig ... – Sprichst du dabei eher mit der Stimme der Angst oder des Vertrauens?
- Ich habe Angst, die Wahrheit zu verlieren, wenn ...
- Ich vertraue dem Leben, weil Christus die Wahrheit ist und nicht von uns geht.

WAS FOLGT ALS WECHSELWIRKUNG DES VERTRAUENS-DREIECKS?

Jesus sagt:
Habt keine Angst!

Wunibald Müller

Die Sexualität als Kraft der Ewigkeit

Die Kirche kann sich nicht selbst garantieren. Sie ist Widerschein des Evangeliums. Sie ist für das Evangelium, um des Evangeliums willen da. Sie ist – im Bild gesprochen – nicht die Melodie selbst, sondern nur deren Resonanzraum. Sie muss und darf das österliche Lied, das allein von Gott ausgeht, zum Klingen bringen. Davon lebt sie. Das ist ihre Aufgabe. Nicht mehr und nicht weniger" (Wanke 2011, 253).[1]

Wo vernehmen wir etwas von diesem österlichen Lied in dem, was die Kirche über Sexualität sagt?

Das österliche Lied, das von Gott selbst kündet, vernehmen wir in dem, was die Kirche über die Sexualität denkt, sagt und fordert:

- Wenn die Sexualität im kirchlichen Kontext als Geschenk Gottes verstanden wird. Ein wunderbares Geschenk, für das wir Gott von Herzen danken dürfen. Wie Gott uns die Ewigkeit in unser Herz gelegt hat (Kohelet 3,1), für mich damit auch die letztlich unstillbare Sehnsucht nach dem Ewigen, nach Gott, so hat Gott uns mit der Sexualität eine Kraft verliehen, uns in ihr mit einer Dynamik ausgestattet, die zu dem Wesentlichsten und Schönsten gehört, was er uns schenken konnte. Ja, um es mit Hildegard von Bingen zu sagen, uns ist mit der Sexualität eine Kraft geschenkt, hinter der nicht der lüsterne Satan, sondern „die Kraft der Ewigkeit" steht.
- Wenn es künftig gelingt, „bei allem Wandel, den auch die kirchliche Sexualmoral erfahren hat, ihre bleibende Grundintention wieder stärker zu verdeutlichen, dass es nicht primär um ein System von Verboten geht, sondern um den Schutz der Würde des Menschen und seiner Integrität" (Hillenbrand 2012,154).[2]
- Wenn Sexualität, Eros und Agape als eine Einheit verstanden werden, die sich durchdringen, bereichern, sich gegenseitig brauchen, um zur Fülle gebracht zu werden.
- Wenn, wie es in der Kabbala heißt, die sexuelle Vereinigung als eine heilige Handlung verstanden wird.
- Wenn Sexualität nicht von den „Akten" her allein gesehen und gewertet wird, sondern vom Kontext her und da, inwieweit sie Ausdruck von Liebe ist.
- Wenn junge Menschen, ohne verheiratet zu sein, im Bewusstsein ihrer Verantwortung füreinander die sexuelle Kraft als Gottes Schöpfungskraft begrüßen und genießen dürfen, die ihnen Erfahrungen beschert, bei denen sie sich auf eine einzigartige Weise kennenlernen und ihre sonst übliche Erfahrungsebene transzendiert wird.
- Wenn ältere und alte Menschen, die keinen Ehepartner haben oder ihren Ehepartner verloren haben, in der liebevollen und da auch sexuell-sinnlichen Erfahrung mit neuen Lebenspartnern, mit denen sie nicht verheiratet sind, ohne Schuldgefühle die heilende und bestärkende Kraft der Berührung als

1 Joachim Wanke: Evangelisch und Katholisch, in: Christ in der Gegenwart Nr. 23/2011

2 Karl Hillenbrand: Perspektivenwechsel im Kirchen- und Amtsverständnis, in: Wunibald Müller/Myriam Wijlens: Ans Licht gebracht, Münsterschwarzach 2012, 147–158

Stütze und Erfüllung erfahren dürfen.

- Wenn homosexuellen Menschen, die sich lieben im Rahmen einer Beziehung, die von Fürsorge, Verbindlichkeit, Liebe und da auch Agape geprägt ist, ihre Liebe nicht abgesprochen wird, sondern auch für diese Liebe gilt: „Wenn zwei Menschen einander lieben, dann erfahren sie auf die begrenzte Weise in dieser Welt, was ihre nie endende Freude sein wird, wenn sie mit Gott vereint in der nächsten Welt sein werden … Einen anderen zu lieben, ob gleichen oder anderen Geschlechtes, bedeutet das Feld der reichsten menschlichen Erfahrung zu betreten“ (Hume 1985).[3]
- Wenn es Priester gibt, die sich für ein Leben entscheiden, bei dem sie ihre sexuelle Kraft in den besonderen Einsatz für andere investieren und sie damit auf die ihnen gemäße Weise ihre in der Sexualität steckende Lebenskraft in Fruchtbarkeit leben und verwirklichen. Wenn es zugleich aber auch Priester gibt, die ihre Sexualität in ihrer Partnerschaft feiern und genießen und von innigen Beziehungen bereichert und genährt als Priester voller Leidenschaft ihr Bestes geben.

Wenn das mit Kirche assoziiert wird, wenn von Kirche und Sexualität die Rede ist, dann kommt in der Kirche in dem, was sie über die Sexualität sagt, das österliche Lied zum Klingen.

Dann spüren die Menschen, dass die Kirche um sie weiß, spricht sie mitten in ihr Leben und ihre Wirklichkeit hinein. Dann dient sie den Menschen, nimmt sie die Menschen ernst in allem, was die Buntheit ihres Lebens ausmacht.

Dann kommt etwas von der Frische und positiven Einstellung zur Sexualität zum Ausdruck, wie wir es von der heiligen Hildegard von Bingen kennen. „Für sie gab es nichts Unreines in der Schöpfung, in der ungezähmte Leidenschaft und zärtliche Sehnsucht, körperliche Lust und geistige Höhenflüge, die Freude am Partner und der Verzicht auf erotische Erfüllung um des Himmelreiches willen ihren Platz hatten“ (Feldmann 2008,142).

Über den Autor: Wunibald Müller ist Theologe und psychologischer Psychotherapeut. Er war von 1991 bis 2016 Leiter des Recollectio-Hauses der Abtei Münsterschwarzach. Zahlreiche Veröffentlichungen zum Bereich Glauben und Sexualität.

3 Basil Hume, in: Süddeutsche Zeitung, Nr. 5 vom 9. März 1995

Ich-xperiment

Mein Beziehungsnetz – wo die Liebe ist

ZEICHNE DEIN BEZIEHUNGSNETZ:

- Du in der Mitte,
- die Personen, die dir nah sind, um dich herum im Zentrum (Komfortzone), eine neutrale Zone und
- ein Bereich für Menschen, die du nicht magst – einen Feinde-Bereich darf es auch geben.

WELCHE DER VON HUUB OOSTERHUIS AUF S. 103 GENANNTEN EIGENSCHAFTEN VON LIEBE WILLST DU WEM GEGENÜBER STÄRKER AUSPROBIEREN? TRAGE DREI VORHABEN IN DEIN BEZIEHUNGSNETZ EIN.

Ich-xperiment

Der Dichter und Theologe Huub Oosterhuis sagt, was er unter Liebe versteht:

„Unter Liebe verstehe ich: jene tausendfachen Nuancen von Freundlichkeit und Freundschaft, von Takt und Geduld, von bedächtigem Respekt und Erbarmen, von langer Treue und Spontaneität, von Höflichkeit und Leidenschaft, von gutem Willen und Ergriffenheit, mit denen Menschen einander begegnen. [...] Alles, was zum Guten ist, alles, was zu etwas mehr Gerechtigkeit und Frieden für etwas mehr Menschen führt, das nenne ich Liebe."

Huub Osterhuis

Suche Gott: Wo könnte Gott sich verstecken?

In dem Film Love Actually (Tatsächlich Liebe) heißt es sinngemäß: Um all die Liebe um uns zu sehen, brauchen wir nur die Augen aufzumachen.

Love is all around!

Diese Liebe ist vielleicht nicht immer heroisch oder romantisch; sie ist vielleicht ungeschickt. Sie begegnet uns in allen möglichen seltsamen Formen, zwischen Menschen unterschiedlicher Generationen, zwischen Menschen unterschiedlichen und gleichen Geschlechts. Aber wo sie ist, da ist Gott gegenwärtig.

Timothy Radcliffe

Ubi caritas et amor Deus ibi est. (Wo Liebe und Güte sind, da ist Gott.)

Für eine Kirche, die die Liebe als Botschaft lebt:

Gott verändert die Welt durch Jesus – nicht durch gewonnene Kämpfe oder gewonnene Argumentationen (eher schon durch verlorene), sondern durch Liebe („defenseless love").

Rowan Williams

⇨ WAS BEDEUTET DAS FÜR DIE KIRCHE VON MORGEN?

Ancilla Röttger

Vom Gewinn des Loslassens

Loslassen und Gewinn – passt das zusammen? Spontan verbinden wir mit Loslassen vielleicht eher Verzicht und Verlust als Gewinn.

Wie oft wird Menschen etwas aus der Hand geschlagen, von dem sie glaubten, dass es unverzichtbar ihr Leben trage – Beziehung, Gesundheit, materielle Sicherheit, Sinn, Leben. Und was bleibt, ist zumeist das Gefühl der Leere, des Verlustes und zunächst mal ganz gewiss nicht das, etwas gewonnen zu haben. Im Augenblick stehen mir Bilder vor Augen von Menschen in Syrien, die nur noch vor Trümmern und Ruinen stehen, nicht nur äußere Trümmer und Ruinen, sondern auch innere, die geliebte Menschen verloren haben, ihren Lebensraum, ihre Luft zum Atmen. Oder wenn ich nicht ganz so weit schaue, sehe ich Menschen, denen eine Krankheitsdiagnose die Lebensperspektive abgeschnitten hat; Menschen, denen die Familie als ihr Lebensort zerstört ist durch eine zerbrochene Beziehung; Menschen, die durch den Verlust ihrer Arbeit plötzlich um ihre Lebensgrundlagen fürchten müssen. Oder es genügt auch oft ein Blick in unser eigenes Leben. Geschenkt und wieder genommen! Natürlich können und müssen wir uns einsetzen für Frieden, Gerechtigkeit, Gesundheit, gelingende Beziehungen, Achtsamkeit im Umgang mit der Schöpfung – doch am Ende ist das, was gelingt, nicht das Ergebnis unseres Tuns, sondern trotz allem Einsatz Geschenk. Und ein Geschenk kann uns auch wieder genommen werden.

Allerdings ist es nicht dasselbe, ob mir etwas genommen wird, aus der Hand geschlagen wird, oder ob ich etwas bewusst loslasse. Loslassen ist ein Akt unserer Freiheit, den jeder selbst vollziehen muss – wie alles, was unsere Freiheit betrifft. Was mir genommen wird, was mir aus der Hand geschlagen wird, habe ich deswegen noch nicht losgelassen. Ich greife oft immer noch danach und will es zurück haben. Etwas loslassen bedeutet nicht, es nicht mehr wertzuschätzen. Aber ich wage zu behaupten: das meiste Leid rührt daher, dass ich nicht loslasse, was in einer veränderten Situation mir nicht mehr zukommt, und dass ich nicht annehme, was meine veränderte Lebenswirklichkeit ausmacht. Das ist alles andere als leicht! Angenommen, jemand verliert durch eine Krankheit oder einen Unfall die Fähigkeit zu laufen. Das Leidvolle in dieser schweren Situation ist der Wunsch, wieder laufen zu können, dass alles wieder so wird wie zuvor. Doch die unumkehrbare Realität im Augenblick ist die, dass er nicht laufen kann und vielleicht auf einen Rollstuhl angewiesen ist. Und ich sage es noch einmal: das ist sehr schwer; aber der Akt der Freiheit läge in diesem Augenblick in der Akzeptanz der Wirklichkeit, nicht laufen zu können. Der Wunsch nach freier Beweglichkeit wird bleiben, nur wenn ich ihn loslasse, d. h. ihm nicht erlaube, mein Denken, Fühlen und Wollen zu bestimmen, kann ich mich für das öffnen, was mir vielleicht vom Rollstuhl aus möglich ist.

Es gibt Menschen, denen zerrinnt alles zwischen den Fingern wie Sand. Sie brauchen nichts wirklich loszulassen, weil sie es erst gar nicht halten. Das Loslassen, von dem ich spreche, als Akt der Freiheit, bezieht sich auf das, was ich als Wert für mich erkannt habe und deswegen sinnvollerweise halten möchte.

Die Frage stellt sich: Wie geht das – loslassen? Und kann ich es einüben?

Vielleicht wird es in einer Begegnung mit einer Schulklasse im Sprechzimmer unseres Klosters deutlicher. Eine Klasse neun- bis zehnjähriger Jungen kam zu uns mit der Frage, was für uns Armut bedeutet. Wegen sommerlicher Temperaturen waren die Fenster weit geöffnet und von draußen konnten wir den Kommentator der gerade laufenden Fußball-Weltmeisterschaft mithören. Also griff ich das aktuelle Bild auf: Angenommen, ihr habt ein wichtiges Spiel gegen eure Parallelklasse. Ihr habt trainiert und seid bereit. Das Spiel beginnt und bei dem Eröffnungspfiff nimmt euer Torwart eine Cola und eine Tüte Chips aus seiner Tasche und steckt sich die Ohrstöpsel seines Handys ins Ohr. – Empört schrien die Jungen auf. – Und ich fragte weiter: Mögt ihr keine Cola und keine Chips? Und benutzt ihr kein Handy? – Doch, antworteten sie immer noch empört, aber er soll den Ball fangen! – Ja klar, meinte ich, das kann er doch trotzdem. – Nein, war die klare Aussage der jungen Fußballspieler – dazu muss er die Hände frei haben! Und den Kopf auch.

Genau das ist es: wenn ich den Ball fangen will, muss ich die Hände frei haben. Damit ist etwas Grundlegendes gesagt: es geht nicht darum, mich von allem, was mir wichtig ist, abzuwenden; sondern um loslassen zu können, brauche ich ein Ziel, auf das hin ich loslassen kann. Und manchmal ist es vielleicht auch nur das geglaubte Wissen, dass es ein Ziel gibt, das ich aber erst nach einer gelebten Zeit der Trauer um das Verlorene im Loslassen und Weitergehen erkenne. Wenn jemand nur vor den Trümmern und Ruinen stehen bleibt und den Blick nicht hebt, wenn jemand im erfahrenen Leid nur in sich selbst und seiner Verlustsituation hängen bleibt und sich nicht in seiner Verantwortung auch für andere öffnet, wenn jemand nach schmerzlicher Auseinandersetzung mit einer Krankheitsdiagnose sich nur rückwärts orientiert auf die Zeit hin, als er noch gesund war, und nicht die Vergangenheit loslässt, um der Zukunft eine Chance zu geben, wie auch immer sie aussehen mag – dann geht der Weg nicht weiter. Er endet in einer Sackgasse. Und noch einmal: niemand sagt, dass das leicht ist! Aber es ist lebensnotwendig, das Vergangene loszulassen, damit meine Hände frei sind für das Neue, das möglich ist. Manchmal können auch die guten Erinnerungen zu Fesseln werden, und wir müssten sie loslassen, um das Gegenwärtige wirklich schätzen zu können, anstatt es immerzu an der Dichte des Vergangenen messen zu wollen. Nichts anderes geschieht bei der Ordensprofess. Armut, Gehorsam und Jungfräulichkeit zu geloben, gelingt nicht als Gelübde des Verzichtes. Wer Armut gelobt, sagt damit nicht, dass ihm die Dinge dieser Welt nichts bedeuten, sondern dass er Anteil an Größerem haben möchte. Er versucht alles loszulassen, was ihn an irdischen Besitz bindet, um sich ganz diesem Gott zu übereignen, der im Evangelium in Jesus einen Weg der Armut zum Leben geöffnet hat. Wer Gehorsam gelobt, sagt damit nicht, er habe keinen eigenen Willen, sondern er verpflichtet sich, aus dem Hören zu leben, aus dem Hören auf das, was Gott im Evangelium und in den Menschen sagt. Wer Jungfräulichkeit gelobt, sagt damit nicht, dass er Sexualität ablehnt, sondern dass er seine Liebesfähigkeit ausweitet auf Gott und nach dem Beispiel Jesu im Evangelium auf alle Menschen.

Jede Entscheidung, die wir treffen, beruht darauf, dass wir etwas loslassen und uns Neuem öffnen – wie groß oder klein das auch immer sein mag. Es ist ein Einüben unserer Freiheit immer dann, wenn es uns schwerfällt, weiterzugehen, wenn uns Situationen nach unten drücken, wenn wir lieber die Augen schließen und uns in uns zurückziehen möchten – immer dann genau hinzuschauen, auf welches Ziel hin wir das Gegenwärtige loslassen können. Und wenn wir dann einen neuen Schritt wagen und den Blick bis zum Horizont heben, ist es ein Zeichen unserer Freiheit.

Über die Autorin: Schwester Ancilla Röttger OSC ist Äbtissin des Klarissen-Klosters in Münster und Autorin für „Kirche im WDR". U. a. veröffentlichte sie „Einfach leben: in der Spur des Alltags" (Münster 2012).

Ich-xperiment

Frei werden und entschieden leben

Virginia Satir geht davon aus, dass sich innere Freiheiten wie bei einem Mobile wechselseitig in Bewegung bringen und deshalb an der Stelle mit einer Veränderung begonnen werden kann, die am leichtesten zu erreichen ist.

BASTLE AN DEINER ENTWICKLUNG. AN WELCHER ECKE MÖCHTEST DU ANFANGEN?
BASTELBAUSTEINE: FREIHEITEN ZUR ICH-ENTWICKLUNG (IN ANLEHNUNG AN V. SATIR) / EXODUS-RUFE FÜRS ICH:

- Du bist befreit vom Maskentragen.
- Du darfst deine Gefühle wahrnehmen. Du darfst echt sein.

- Heraus aus dem Perfektionismus.
- It's ok to be ordinary.

- Du bist befreit davon, es allen recht zu machen.
- I am what I am.

- Heraus aus dem Hamsterrad des Immer-Schneller.
- Du darfst achtsam anerkennen, was jetzt da ist und was Vorrang braucht.

- Du bist frei vom Stark-sein-Müssen.
- It's ok to be needy and vulnerable.

Ich-xperiment

Entschieden-leben-Übung

SCHREIBE EINE "LÖFFEL-LISTE" – WAS DU MACHEN WILLST,
BIS DU DEN LÖFFEL ABGIBST –
UND REDUZIERE SIE. WAS IST GANZ BESONDERS WICHTIG?

SCHREIBE EINE "NOT-TO-DO-LISTE" BZW. EINE "DAS BRAUCH ICH NICHT
ERLEBEN/ERREICHEN/HABEN"-LISTE.

WAS STEUERT DICH VON INNEN FERN?

FOKUSSIERE FÜR DEIN LEBEN:
WENN ES NUR UM EINE "SACHE" IM LEBEN GEHT:
WAS WILLST DU LOSLASSEN?
WOFÜR WILLST DU DICH ÖFFNEN?
FINDE KONKRETE SITUATIONEN, UM ANZUFANGEN.

Wenn ich die eine Formel finden müsste, mit der ich nach christlichem Verständnis den innersten Kern der Beziehung zwischen Gott und Welt anzeigen sollte, würde ich mich auf die Aussage festlegen, dass wir zur Freundschaft geschaffen wurden. Das heißt: Wir sind fähig, den Herabwürdigungen von Beziehungen hinein in Bindungen von Eigentum, Ausbeutung, Herrschaft, Gewalt und Gleichgültigkeit wirksam zu widerstehen.

Nicholas Lash

Wie wird die Kirche von morgen zu einem Raum der Freiheit?

FORMULIERE FÜR DIE KIRCHE VON MORGEN CIRCA FÜNF EXODUS-RUFE:
WAS SOLLTE DIE KIRCHE LOSLASSEN?
WOFÜR SOLLTE SIE SICH ÖFFNEN?
IN WELCHEN KONKRETEN SITUATIONEN KANN DER ANFANG GELINGEN?

Bardo Schaffner

Lehrerseelsorge – Von Selbstwertgefühl und Verletzungspotential

In einem Comic über die Peanuts sieht man eine kleine Demonstration von Charlie Brown, Lucy und anderen. Sie tragen Schilder mit dem Text: „Christ is the answer!" Snoopy beobachtet das Ganze vom Dach seiner Hütte und er fragt sich in einer Gedankenblase: „What was the question?"

Als ich 1990 in der Abteilung Schulpastoral des Bistums Münster meine Tätigkeit im Referat „Lehrerarbeit" aufnahm, war genau dies meine Frage: Welche Fragen haben Lehrer an die katholische Kirche? Haben sie überhaupt noch Fragen oder gibt es nur noch Vorbehalte? Sehr schnell musste ich erfahren, dass die Zahl der explizit seelsorglichen Anfragen an mein Referat sehr überschaubar war. Unser Team hat daraufhin beschlossen, die Sache mit der Lehrerseelsorge wörtlich zu nehmen, als Sorge für die Seele der Lehrer. In sehr vielen Sitzungen Supervision für Lehrpersonen an freien katholischen und öffentlichen Schulen habe ich dann erfahren, dass Lehrpersonen sehr viele Fragen haben, allerdings richten sie diese in der Regel nicht an pastorale Mitarbeiter der katholischen Kirche. Sehr oft bleiben sie auch mit ihren „heimlichen" Fragen alleine. „Heimliche Wünsche werden unheimlich selten erfüllt", sagt Paul Watzlawick, so auch hier. In der Supervision wurde deutlich, dass Lehrpersonen im schulischen Alltag sehr oft in Situationen geraten, die für sie hohes seelisches Verletzungspotential beinhalten. Seien es dauernde Auseinandersetzungen mit „respektlosen" Schülern, die nicht bereit sind, die Amtsautorität von Lehrpersonen zu akzeptieren, und dabei unterstützt werden von Eltern, die in einer Schule einen Dienstleistungsbetrieb sehen, in dem das „Personal" gefälligst für Erfolg und Wohlbefinden seiner Kunden zu sorgen hat. Geschieht dies nicht, wird ein Rechtsanwalt beauftragt, den Mangel abzustellen. Verdeckte Konflikte mit manchen Kollegen und Schulleitungspersonen zeigen sich oft in sehr verletzenden gegenseitigen Abwertungen. Schließlich arbeiten Lehrpersonen in einem Feld unterschiedlicher und sogar widerstrebender politischer Interessen, die sich in immer neuen Anforderungen an das Lehrpersonal bei gleichzeitig abnehmender Rückendeckung durch die oberen Schulbehörden äußern.

All das kann dazu führen, dass Lehrpersonen mit arg verbeultem oder sogar beschädigtem Selbstwertgefühl ihren Schülern begegnen. Lehrpersonen wird oft unterstellt, ihr Selbstbewusstsein vor sich her zu tragen.

> Selbstwertgefühl meint dem gegenüber ein positives Bild von sich zu haben und sich so zu mögen, wie man ist, auch wenn man nicht allen Anforderungen gerecht wird.

Nicht selten haben Menschen, die ein gewaltiges Selbstbewusstsein vor sich her tragen, ein geringes Selbstwertgefühl. „Die Menschen stärken und die Sachen klären", so formuliert Hartmut von Hentig die Aufgabe von Schule. Wie aber sollen Lehrpersonen, deren Selbstwert bedroht ist, Schülerinnen und Schüler in einer wichtigen Entwicklungsphase in ihrem Selbstwert stärken?

Nun bieten Schulen und Lehrerkollegien nur selten Räume, in denen auf professionelle Weise die vielfältigen Kränkungen und Verletzungen des Alltags thematisiert und bearbeitet werden können. Kollegen sitzen zusammen unter dem Motto: „Wir häkeln einen Jammerlappen!" oder man hat einfach keine Probleme.

In meiner Ausbildung zum Familientherapeuten habe ich den Satz kennengelernt: „Das Therapeutensystem hat Vorrang vor dem Klientensystem!" Für mich hörte sich das zunächst so an, wie: „Hauptsache, den Therapeuten geht es gut!" So war es natürlich nicht gemeint. Eher so: Was kann den Klienten Besseres passieren, als dass ihre Therapeuten gesund und motiviert sind und ihre ganze Kompetenz nutzen, mit einem Wort handlungsfähig sind? Zugespitzt könnte man formulieren: „Geht es den Therapeuten gut (im Sinne von handlungsfähig sein), dann geht es auch den Klienten gut!" Übertrüge man diesen Gedanken auf Schule, dann hieße der Satz: „Geht es dem Lehrer gut, dann geht es dem Schüler gut."

Was kann Schülerinnen und Schülern Besseres passieren als motivierte engagierte Lehrpersonen, die ihre ganze Kompetenz nutzen und gesund und handlungsfähig sind?

John Hattie, neuseeländischer Bildungsforscher, bringt es in seiner berühmten Studie auf den Satz: „Auf den Lehrer kommt es an!"

Aus diesen Einsichten habe ich für meine Tätigkeit mit Lehrpersonen folgende Schlüsse gezogen:

- Grundlage für jede Arbeit ist ein wertschätzender Blick auf das, was Lehrpersonen alltäglich leisten. Leider haben die wenigsten Kollegen bedacht, dass sie einen Beruf ergriffen haben, in dem die Auseinandersetzung mit Kränkungen und seelischen Verletzungen zum professionellen Alltag gehört. Vermutlich ist ein Teil des Lehrergehalts Schmerzensgeld für genau diesen Umstand. Erfreulicherweise bringt der schulische Alltag aber auch viele Begegnungen mit wertschätzenden Menschen und die Erfahrung gelingender Kommunikation. Gleichwohl gilt: Die professionelle Herausforderung heißt, wie schütze und stütze ich meinen Selbstwert und sichere so meine Motivation? Nicht unerwähnt soll an der Stelle sein, dass der eigene Selbstwert nicht auf Kosten anderer gestützt und geschützt werden kann. Nur wenn ich bereit bin, auch den Selbstwert von Schülern, Eltern, Kollegen und Leitungspersonen zu stützen und zu schützen, kann ich auf Dauer meine Handlungsfähigkeit sichern.
- In aller Regel haben Lehrpersonen, zumindest zu Beginn ihrer Tätigkeit, eine Leidenschaft für ihren Beruf: sei es die Leidenschaft für ein Fach oder die Leidenschaft für die Arbeit mit Kindern und Jugendlichen. Diese Leidenschaft ist es, die den „Motivationsrucksack" füllt und die durch manche Belastung trägt. In Kollegiumstagungen zum Thema: Schulprogramm / Leitbildentwicklung habe ich die Idee eines Kollegen aufgegriffen und die Teilnehmer gebeten, sich in Fachgruppen vorzustellen, sie dürften ihr Fach nur eine einzige Stunde im Leben ihrer Schüler unterrichten. Lassen sich die Teilnehmer auf diese Annahme ein, entwickeln sie spannende Unterrichtsstunden, die sehr nahe bei dem sind, was ihre Leidenschaft ist. So entwarf z. B. eine Fachschaft Kunst eine Stunde zum Thema Schönheit oder eine Fachschaft Mathematik eine Stunde zum Thema Unendlichkeit. Lehrpersonen in Kontakt zu bringen mit ihrer Leidenschaft, setzt ungeahnte Kräfte frei und weckt Begeisterung fürs Lernen bei Schülerinnen und Schülern.
- Heidi Neumann-Wirsig macht darauf aufmerksam, dass aus neurowissenschaftlicher Sicht „Lehren … nicht möglich ist. Menschen lassen sich nicht be-

lehren. Sie denken eigenwillig und eigenständig, und was dem einen plausibel und passend erscheint, kann für den anderen zusammenhanglos und unpassend sein ... Lernen ist so gesehen eine konstruierende ‚Tätigkeit', ein individueller, autonomer Prozess der Aneignung subjektbedeutsamer Wirklichkeit, der von außen nicht gesteuert werden kann." Der Respekt vor der Autonomie des Einzelnen und seiner Fähigkeit zur Selbstorganisation verbietet es, Lehrpersonen belehren zu wollen, was ein richtiger Lehrer oder gar ein richtiger Christ ist. Leider haben Lehrpersonen häufig die Erfahrung gemacht, dass sie bewertet (= abgewertet) wurden und mit immer neuen Anforderungen bedrängt wurden. Es kann demnach in der seelsorglichen Arbeit mit Lehrpersonen nicht darum gehen, ihnen zu erklären, was wahre Spiritualität bedeutet. Dies gilt für alle Lehrpersonen, insbesondere für solche, die an freien katholischen Schulen beschäftigt sind. Ein Kollege hat es einmal so eingeschätzt, dass es leichter ist, mit einer Kollegengruppe in einer integrierten Gesamtschule im Ruhrgebiet über das Thema Spiritualität ins Gespräch zu kommen als mit einer Lehrergruppe in einem bischöflichen Gymnasium.

- Die o. g. Aspekte sind m. E. notwendige, aber noch keine für Schulpastoral hinreichenden Ansätze. Das spezifische pastorale Anliegen ist das Angebot zur Auseinandersetzung mit dem, was Spiritualität heißt. Jan Woppowa unterscheidet zwischen „offener Spiritualität – im Sinne einer persönlich gesuchten und gelebten geistigen Haltung und Identität – und christlicher Spiritualität – im Sinne einer wahrnehmbaren Ausdrucksgestalt des christlichen Glaubens".

In dem Verständnis ist jeder Mensch ein spirituelles Wesen, weil er irgend jemanden Geistes Kind ist.

Gleichzeitig wird hier unterstellt, dass auch jeder Mensch spirituelle Kompetenzen hat. Das, was die Auseinandersetzung um christliche Spiritualität leisten sollte, ist, die Frage nach Gott wachzuhalten. Dieser Anspruch klingt sehr bescheiden, wenn man die theologische Wucht offizieller kirchlicher Dokumente kennt, gleichzeitig ist es eine gewaltige Leistung, in dem Lärm des Schulalltags von Lehrpersonen deren leise Fragen auch als Frage nach Gott zu verstehen.

Über den Autor: Bardo Schaffner hat lange als Familientherapeut gearbeitet, ist Dozent am Institut für Lehrerfortbildung/Mühlheim, Supervisor und Beauftragter des Bistums Münster für Missbrauchsfälle. Er ist diplomierter TZI-Gruppenleiter, Gestaltberater, System- und Familientherapeut und Lehrsupervisor (EAS). Von ihm ist u. a. erschienen: „Einer von uns beiden muss sich ändern und mit dir fangen wir an". Ein Konfliktratgeber für Lehrerinnen und Lehrer, Hohengehren 2020.

Ich-xperiment

Christentum in einer Stunde

Eine Stunde Zeit für …
… den christlichen Glauben
… Kirche … Vertrauen … dich … Gutes

⇨ WAS SIND DEINE IDEEN?

Eine Stunde Du

Wenn jemand dir nur für eine Stunde begegnet – wie ein Museumsbesuch, ein kurzes Konzert oder irgendwo beim Warten: Zeigst du deine Schokoladenseite, weil man sich ja nur begrenzt trifft, oder wie du wirklich bist? Was sind deine Ideen für so eine Begegnung?

Kirche von morgen: durch echte Fragen berühren – Selbstwert stärken – Verletzungen heilen

⇨ RAUM FÜR ECHTE UND WESENTLICHE FRAGEN / AUTONOMIE ACHTEN

- Welche Themen und Fragen sind gerade oder generell in meinem Leben wichtig?
- Wo und wie mag ich meine Themen und Fragen aussprechen?
- Wird meine Autonomie wertgeschätzt – oder werde ich „nach Strich und Faden beraten" (Nick Hornby)?
- Wie können Kirche und Gottesdienst meine echten Fragen berühren?

⇨ SELBSTWERT STÄRKEN: WAS SIND DIE QUELLEN MEINES SELBSTWERTS?

- Das, was ich kann?
- Die Beziehungen, die tragen?
- Die Verantwortung, die ich in Bezug auf andere habe?
- Meine Handlungsfähigkeit und Freiheit?
- Die bedingungslose Zusage einer Liebe von Gott, dem Kosmos oder …?
- Wie können Kirche und Gottesdienst meinen Selbstwert stärken?

⇨ VERWUNDBARKEIT BEGLEITEN UND VERWUNDUNGEN HEILEN

- Wo darf ich mich verletzbar zeigen und werde (etwas) geheilt?
- Wo verliere ich nicht, sondern bin gerade deswegen wertvoll?
- Wie können Kirche und Gottesdienst Verwundete begleiten?

⇨ ANGENOMMEN, JEMAND BEGEGNET NUR EINE STUNDE DER KIRCHE: WAS SOLLTE IN DIESER EINEN STUNDE DEINER MEINUNG NACH PASSIEREN?

Angenommen: Veränderungen sind immer auch schwer, schmerzhaft und konfliktträchtig.
Und angenommen: Veränderungen in der Kirche und im Dienst der Gottesbotschaft sollten dem Weg Jesu entsprechen. Mit anderen Worten: Ich kann die Botschaft von der Liebe, der Freiheit und der Freude Jesu nur liebevoll, befreiend und froh vermitteln.

WIE KANN ICH MIT WIDERSTAND UND VERLETZBARKEIT LIEBEVOLL, BEFREIEND ODER FROHMACHEND UMGEHEN?

In Konflikten hilft alles, was den Selbstwert stärkt.
Bardo Schaffner

Es geht nicht gleichzeitig: Recht haben und glücklich sein.
Marshall B. Rosenberg

Widerstand ist Information.
Aus der systemischen Beratung

Wenn einer gewinnt, verlieren beide.
Sprichwort

Widerstand

Wenn jemand Veränderungen als Verlust erlebt, gilt für die „Trauerbegleitung“: Zuhören statt belehren.

Die Kirche sollte uns helfen, uns zu entfalten, indem sie als Gemeinschaft eine Atmosphäre des Vertrauens schafft, in der der Einzelne selbstbewusst und vertrauensvoll sprechen kann.
Timothy Radcliffe

Verletzung bei

Die Macht Jesu, dieses starken und verwundbaren Menschen, war immer heilend und lebensspendend.
Timothy Radcliffe

PERSPEKTIVWECHSEL

Welche guten Gründe oder verständlichen Bedürfnisse meines Gegenübers kann ich teilen und wertschätzen? Tauscht euch in drei Runden wie folgt aus: „Ich als … konservativer/liberaler Mensch, Mann/Frau, Jugendlicher/Erwachsener/Rentner, Laie/Priester/Bischof, Volk-Gottes-/Communio-Christ ...“ (vgl. S. 45); dann aus der eigenen Sichtweise: „Ich kenne daran das Gefühl/das Bedürfnis ...“ 3 Runden „Ich als … (konservativer/liberaler Mensch, Mann/Frau, Jugendlicher/Erwachsener/Renter, Laie/Priester/Bischof, VolkGottes-/Communio-Christ s. „Was ist für mich katholisch“); dann aus der eigenen Sichtweise: „Ich kenne daran das Gefühl/das Bedürfnis ...“.

Kritik Veränderungen

Wir sollten die wertschätzen,
mit denen wir einer Meinung sind und
die, deren Meinung wir ablehnen.
Beide helfen uns, die Wahrheit zu finden.

Thomas von Aquin

Wenn wir
uns um die Mitte streiten,
ist dort kein Platz für Jesus.

Timothy Radcliffe

Wir können dem anderen die Wahrheit
als warmen Mantel hinhalten oder
als nassen Lappen durchs Gesicht schlagen.

Max Frisch

Der Andere könnte recht haben.

Hans-Georg Gadamer

Es ist eine schwierige Kunst, die Wahrheit auf
liebevolle Weise auszusprechen.
Welche Räume schaffen wir, um mit denen zu
reden, die anderer Meinung sind als wir?
Diese Räume können Orte der Freude werden.

Nach Timothy Radcliffe

Kritik und Konflikte sind keine
Belastung für Beziehungen,
wenn sie mit Wertschätzung verbunden
sind: Wenn Wertschätzung und Kritik
mindestens im Verhältnis
5:1 vorkommen, werden Beziehungen
durch Kritik nicht schlechter.

Nach John Gottman

Gott verändert die Welt durch Jesus –
nicht durch gewonnene Kämpfe
oder gewonnene Argumentationen
(eher durch verlorene),
sondern durch Liebe („defenseless love").

Rowan Williams

Es gibt Seegetier, das ist so
zerbrechlich, dass es beim Fang
durch das Netz zerstört wird.

John Steinbeck, Die Straße der Ölsardinen

Die „Andersmacht" der Liebe: Wir sind verletzbar (Vulnerabilität) und wir versuchen oft, uns zu schützen. Wir wollen eine starke innere Rüstung gegen Verwundungen entwickeln (Resilienz). Die Liebe (als Hingabe) ist eine „Andersmacht": Sie sucht nicht die Macht der Rüstung. Die Vermeidung von Verwundung allein reicht nicht aus für ein humanes Leben. Dies gilt für jedes Neugeborene genauso wie für die gesamte Menschheit. Sie braucht um ihrer Humanität willen Menschen, die sich in der Liebe verletzlich machen. Erst die gewagte Hingabe macht das menschliche Leben human.

Hildegund Keul

IMPULSE ZUM ERFAHRUNGSAUSTAUSCH

- Welcher Gedanke berührt mich besonders?
- In welchen Situationen ist durch die Art der Auseinandersetzung das (gemeinsame?) Ziel gefährdet worden?
- In welcher Situation hat jemand ohne Worte dazu beigetragen, Konflikte zu lösen oder Verwundungen zu heilen?
- Welcher Gedanke ist schwer in der Praxis zu leben? Warum?

Hymie Wyse

Wie ich Kirche erlebe

Die Kirche ist eine Ansammlung von Leuten. Ich bin ein Mitglied der Kirche und möchte über meine Erfahrung in der Kirche schreiben. Tagtäglich gehe ich in die Kirche. Die heilige Messe beginnt um sieben Uhr. Es ist immer eine große Freude für mich, ganz früh dort zu sein. Ich sitze im Schweigen. Das Schweigen ist eine große Erleuchtung. Gott ist. Mehr kann man nicht sagen, aber die Gelegenheit, hier und jetzt mit Gott zu sein, ist unbeschreiblich. Ich denke nicht, ich schaue nur.

Das Wort Erfahrung ist ein herrliches Wort. Es hat etwas mit Reisen zu tun (Er-fahr-ung).

In der Kirche bin ich auch auf einer Reise. Ich möchte Gott begegnen. Ich weiß, dass Gott überall ist. Ich weiß, dass Gott überall ist, aber in der Kirche werden wir uns sehr nah sein. Ich mache diese Reise in die Kirche seit meiner Kindheit, aber tagtäglich ist die Erfahrung immer alt und neu.

Um sieben Uhr kommt der Priester und sagt: „Der Herr ist mit euch." Gott ist. Wir sind jetzt unterwegs. Die Choreographie beginnt. Gott ist hier, immer anwesend und wartet auf uns. Diese Tatsache ist atemberaubend. Diese fünf Wörter des Priesters kommen aus dem Schweigen und gehen zurück ins Schweigen. Das Schweigen ist auch immer anwesend und ich kenne es. „Der Vater", d. h. Gott der Vater, ist jetzt anwesend und ruft mich! Gott ist immer und überall anwesend, doch meine Anwesenheit ist oft mehr eine Abwesenheit und ich schäme mich dafür. Deshalb sage ich am Anfang der Messe: „Herr, erbarme dich." Die Beziehung mit Gott ist erstaunlich. Er ist standhaft, ich bin unzuverlässig. Deshalb ist es notwendig, in der Bibel zu lesen oder aus ihr zu hören. Die Bibel ist das Wort Gottes und seine tägliche Botschaft.

„Und nun spricht der Herr, der dich geschaffen hat, Jakob, und dich gemacht hat, Israel. Fürchte dich nicht, denn ich habe dich erlöst. Ich habe dich bei deinem Namen gerufen, du bist mein! Wenn du durch Wasser gehst, will ich bei dir sein, dass dich die Ströme nicht ertränken sollen, und wenn du ins Feuer gehst, sollst du nicht brennen, und die Flamme soll dich nicht versengen. Denn ich bin der Herr, dein Gott, der Heilige Israels, dein Heiland … weil du in meinen Augen so wertvoll bist und herrlich, und weil ich dich lieb habe … so fürchte dich nicht, denn ich bin bei dir" (Jesaja 43,1–3,4,5).

Man braucht Zeit, um diese Zeilen zu genießen. Ich bin von Gott geschaffen, so ist Gott mein Vater und ich bin sein Sohn. Ich habe über diese Worte jahrelang nachgedacht – über 60 Jahre – und ich bin sicher, dass dieses Nachdenken nie endet. Die Tatsache, dass Gott mich „bei meinem Namen" gerufen hat, ist kaum zu glauben, aber jetzt, jedes Mal neu, wird mein Glaube stärker.

Nach der Lesung kommt ein Psalm:

„Herr, du erforschst mich und kennst mich. Ich sitze oder stehe auf, und du weißt es. Du verstehst meine Gedanken von Ferne. Ich gehe oder liege, du bist um mich und siehst alle meine Wege. Denn siehe, es ist kein Wort auf meiner Zunge, das du, Herr, nicht schön wüsstest. Von allen Seiten umgibst du mich und hältst deine Hand über mich. Diese Erkenntnis ist zu wunderbar und zu hoch, ich kann sie nicht begreifen" (Psalm 139,1–6).

Ich habe einen Wunsch. Ich liebe diese Bibel und ich lese jeden Tag darin. Ich möchte gern weitere Zitate aus den heiligen Schriften hören, z. B.:

Ich glaube daran, dass alle großen Religionen der Welt im Wesentlichen wahr sind. Ich glaube daran, dass sie alle von Gott eingesetzt sind, und ich glaube, dass sie jeweils für jene Menschen notwendig sind, denen sie offenbart wurden. Ich glaube, wenn alle von uns alle heiligen Schriften der verschiedenen Religionen vom Standpunkt der jeweiligen Religion befolgen, dann werden alle sehen, dass diese Religionen im Grunde ein und dieselbe Religion sind und einander unterstützen. (Mahatma Gandhi, Religion der Wahrheit)

Ich lese diese Worte langsam und bin heilfroh, dass Mahatma Gandhi so denkt. Er ist ein Mitglied in der Kirche, in der ich glaube.

Was wir heute brauchen, ist eine weltoffene Spiritualität.

Mahatma Gandhi hat auch gesagt: Er (Gott) ist in uns und doch ist er über uns und jenseits von uns.

Heutzutage ist es notwendig, dass wir sehen, dass wir einander brauchen, und es ist notwendig, dass wir einander helfen. Die Kirche ist ein wunderschöner Ort, wo wir Gott erleben können. Selbstverständlich begegnen wir ihm, dort, wo wir leben, aber die Eucharistie ist der Ort, wo wir ihm jeden Tag nah sein können. So erlebe ich die Kirche.

„Ein Beispiel habe ich euch gegeben, damit ihr tut, wie ich euch getan habe" (Johannes 13,15).

Die Messe geht weiter. Wir sind jetzt beim Evangelium. Es gibt eine gute Nachricht. Was ist diese gute Nachricht? Die Tatsache, dass der Herrgott bei uns ist und wir die Gelegenheit haben, ihn zu beobachten. Eine Tatsache, die mich immer wieder erstaunen lässt.

Die Lesung aus dem Evangelium ist Matthäus 25,34–40:

„Der König sagt zu seiner Rechten: Kommt her, ihr Gesegneten meines Vaters, ererbt das Reich, das euch bereitet ist von Anbeginn der Welt! Denn ich bin hungrig gewesen, und ihr habt mir zu essen gegeben. Ich bin durstig gewesen, und ihr habt mir zu trinken gegeben. Ich bin ein Fremder gewesen, und ihr habt mich aufgenommen. Ich bin nackt gewesen, und ihr habt mich gekleidet. Ich bin krank gewesen, und ihr habt mich besucht. Ich bin im Gefängnis gewesen, und ihr seid zu mir gekommen. Dann werden ihm die Gerechten antworten und sagen: Herr, wann haben wir dich hungrig gesehen und haben dir zu essen gegeben? Oder durstig und haben dir zu trinken gegeben? Wann haben wir dich als Fremden gesehen und haben dich aufgenommen? Oder nackt und haben dich gekleidet? Wann haben wir dich krank und im Gefängnis gesehen und sind zu dir gekommen? Der König wird antworten und ihnen sagen: Wahrlich, ich sage euch: Was ihr getan habt an diesen meinen geringsten Brüdern, das habt ihr mir getan."

Nach dieser Lesung sitzen wir im Schweigen. Ich habe Gott gehört. Er spricht zu mir und ich möchte seine Botschaft sehr ernst nehmen. Ich brauche solche Worte, jeden Tag. Diese Klarheit gefällt mir, Gott kommt mir sehr nah. Gott hilft mir! Herr, ich danke dir. Deine Anwesenheit ist eine große Hilfe für mich, auch anwesend zu sein. *Der, der im Hier und Jetzt wohnt, wohnt in Ewigkeit* (Wittgenstein). Wir danken Gott für seine Anwesenheit, die er uns schenkt, und wir bringen ihm dafür Wein und Brot und feiern zum Dank. Gott ist unsere Speise.

Nach der Messe gehe ich zum Einkauf ins Dorf und begegne dort einer sehr jungen Frau, die auf der Straße sitzt. Wir sprechen miteinander und ich erfahre, dass sie aus Indien kommt und drei Kinder hat. Sie braucht Hilfe. Ihr Mantel ist sehr dünn und es ist kalt draußen. Ich frage sie, ob sie heute schon etwas gegessen hat, und sie verneint. Ich hole Kaffee und Kuchen und wir unterhalten uns. Ich erfahre ihren Namen, aber nach der Messe sehe ich, wer sie wirklich ist! Die Kirche ist hier. Die Kirche ist jetzt.

Über den Autor: Hymie Wyse, 1938 in Irland geboren. Gruppenanalytiker in Deutschland und in Zürich. Workshopleiter zu Sri Ramana Maharshi und zu Meister Eckhart. 1956 bis 1978 Mitglied der Jesuiten. Wohnt seit 1978 mit seiner Frau Gill in England, sie haben drei Kinder.

Bildimpuls

Drei heilige Könige von Autun

ERZÄHLE DIE GESCHICHTE AUS SICHT DER SCHLAFENDEN KÖNIGE:
AM NÄCHSTEN MORGEN BERICHTET
DER KÖNIG MIT DEN OFFENEN AUGEN VON SEINER BERÜHRUNG.
WELCHE ERFAHRUNGEN, DIE ANDERE GEMACHT HABEN,
SIND AUCH ALS ERZÄHLTE ERFAHRUNGEN WICHTIG FÜR DICH?

Ich bin einer von denen mit geschlossenen Augen,
die nicht die Erfahrung mit dem Engel gemacht haben.
Ich erfahre am nächsten Morgen durch die Erzählung der anderen.
Ulrich Schulte OP (im Blick auf die Könige von Autun)

Bildimpuls

Don't concentrate on the finger
or you will miss all the heavenly glory.
Bruce Lee

Der Christ/der Fromme von morgen wird ein Mystiker sein,
einer, der eine Erfahrung gemacht hat.
Karl Rahner SJ

Setzen Sie sich nicht unter Erlebnisdruck.
Das Wesentliche geschieht auch ohne ein besonderes Erlebnis.
Anselm Grün OSB (vor Beginn der Osternacht)

Gibt es hier jemand, der meine Erfahrung versteht?
Hymie Wyse

Ein Mystiker, ein Mensch, der ein Geheimnis bewohnt:
staunend im Schweigen.
Mystik – Das griechische Wort myein heißt staunend beschweigen.
Mystiker sind gleichsam Geheimnisbewohner.
Der Sinn dieses Geheimnisses besteht nicht darin, dass wir es verstehen,
sondern mit unserer Seele bewohnen.
Inmitten einer unheimlichen Welt im Geheimnis daheim zu sein,
in jenem Geheimnis, das die Menschheit in einer alten Tradition des Betens
und Klagens Gott nennt.
Das Erste, was die Kirchen den Menschen zugänglich machen werden, sind
nicht Wissensgebäude, sondern sind Erfahrungsräume.
Die Kirchen werden lernen, dass sie in allem, was sie tun,
vor allem aber in der Liturgie, mystische Erfahrungsräume eröffnen,
in denen die Menschen ein Dach über ihrer Seele finden,
wenn die Kirchen ein zugängliches Anwesen Gottes sind.
Nach Paul Zulehner

Ich-xperiment

Christ sein morgen – Erfahrungen machen – Alltags-Mystik

Warte fünf bis zehn Sekunden in Stille und
höre dann die Worte, die Gott dir sagt:
Ich bin da, ich bin bei dir!
(Wiederhole dies zwei- bis dreimal am Tag.)

Sieh in jedem Ast, der vom Wind bewegt wird,
den Geist Gottes, der alles bewegt und sagt:
Ich bin da, ich bin bei dir!

Wechsele die Sichtweise:
Bist du da?

Menschen machen unterschiedliche Erfahrungen.
Einer macht eine Erfahrung, die die Augen öffnet,
andere hören am nächsten Morgen davon …
andere kennen die Erfahrung des Vermissens, Verpassens, der Leere ...
Unterschiedliche Wege, unterschiedliche Erfahrungen,
im Erzählen verbunden auf dem Weg zu einem Ziel.

⇨ WELCHE ERFAHRUNGEN WAREN UND SIND FÜR DICH WEGWEISEND – FÜR DEINE LEBENSREISE?
WAS IST DAS ZIEL HINTER DEINEN ZIELEN?
WAS IST DAS EIGENTLICHE ZIEL IN DEINEM LEBEN?
WER SIND DIE BOTEN, DIE DIR VON GOTT UND SEINER LIEBE ERZÄHLT HABEN, DIE DIR DIE LIEBE IN DER WELT GEZEIGT HABEN?

Zwei Tipps des Kampfkünstlers Bruce Lee,
die er einmal mit Blick auf den Mond gegeben hat:
Don't concentrate on the finger or you will miss all that heavenly glory!
Was er damit meint: Übe den Blick für das Wesentliche!
Don't think, feel!

Am Ende: Thesen für Kirchenreformprozesse

Die folgenden Thesen sollen den Einstieg zu den Texten eröffnen oder eine Verknüpfung zwischen manchen Positionen anbieten. Wenn du hier startest, notiere hinter jeder These ein Plus für Zustimmung, ein Minus für Ablehnung oder ein Fragezeichen, falls du Rückfragen hast.

1) Zu Frère John (S. 31)

a) Christlicher Glaube ist mehr als Glaubenssätze und sonntags zur Kirche gehen:
Es ist eine Art des Zusammenlebens – nicht nur mit Freunden, mit denen wir uns wohlfühlen.
b) Koinōnia/Communio ist ein Teilen des Lebens, eine Solidarität mit anderen, Fremden, sonst Ausgegrenzten; es bedeutet auch die Bereitschaft, uns stören zu lassen.
c) Diese Art von Gemeinschaft oder Freundschaft ist nicht begründet durch ein Gefühl oder den guten Willen, sondern ist Freundschaft oder Gemeinschaft in Gott.
d) Kirche ist mehr als die Gemeinschaft Gleichgesinnter, die sich nur um sich selbst und ihre Mitglieder dreht. Sie ist Freundschaft zum Fremden (philoxenia = Gastfreundschaft) nicht aus einer Position der Überlegenheit, sondern als eine Erfahrung, in der sie selbst empfängt: Jesus – der uns in jedem und jeder begegnet und sagt: Ich war fremd und ihr habt mich aufgenommen (Mt 25).
e) Wenn die Kirche als eine Gemeinschaft von Freunden verstanden wird, in der jeder einen Platz finden kann, dann würden vielleicht mehr (junge) Menschen in ihr eine Antwort auf ihre tiefsten Sehnsüchte finden.

2) Zu J. Collet/T. Eggensperger/ U. Engel (S. 41)

a) Biblisch gesehen, waren schon beim historischen Jesus die Möglichkeiten der Zugehörigkeit zu ihm und seiner Botschaft plural.
b) Versteht man Kirche in erster Linie als Institution, bedeutet das eine Einschluss-/Ausschluss-Logik.
Versteht man die Kirche als soziale Bewegung, gibt es unterschiedliche Möglichkeiten der Beteiligung und eine gemeinsame Zielperspektive.
c) Die Trennschärfe der Kirchenzugehörigkeit (innen/außen) ist eine Illusion. Kirche existiert in pluralen Gestalten der Zugehörigkeit.

3) Zu H. Lutterbach (S. 48)

a) Menschen sehnen sich nach allem, was ihre Individualität unterstützt.
Menschen suchen nach einem ganzheitlichen Sinnangebot.
b) Die heute typische Institutionenskepsis vermindert die Möglichkeit der Kirche, auf die Werte und Lebensformen der Menschen Einfluss zu nehmen.
c) Menschen ersetzen heute den Glauben an ein Jenseits durch innerweltliche Liebesgeschichten.
d) Menschen beachten die etablierten Kirchen und kirchlich geprägten Traditionen in dem Maße, wie sie von dort mit ihren Individualitätstendenzen, ihrem Ganzheitlichkeitsstreben und ihrer Institutionenskepsis „gesehen“ werden und in kirchlichen Angeboten berücksichtigt werden.

4) Zu G. Meyer (S. 54)

a) Auf dem Baum wie Zachäus – in einem Elfenbeinturm: Es kommt vor, dass sich die Theologie und auch die Kirche von den Erfahrungen der Menschen entfernt, die eine wesentliche Offenbarungsquelle sind.

b) Das Heil, das Jesus verkündet hat, wohnt nicht in den Bäumen einer theologischen Wissenschaft oder Kirche; es wohnt unter den Dächern der Menschen, deren Sehnsüchte von Theologie und Kirche auch als Inspirationsquelle ernst genommen werden müssen, insbesondere von den Bedrängten und Gedemütigten, aber auch von den Blasierten und Eingebildeten.

c) Das Begehren und die Sehnsüchte der Menschen sind wertvolle Gaben für die Suche nach einem Leben in Fülle.

5) Zu T. Radcliffe (S. 58)

a) Wir müssen in einer Krise nicht die Gefangenen unserer Ängste sein.
Wenn also Krisen in eurem Leben geschehen, und das werden sie, habt keine Angst.

b) Wenn wir die Augen öffnen und das Geschehen mit Mut und Vertrauen auf Gott betrachten, können es Momente eines neuen Lebens sein. Sie öffnen unser altes Leben.

c) Wir können versuchen, dort festzuhalten, wo wir waren, oder mutig heraustreten und ein neues Leben annehmen, mit Mut und Vertrauen in Gott.

6) Zu J. Werbick (S. 64)

a) In einer Zeit atemloser Kommunikation mit folgenloser Neugier und aufgeblasenen Nichtigkeiten kann es sein, dass Tiefe in der Kommunikation verloren geht ...

b) ... und eine „Servilität/Unterwerfung gegenüber der Wirklichkeit" entsteht – so ist die Welt, da kannst du nichts machen.

c) Es kann zu Überforderungen kommen: eine atemlose Pastoral nach der Erfassungspastoral der Volkskirche, moralische Überfoderungen und das Scheitern moralischer Selbst-Erhöhung.

d) Entlastung von atemloser Kommunikation und Überforderungen bieten Atem-Räume, die Überforderungen – auch moralische – eindämmen, die Asyl-Orte für die großen Fragen sind und offen sind für Gottes Unterbrechungen.

e) Wir lassen uns kaum nachhaltig unterbrechen. Gottesdienste sind Angebote, das dauernde Funktionieren und das zwanghafte Weitermachen zu unterbrechen. Hier und jetzt will ich mich unterbrechen lassen, damit etwas Neues in mir anfangen kann. Jetzt dürfte Er dazwischenkommen.

f) Die Atemlosigkeit soll in diesen Räumen zur Ruhe kommen dürfen. Vielleicht geschieht das nicht oft; aber die Chance ist da, dass Er dazwischenkommt und die Prioritäten verändert, die uns gefangen halten.
Kirche ist menschenfreundlich, wenn sie solche Räume offen hält und kommunikativ einladend macht: buchstäblich so, dass die Türen nicht verschlossen sind und kommunikativ so, dass Menschen und Gottesdienste menschenfreundlich und gottesfreundlich sind.

7) Zu B. Hertwig (S. 75)

a) In der Begegnung mit den Menschen in Pakistan, im Gefängnis, in der Pfarrgemeinde und in der Forensik ist mir [B. Hertwig] aufgegangen, dass alle eine Sehnsucht nach Anerkennung, Gutem, Bleibendem im Herzen tragen. Gott ist es, der diese Sehnsucht hervorruft.

b) „Alle suchen dich" (Mk 1,37) als mein Primizwort: Es geht mir um alle Menschen im Verhältnis zu Gott, nicht nur die Katholiken oder Christen. Manche sind in den Gefängnissen, weil sie in irreführende, verlockende Fallen geraten sind. Als glaubend Suchender leide ich nicht unter dem Druck, andere bekehren zu müssen, damit sie gerettet werden. Sie sind gerettet durch Jesus. Ich gebe mich damit zufrieden, dass es manchen Menschen in der Forensik reicht, jemandem zu begegnen, der betet. Mit allen Menschen sehne ich mich danach, glücklich zu werden.

c) Die Hirten sollten auch auf die Laien hören, denn die Schafe wissen besser als die Hirten, wo es gute Weiden gibt, so eine Schweizer Volksweisheit. Wenn die Hirten nicht das wahrnehmen (wollen), was der Geist in den Gliedern des Leibes Christi wirkt, kann man auch von einem Ungehorsam mancher Hirten sprechen.

8) Zu Reizwort-Seite Freiheit – Autorität – Dienen (S. 79)

„Die Kirche von morgen wird eine Kirche für die anderen sein, eine Kirche, die sich weggibt an die anderen, eine Kirche, die viel radikaler als es bisher geschah, alle Fragen, alle Sorgen, alle Nöte der Menschen teilt und sich ihrer annimmt."
Klaus Hemmerle

9) Zu A. Hülsmann (S. 82)

Kirche von morgen stärkt den Selbstwert der „Nicht-Perfekten", bietet Bedürftigen Hilfe ohne Bezahlung und Vorbedingungen, ist ein sicherer Ort, wo man sich aussprechen kann, ohne gerichtet zu werden, weil es dort offene Türen und berührbare Herzen gibt. So kommt Gott in diese Welt.

10) Zu J. Maubach (S. 89)

a) Die Unzufriedenheit über die Situation in der Kirche vor Ort zuzulassen, nicht ins Jammern zu verfallen, sondern die Sehnsucht dahinter zu entdecken, war der erste wichtige Schritt. Die Geduld, das Neue langsam wachsen zu lassen, war etwas, das ich [J. Maubach] als „Macher" erst einmal lernen musste. Oft scheitern Versuche, etwas Neues zu kreieren, daran, dass man zu schnell von der Herausforderung zur Lösung springt, ohne den Prozess einer Öffnung für das Neue und die Zeit des Nichtwissens auszuhalten.
b) Das Neue nicht im Alten starten. Wir haben am Anfang nicht versucht, einen bestehenden Gottesdienst mit ein paar frischen Ideen aufzupeppen. Das führt meistens dazu, dass sowohl die bisherigen Nutzer*innen sich in „ihrem" Gottesdienst unwohl fühlen, als auch die gewünschten neuen Nutzer*innen sich nicht angesprochen fühlen, weil sie darin zu wenig Neues entdecken können. Zweigleisig fahren!
c) Vielfalt der Gemeinden in einer vielfältigen Gesellschaft. Für mich ist die Vielfalt der Gemeinden, die sich in Sprache, Musikstil und Formaten unterscheiden, eine wesentliche Konsequenz.
d) Oft verwechseln wir den christlichen Glauben mit einer bestimmten Kultur, den Glauben zu leben, Gottesdienst zu feiern oder sich als Gemeinde zu versammeln. Daneben gibt es noch viele mögliche Kulturen, um die Erfahrungen mit Jesus Christus zu feiern und zu leben.
e) Kirche von den Menschen her denken bedeutet, die Leute nach ihren Freuden und Ängsten zu fragen (Gaudium et spes 1) und darauf zu vertrauen, dass Gott das Neue, das er seiner Kirche schenken will, schon in die Menschen hineingelegt hat.
f) Diese Offenheit und Bereitschaft, sich im Hören auf Gott von den Bedürfnissen der Menschen leiten und führen zu lassen, ist ein wichtiger Garant für unsere Relevanz als Ort von Kirche in unserer Zeit.

11) Zu F. Meurer (S. 95)

a) Resonanz erreichen wir [F. Meurer] nur durch Taten, die zeigen: Du bist wichtig und wir sind für dich da, nicht nur heute – immer.
b) Es geht uns nicht darum, Fernstehende zu erreichen. Unser Ziel ist es, in einem armen Veedel ein gutes Leben zu fördern.

12) Zu W. Müller (S. 100)

a) Sexualität ist ein wunderbares Geschenk Gottes und kündet von Gott, ist „Kraft der Ewigkeit".
b) Kirche ist nicht für sich selbst da, sondern um Gott zu verkünden. Sie ist nur der Resonanzraum, nicht das Lied, das von Gott kommt.
c) Kirche bringt das Lied von Gott zum Klingen, wenn sie positiv von Sexualität spricht

und von der transzendierenden Erfahrung, der Frische und Buntheit, die Menschen durch sie erleben. So kann Sexualität als heilige Handlung verstanden werden.

13) Zu A. Röttger (S. 104)

a) Jede Entscheidung, die wir treffen, beruht darauf, dass wir etwas loslassen und uns Neuem öffnen – wie groß oder klein das auch immer sein mag.
b) Loslassen ist als freie Entscheidung ein Gewinn für ein entschiedenes Leben.
c) Loslassen und sich öffnen ist ein (manchmal schweres) Einüben unserer Freiheit.

14) Zu B. Schaffner (S. 108)

a) Pastorale Aufgaben in Schule (und anderswo): Zuhören, was die eigentlichen Fragen sind, Selbstwert stärken und Handlungsfreiräume erweitern und Gefahren von Verletzungen mindern
13) Der Respekt vor der Autonomie des Einzelnen und seiner Fähigkeit zur Selbstorganisation verbietet es, jemanden belehren zu wollen, was ein richtiger Christ ist.

15) Zu H. Wyse (S. 114)

Erfahrung hat etwas mit Reisen zu tun (Erfahr-ung). In der Kirche bin ich [H. Wyse] auch auf einer Reise. Ich möchte Gott begegnen. Ich mache diese Reise in die Kirche seit meiner Kindheit, aber tagtäglich ist die Erfahrung immer alt und neu. Der Priester sagt: „Der Herr ist mit euch." Gott ist. Wir sind jetzt unterwegs. Gott, deine Anwesenheit ist eine große Hilfe für mich, auch anwesend zu sein. „Der, der im Hier und Jetzt wohnt, wohnt in Ewigkeit." (Wittgenstein) Es geht um das Schauen, einfach ganz gegenwärtig sein, nicht denken.

16) Zu Unterrichtspraxis Jugendliche als Berater/-innen (S. 145)

Wenn Kirche wie Freundschaft wäre, würde ich jeden Tag hingehen; Schule, Verkehrskontrolle oder so was muss nicht sein.

Wenn Glaube Ermahnung und lebensfern ist, erreicht die Kirche mich nicht.
Wenn Glaube volles Leben und Wertschätzung bringt – dann könnte ich Fan werden.
Wenn die Kirche sich als Mutter und Lehrerin sieht, dann besser aus dem nährenden Anteil als aus dem kritischen. Erst wenn die Schale voll ist, kann man etwas geben (Bernhard von Clairvaux). Ohne Beziehungskontakt kaum/kein Inhalt.
Die Lebendigkeit der Kirche hängt davon ab, ob sie die Imagination der Menschen weiten kann, ihre Erfahrungen wertschätzt, Raum für die unterschiedlichen Beziehungen bietet und Wunden heilt.
Und das alles kann die Kirche nicht aus sich heraus, sondern im Dialog mit allen, weil jeder Mensch ein ganz eigener „Brief Gottes" ist.

Unterrichts-praxis

Um in Freundschaft wachsen zu können,
muss das eigene Herz verwandelt werden;
es muss tiefer und weiter werden.

Wer sich Jesus annähert,
wird fähig, allen ein Freund zu sein.

Frère John, Taizé

Dominik Arenz

Zwischen Himmelfahrt und Pfingsten – Brückentage der Kirche

Kontext

Über Kirche zu reden ist vielleicht eines der spannungsreichsten Themen, das man sich vorstellen kann. Das gilt nicht nur im Jahr 2020, in dem die Institution Kirche in Deutschland, ja weltweit massiv erschüttert wird durch die (immer wieder sich brechende) Aufarbeitung des Missbrauchsskandals. Die ureigene Kompetenz der Kirche, den Menschen das Reich Gottes erfahrbar und spürbar werden zu lassen, wird nicht zum ersten Mal in der Geschichte, aber vielleicht auf die tiefstgehende Weise in ihr Gegenteil verkehrt: Kirche stößt vielfach ab, wo sie eigentlich an sich ziehen soll und kann.

Spannungsreich, ja paradox ist die Rede von der Kirche aber auch deshalb immer schon gewesen, weil die Kirche als eine Gemeinschaft von Menschen den Auftrag hat, mit göttlicher Vollmacht das Reich Gottes erlebbar zu machen.

In der Nachfolge Jesu verkündet sie, heilt sie, tut sie Werke der Barmherzigkeit, eint und tauft sie. Die Ostererfahrung, dass Jesus Christus nicht tot bleibt, sondern den Tod ein für allemal und für alle besiegt hat, gibt den Aposteln und Jünger/innen die Hoffnung zurück und stärkt ihre Gemeinschaft, ihre Kompetenz, in österlicher Vollmacht Jesus nachzufolgen. Damit ist die Kirche institutionell die sehr konkrete Möglichkeit, Gott zu erfahren, und als rein menschliche Institution zugleich eine prekäre. Das Unterrichtsvorhaben ist österlich-ekklesiologisch zu nennen, weil es sachlogisch an die (schon kirchenbildenden) Erscheinungserfahrungen der Jünger/innen und Apostel[1] anschließt, die in Einheit 1 marginal zum Gegenstand werden, und über die lukanischen Erzählungen von Himmelfahrt und Pfingsten die Entstehung der Kirche aus dem Jesuszeugnis und der (dazugehörigen) Geistsendung nach dem Zeugnis der Schrift exemplarisch ausfaltet.

Der Aufbau der Kirche ist eine jahrhundertelange Geschichte des Ringens – wie auch die Ausbildung und Formulierung theologischer Dogmen. Früh hingegen war das Selbstverständnis der Kirche klar: Sie steht in der Nachfolge Jesu; sie setzt sein Werk *mutatis mutandis* fort, indem sie das Reich Gottes, das Jesus Christus selber ist, überzeugend erfahrbar macht bzw. sein lässt.[2] Diese Nachfolge zeigt sich in den drei bzw. vier Grundvollzügen *martyría, diakonía, leiturgía* und (ggf.) *koinonía* bzw. wird in ihnen konkret, denn Jesu Wirken selbst – als Erneuerung des jüdisch-religiösen Lebens in Mythos, Ethos, Ritus und Politik[3] – besteht in der Reich-Gottes-Botschaft in Wort *(martyría)*,

1 Vgl. dazu Theißen/Merz, Der historische Jesus 429–443, 439.
2 Von daher betont Backhaus, Anwesenheit 3–14, dass Lukas trotz des scheinbaren Abschieds Jesu in seiner Himmelfahrt in seinem Doppelwerk die bleibende Anwesenheit Jesu erzählt; es werde deutlich, „dass die Jüngergeschichte Jesusgeschichte bleibt ... Die Erzählung von der Kirche wird zur angewandten Christologie." (ebd. 7).
3 Vgl. dazu Theißen, Religion der ersten Christen 47–70.

Tat *(diakonía)*, Feier *(leiturgía)* und Gemeinschaft *(koinonía)*[4]. Zentral im Handeln der frühen Gemeinde(n) ist entsprechend das Bekenntnis zu Christus Jesus, der Dienst an den Menschen, die Feier von Gottes Erlösungswerk und die in all diesem Tun erfahrene Gemeinschaft.

Das vorliegende Unterrichtsvorhaben möchte dieser im lukanischen Doppelwerk eindrucksvoll gestalteten ekklesiologischen Dramaturgie nachgehen und sie auch für einen heutigen Kirchenwandel, der sich z. B. in den Aufbrüchen des Bistums Aachen (Heute bei dir) und des Erzbistums Köln (Pastoraler Zukunftsweg) entwickelt, fruchtbar machen.

Der heilsgeschichtliche Fokus liegt dabei auf der Zeit zwischen Christi Himmelfahrt und Pfingsten, dem Ereignis des Abschieds von Jesus Christus in seiner menschlichen bzw. verklärten Auferstehungsgestalt, und dem Ereignis der versprochenen Sendung des Heiligen Geistes als dem „Geburtstag" der Kirche. Die zehn Tage, die im Kirchenjahr zwischen den beiden Feiertagen liegen, werden in einer Anforderungssituation als Brückentage zum Aufbau einer Kirche in der Nachfolge Jesu stilisiert. Dabei gehen die Schülerinnen und Schüler zum einen der lukanischen Ursprungserzählung der Kirche nach und setzen sich mit ihrer Hermeneutik auseinander. Zum anderen entwickeln sie anhand dieser Hermeneutik selbst einen Verstehensversuch heutiger Kirche und Gemeinde, heutiger Aufbrüche und Zukunftswege und suchen einen Platz darin. Insofern die Schülerinnen und Schüler im Rollenwechsel selbst – probeweise – Verantwortung für „ihre" Kirche(nidee) übernehmen, bietet das Unterrichtsvorhaben ein Setting, in dem die Standpunkte der Kinder und Jugendlichen zu Kirche und Gemeinde zum Ausdruck kommen bzw. überhaupt erst gesucht und gefunden werden können.

Das im Folgenden entfaltete Unterrichtsvorhaben bleibt dabei Fragment – nicht nur, weil jedes Unterrichtsvorhaben Fragment bleibt, solange es nicht von einer Lerngruppe *in actu* geführt wird, sondern auch, weil es zwar vieles über die biblische Begründung der Kirche erfahren und lernen lässt, aber dennoch nicht vollumfänglich das Wesen der Kirche erläutert. Die Gemeindebildung durch den Apostel Paulus spielt im Unterrichtsvorhaben ebenso keine Rolle wie eine ausgeprägte Differenzierung zwischen Jünger/innen und Aposteln, die zum Verständnis der institutionellen Ausformung der Kirche bis heute notwendig ist. Die Beschäftigung mit der Gemeindebildung durch den Apostel Paulus bietet sich als folgende Unterrichtssequenz an, mit der entscheidende Aspekte dieses Vorhabens vertieft werden können; die Frage nach der institutionellen Gestalt von Kirche ist Thema der Jg. 7–9/10.[5]

Fragment bleibt das Unterrichtsvorhaben aber auch, weil die Beschäftigung mit Kirchenaufbrüchen nur ansatzweise anhand eines Beispiels erfolgt; die Auseinandersetzung auch mit regional relevanten weiteren Aufbrüchen bzw. neuen Modellen bietet sich als Vertiefung unbedingt an.

Das Unterrichtsvorhaben betont – so möchte ich an dieser Stelle zusammenfassen – im Kontext heutiger Kirchensuche, die sich in Kirchenaufbrüchen wie auch (allerdings anders) in innerkirchlicher Kritik niederschlägt, auf der einen Seite die biblische Ursprungserzählung von Kirche aus dem Wir-

4 Ich nehme hier die Systematik von Thomas P. Fößel auf, der die Grundvollzüge der Kirche als Lehre/Theorie *(martyría)*, Leben/Praxis *(diakonía)* und Feier/Kult *(leiturgía)* bezeichnet (vgl. u.a. Fößel, Jesus, der Christus 29f.). Zu den drei Grundvollzügen gehört als vierter auch die *koinonía* (Gemeinschaft), die aber auch als Grundprinzip der anderen drei Vollzüge bezeichnet und so als integriert mitgedacht werden kann und so nicht eigens ausformuliert werden muss. Die Durchdringung wird in Einheit 4 deutlich; in Einheit 7 kommt dann zum Tragen, dass *koinonía* auch als eigenständiger Grundvollzug verstanden werden kann.
5 Vgl. MSW NRW, Kernlehrplan Sek. I 30: Die Schülerinnen und Schüler „beschreiben den Aufbau und das Selbstverständnis der katholischen Kirche".

ken des Jesus von Nazareth heraus als Zeugnisgeschehen. Auf der anderen Seite ruft es damit die hoffnungsvolle Grunderfahrung der werdenden Kirche in Erinnerung, dass Jesus trotz seines Abschieds und seiner oft wahrgenommenen Abwesenheit seine bleibende Anwesenheit versprochen und im Pfingstereignis eingelöst hat: Insofern sich also Kirche immer auch noch als werdende Kirche versteht, bricht sie auf zu ihrem Ursprung und Ziel.

Lerngegenstände/Inhalte

Die Thematisierung der Kirche in der Erprobungsstufe bzw. mit Kindern und Jugendlichen im Alter zwischen Kommunion und Firmung ist zum einen höchst relevant, weil die Kirche als Ort und als Gemeinschaft wahrnehmbare Anknüpfungspunkte für religiöse Erfahrungen und Auseinandersetzungen bietet. Zum anderen ist jedoch festzustellen, dass im Religionsunterricht keineswegs alle Schülerinnen und Schüler bereits bewusste Berührungspunkte oder Erfahrungen mit Kirche gemacht haben. Der Taufe folgt nicht zwangsläufig eine religiöse Sozialisation innerhalb einer konfessionellen Gemeinschaft. Entsprechend ergeben sich mitunter innerhalb der Lerngruppe größere Diskrepanzen im Hinblick auf Vorwissen, Vorerfahrungen und Zugängen zur Kirche als Gemeinschaft.

Das Unterrichtsvorhaben trägt der religiösen Heterogenität der Lerngruppe dadurch Rechnung, dass es die Schülerinnen und Schüler zunächst in die Ursprungssituation der Gemeinschaft der Apostel und Jünger/innen zurückversetzt, die nach der lukanischen Himmelfahrtserzählung in Evangelium und Apostelgeschichte die ambivalente Erfahrung von Abwesenheit und Anwesenheit Jesu Christi macht. Diese Ambivalenz ist bis heute in den (nach)österlichen Feiertagen Christi Himmelfahrt und Pfingsten manifestiert. Sachlogisch schließt das Unterrichtsvorhaben an die Thematisierung des Redens und Handelns Jesu von Nazareth an, d. h. an die Erzählungen von seiner Zuwendung zu den Menschen und seiner Hoffnungsbotschaft.[6] Aspekte dieser christologischen Kernaussagen werden im Kontext der Unterrichtsreihe wieder aufgegriffen und ekklesiologisch vertieft.

Somit erwächst aus der Unterrichtsdramaturgie bereits der unlösbare Zusammenhang von Jesu Botschaft und dem Tun der Kirche, der auch heute zentrales Kriterium kirchlichen Handelns und kirchlicher Lehre ist.

Als zentrale Materialien werden Texte des Lukasevangeliums bzw. vom Anfang der Apostelgeschichte genutzt, die die Ereignisse von der Himmelfahrt Christi bis zur Pfingsterzählung umfassen. Zugleich wird deutlich, dass derselbe Autor (Lukas) die Geschichte Jesu und der Kirche anhand der Himmelfahrtserzählung verknüpft. Lk 24,44–53 ist als Ende der Jesusgeschichte zugleich der Auftakt der „Epoche der Zeugen“[7], d. h. der Kirchengeschichte, die auf dem Zeugnis der Apostel aufruht.

Der Abschluss des Unterrichtsvorhabens kreist um die Frage nach der heute wahrnehmbaren Gestalt von Kirche und ihrer heilsgeschichtlichen Konkretion: Entsprechend dient der so genannte „Petrus-Weg“ als Beispiel für einen konkreten Kirchenaufbruch. Der „Petrus-Weg“[8] ist eine Adaption des Wegs des Erzbistums Poitiers für die katholische Pfarrgemeinde St. Petrus in Bonn: Er besteht darin, dass sich an den Kirchorten Equipen bilden, die aus jeweils mindestens fünf Getauften und Gefirmten bestehen, die sich für den Zeitraum von zunächst drei Jah-

6 So formuliert etwa der Kernlehrplan für die Sekundarstufe I des Gymnasiums in NRW zentrale Aspekte des Wirkens Jesu innerhalb seiner Kompetenzerwartungen (vgl. MSW NRW, Kernlehrplan Sek. I 20–22).

7 Vgl. zum Begriff und der Scharnierstellung von Lk 24,44–49 Wolter, Lukasevangelium 791–798, 791.

8 Zum ‚Petrus-Weg‘ vgl. PGR St. Petrus, Petrus-Weg.

ren ehrenamtlich als Team um die vier Säulen bzw. Aufgaben „Gebet und Glauben feiern" *(leiturgía)*, „Glaubenszeugnis und Glaubensvertiefung" *(martyría)*, „Solidarität und Nächstenliebe" *(diakonía)* sowie „Begegnung und Gastfreundschaft" *(koinonía)* kümmern und somit für die vier Grundvollzüge von Kirche vor Ort Verantwortung übernehmen. Zusätzlich gibt es eine Moderatorin bzw. einen Moderator der Equipe, die/der die Kommunikation mit dem Pfarrgemeinderat und dem Pastoralteam leistet und die Equipe als Gemeinschaft koordiniert. Sie/er ist gewähltes oder ernanntes Mitglied des Pfarrgemeinderates; die übrigen vier Equipemitglieder werden vom Pfarrgemeinderat berufen und für je eine Säule beauftragt. Die Equipen werden durch eine/n Seelsorger/in geistlich begleitet.

Insofern dieser Weg konkretes Beispiel eines Gemeindeaufbruchs ist und zugleich exemplarisch sein kann für andere Gemeinden, bietet er sich als Unterrichtsgegenstand an.

Das Erzbistum Köln etwa wird im Rahmen seines „Pastoralen Zukunftswegs" so genannte „Teams von Verantwortlichen" aus ehrenamtlich Engagierten gründen, die innerhalb der „Pfarrei der Zukunft" die Leitung von Gemeinden vor Ort übernehmen werden.[9] Darin haben sie eine ähnliche Funktion wie die Equipen des „Petrus-Wegs".

Kompetenzen (Erprobungsstufe[10])

Die Schülerinnen und Schüler

- **erläutern an exemplarischen Ereignissen die Entstehung und Entwicklung der frühen Kirche,**
- erörtern in Ansätzen Handlungsoptionen, die sich aus dem Christsein ergeben,
- **beschreiben die Entstehung der Kirche aus dem Glauben an Jesus Christus und dem Wirken des Heiligen Geistes,**
- **erklären Feste des Kirchenjahres als Vergegenwärtigung des Lebens, des Todes und der Auferstehung Jesu,**
- **nennen beispielhaft Aufgaben einer christlichen Gemeinde,**
- reflektieren (eigene) Erfahrungen mit christlichen Festen,
- reflektieren (eigene) Erfahrungen mit der Kirche,
- erläutern am Leben und Wirken Jesu das biblische Grundmotiv der Zuwendung und Liebe Gottes zu den Menschen,
- beurteilen in elementarer Form die Relevanz biblischer Glaubenserzählungen für Menschen heute,
- beurteilen die Relevanz eines christlichen Festes und seiner Symbolsprache für das eigene Leben und das Leben anderer.

Je nach den Erfahrungen der Gruppe können die Kompetenzerwartungen der Schulform, Jahrgangsstufe bzw. den gemeindlichen Erwartungen angepasst werden. Die Kompetenzerwartungen bilden zentrale Kernelemente religiöser Bildung für Kinder im Alter zwischen Kommunion und Firmung ab.

---

9 Vgl. dazu v.a. die Präsentation und das Schaubild zur ‚Pfarrei der Zukunft' unter https://www.zukunftsweg.koeln/ und die begleitenden Erläuterungen unter https://www.zukunftsweg.koeln/wordpress/wp-content/uploads/2020/08/200826_Pastoraler-Zukunftsweg_Begleittext_Pfarrei-der-Zukunft.pdf [letzter Zugriff am 10.11.2020].

10 Grundlage der Kompetenzerwartungen ist der 2019 überarbeitete Kernlehrplan für die Sekundarstufe I des Gymnasiums in NRW (MSW NRW, Kernlehrplan Sek. I, 18.21–23.24). Die hervorgehobenen Kompetenzerwartungen werden im Unterrichtsvorhaben intensiv angebahnt, die übrigen bieten sich je nach Schwerpunktsetzung zur weiteren Vertiefung an.

Nr.	Thema	Inhalt/Methode	Materialien
1	Christi Himmelfahrt: Abwesenheit Jesu Christi und bleibende Anwesenheit	Lektüre der Himmelfahrtsberichte im lukanischen Werk und Entwurf eines Advance Organizers für das Unterrichtsvorhaben anhand der Anforderungssituation „Brückentage zur Kirche"	M 1
2	Jesu Erbe: seine letzten Worte als Auftrag an die Jünger/innen	Lektüre der Auftragsworte Jesu in den vier Evangelien und Entwerfen von Handlungsperspektiven für die werdende Kirche	M 2
3	Jesu Zuwendung zu den Menschen: Wort, Tat, Feier	Lektüre exemplarisch ausgewählter lukanischer Erzählungen von der Zuwendung Jesu zu den Menschen und Charakterisierung seines Handelns als Zuwendung in Wort, Tat und Feier	M 3
4	Die Gemeinschaft der Apostel und Jünger/innen	Auseinandersetzung mit der Zwölfzahl als Komplettierung der Apostel durch die Nachwahl des Matthias, Ergänzung weiterer Aspekte der Kirchenidee	M 4
5	Pfingsten: Empfang des versprochenen Geistes und Geburtstag der Kirche	Lektüre der Pfingsterzählung (Apg 2) und Vervollständigung der eigenen Idee einer werdenden Kirche	M 5
6	Heute Kirche sein? Blick in ein Gemeindemodell der Zukunft	Auseinandersetzung mit dem „Petrus-Weg" als Beispiel für einen Gemeindeaufbruch und Vergleich mit der eigenen Idee einer werdenden Kirche zwischen Christi Himmelfahrt und Pfingsten	M 6

In der **ersten** Einheit geht es darum, die Anforderungssituation für die Schülerinnen und Schüler zu skizzieren, indem die Situation der Jüngerinnen und Jünger rund um das Himmelfahrtsereignis erörtert wird, damit sich die Schülerinnen und Schüler in die ambivalente Situation zwischen Anwesenheit und Abwesenheit Jesu Christi, zwischen Erinnerung an ihn und dem Auftrag, in seinem Sinne zu handeln, hineinversetzen können. Nachdem das Himmelfahrtsereignis als Scharnier zwischen dem Leben Jesu und dem Wirken seiner Kirche nach lukanischer Lesart erkannt wird, formulieren die Schülerinnen und Schüler Fragen bzw. Arbeitsaufträge, die für sie als „Jüngerinnen und Jünger" in der Folge zu bearbeiten sind, um Kirche zu bilden. Hinter allem steht der Auftrag, bis zur versprochenen Sendung des Geistes (an Pfingsten) ein Konzept für Kirche zu erstellen. Ein Beispiel für den daraus zu gestaltenden Advance Organizer bietet Abb. 1: Der „Brücke" werden jeweils Aspekte der Kirchenidee als Stichworte hinzugefügt (vgl. Abb. 2–4). Das Unterrichtsvorhaben gliedert sich im Folgenden nach diesem Schema; formulieren die Schülerinnen und Schüler andere bzw. zusätzliche Arbeitsaufträge, kann das Unterrichtsvorhaben um diese ergänzt werden.

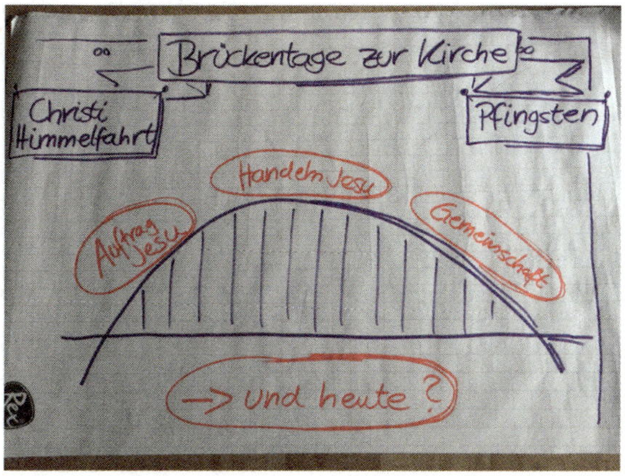

Abb. 1: Advance Organizer zum Unterrichtsvorhaben

Zentrales Element dieser ersten Einheit ist der Vergleich der beiden Himmelfahrtsberichte im lukanischen Doppelwerk: Berichtet wird jeweils, dass nach einigen Erscheinungen des Auferstandenen die Jünger in bzw. in der Nähe von Jerusalem Jesu Entrückung in den Himmel mit eigenen Augen sehen und Jesus sie zum Abschluss segnet – ein Gestus, der in besonderer Weise die Situation des (heilvollen) Abschieds unterstreicht.[11] Unterschiede liegen zum einen in der Datierung (am Ostertag bzw. 40 Tage nach Ostern[12]) und zum anderen in der Erzählperspektive: Während das Evangelium stärker Jesus in den Vordergrund rückt (als Ende seiner irdischen Lebensgeschichte), beschreibt die Apostelgeschichte das Geschehen (als Beginn der Kirchengeschichte) intensiver aus der Perspektive der Apostel. Michael Wolter konstatiert in diesem Zusammenhang, dass der grammatische Subjektwechsel in Lk 24,52 bereits die Wende zur Jüngergeschichte einläutet.[13] Damit ist der Fokus bereits auf den Auftrag und die Fortsetzung von Jesu Wirken im Handeln der Apostel gelenkt.

Die folgenden Einheiten – **Einheiten 2–4** – arbeiten die Erinnerung an Jesu Worte und Taten auf, um sie für die Gemeinschaft der werdenden Kirche fruchtbar zu machen. Die Unterrichtseinheiten folgen dabei jeweils dem Schema, dass die „Erinnerung an Jesus Christus" (durch entsprechende Bibelstellen) „Handlungsfelder/Prinzipien der Kirche Jesu Christi" skizzieren lässt.

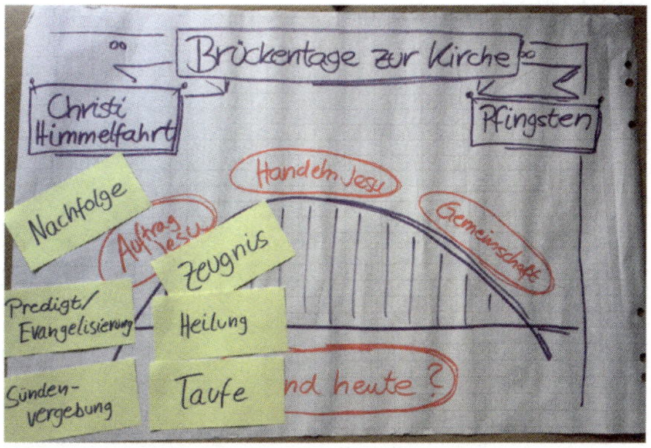

Abb. 2: Advance Organizer nach Einheit 2

Einheit 2 bearbeitet die Erinnerung anhand der Worte des auferstandenen Jesus an seine Jünger nach dem Bericht der vier Evangelien, die so ein Gesamtbild ergeben, das in Richtung der Jünger Forderung und Ermutigung zur Nachfolge Jesu auf der einen Seite und die Zusage der bleibenden Anwesenheit Jesu (Mt 28,20) auf der anderen Seite skizziert. Trotz der Abwesenheit also des irdischen Jesus, die sich in der Himmelfahrt vor den Augen der Jünger manifestiert, formulieren alle Evangelien die bleibende Anwesenheit Jesu, sei es im Handeln der Jünger, in der

11 Vgl. Wolter, Lukasevangelium 795.

12 Dass derselbe Autor (Lukas) unterschiedliche Datierungen vornimmt, interpretiert Schneider, Evangelium nach Lukas 506f. nicht als Widerspruch: „Wie immer man die Zeit der 40 Tage theologisch deutet – sie ist übrigens für Apg 1,1–11 schon insofern von Bedeutung, als sie die Zeit bis zum 50. Tag nach Ostern ‚überbrückt' –, für Lk 24 bleibt die Datierung auf den Tag der Auferweckung Jesu vor allem der Sache nach erheblich: Sie zeigt, dass der Auferstandene der gekreuzigte Erhöhte ist ..., der von den Augenzeugen nicht nur als Auferstandener gesehen, sondern auch auf dem Weg in seine himmlische Herrlichkeit wahrgenommen wurde." (ebd. 507).

13 Vgl. Wolter, Lukasevangelium 797 und auch Backhaus, Anwesenheit 6. Es ist interessant zu beobachten, dass in Apg 1 zwar zunächst wieder Jesus Subjekt ist, insofern er zu den Jüngern spricht. Allerdings sind durch die direkte Rede wiederum die Jünger die entscheidenden Personen; nach der Rede wird von Jesus nur noch im Passiv gesprochen: „Als er das gesagt hatte, wurde er vor ihren Augen emporgehoben und eine Wolke nahm ihn auf und entzog ihn ihren Blicken." (Apg 1,9). Hier nimmt nicht Jesus Abschied wie in Lk 24, sondern die Jünger werden Augenzeugen seines Verschwindens.

Nachfolge, sei es durch den Heiligen Geist (Joh), die „Kraft aus der Höhe" (Lk 24,49) bzw. als er selbst (Mt) oder durch Zeichen (Mk). Die in den „letzten Worten" Jesu zum Ausdruck kommende Handlungsanweisung an die werdende Kirche (s.u.) formuliert also den Nachfolgegedanken ebenso aus wie das Hoffnungsprinzip, nicht allein Christ sein zu müssen. Als qualitative Differenzierung wäre es an dieser Stelle möglich, die betreffenden Bibelstellen der „letzten Worte" anzugeben oder nicht.

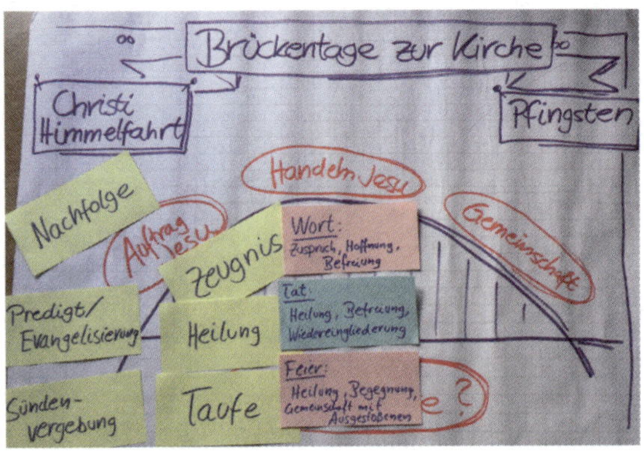

Abb. 3: Advance Organizer nach Einheit 3

Einheit 3 konkretisiert nun, wie die Nachfolge des irdischen Jesus aussehen kann, indem an Beispielen die Zuwendung Jesu zu den Menschen verdeutlicht wird. Die in den „letzten Worten" formulierten Aufträge haben diese Zuwendung bereits genannt; es geht um Wort und Tat Jesu, nämlich seine Gebote zu lehren bzw. Umkehr und Sündenvergebung zu predigen und Dämonen auszutreiben bzw. zu heilen. An diese Nennungen knüpft die Einheit an und ergänzt die Feier als drittes Element der Zuwendung Jesu, um die drei Grundvollzüge von Kirche – *martyría* (Wort), *diakonía* (Tat) und *leiturgía* (Feier) (s.o.) – herauszuarbeiten.

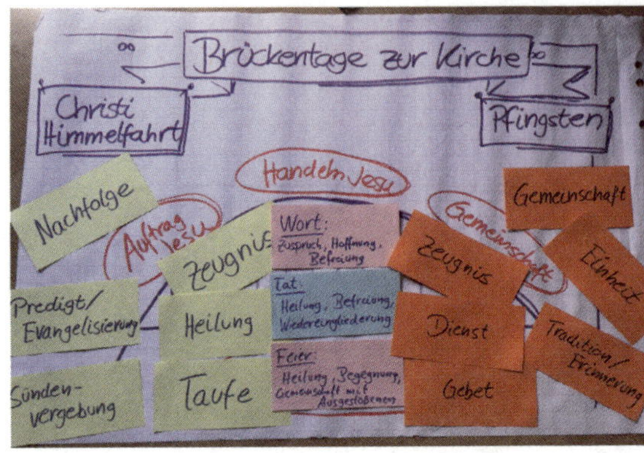

Abb. 4: Advance Organizer nach Einheit 4

Einheit 4 blickt auf die Taten der Jünger zwischen Himmelfahrt und Pfingsten, wie sie die Apostelgeschichte erzählt, konkret auf die Nachwahl des Matthias und die Vervollständigung der Zwölfzahl der Apostel. Die Schülerinnen und Schüler erarbeiten anhand der Erzählung und der Analogie zu den zwölf Stämmen Israels die Bedeutung der Einheit und Gemeinschaft der werdenden Kirche[14], aber auch der Tradition im Hinblick auf das Gottesvolk Israel und den historischen Jesus, der von den Zwölf umgeben war und für den der neugewählte Matthias – „zusammen mit uns" (Apg 1,22) – Zeugnis ablegen soll.[15] An dieser Stelle kann *koinonía* als vierter Grundvollzug ergänzt werden.

Die Auseinandersetzung mit dem Pfingstereignis – **Einheit 5** – verschränkt die bisher entwickelten Ideen für eine werdende Kirche (Anwesenheit Jesu trotz sichtbarer Abwesenheit, Zeugenschaft, Nachfolge Jesu in Wort, Tat und Feier als eine Gemeinschaft für die Menschen) mit der Erzählung von der biblischen Geburtsstunde der Kirche. Die Schülerinnen und Schüler arbeiten heraus, wie die Sendung des Geistes die Jüngergemeinschaft in dieser Aufgabe stärkt, nämlich durch Ermunterung und Sprachfähigkeit als Voraussetzungen für die Verkündigung der

14 Franz Mußner erläutert zu Apg 1,15: „‚In diesen Tagen' sind die Tage vor dem Pfingstereignis; der Ersatzmann kann nur ‚in diesen Tagen' gewählt werden, damit er dann durch die Geistgabe zum apostolischen Zeugen werden kann." (Mußner, Apostelgeschichte 19).

15 Vgl. Mußner, Apostelgeschichte 20. Vgl. auch Pesch, Apostelgeschichte 82–97, 96: „Für Lukas bürgen die zwölf Apostel als ‚Augenzeugen' (Lk 1,1) für ‚alles, was Jesus gelehrt und getan hat' (Apg 1,1). Die Gleichsetzung der Apostel mit den Zwölf hängt also mit dem Anliegen der Sicherung der Jesustradition zusammen."

Botschaft Jesu in Wort, Tat und Feier und für die Erweiterung der einen Gemeinschaft.

Einheit 6 ist die Abschlusssequenz des Unterrichtsvorhabens und versucht die von den Schülerinnen und Schülern in ihrer Rollenübernahme als Jüngerinnen und Jünger mitverfolgte Kirchenwerdung auf die Jetztzeit zu übertragen, indem exemplarisch der so genannte „Petrus-Weg" (s. o.) als Gemeindeaufbruch analysiert und mit der selbst entwickelten Kirchenidee verglichen wird. Die Schülerinnen und Schüler wenden also ihr Wissen an und finden Anknüpfungspunkte in einem praktizierten Gemeindeweg.

Literatur

Backhaus, Knut, Anwesenheit. Über die neutestamentliche Bedeutung der Himmelfahrt Christi, in: Com (D) 40 (2011) 3–14 [= Backhaus, Anwesenheit].

Fößel, Thomas P., Jesus, der Christus. Fundamentaltheologische Zugänge zum Ursprung und Grund des christlichen Glaubens, unter: https://www.ktf.uni-bonn.de/Einrichtungen/fundamentaltheologie/server-dateiensammlung-fr.-verweise-artikel-dieser-homepage/dateien/veroeffentlichungen/foessel-jesus-der-christus.-2017 [letzter Zugriff am 07.07.2019], Bonn 2017 [= Fößel, Jesus, der Christus].

Krauss, Heinrich / Lau, Markus, Kirchenträume. Ein Kommentar zur Apostelgeschichte. Erzählungen der Bibel VII, Stuttgart 2014 [= Krauss/Lau, Kirchenträume].

Ministerium für Schule und Weiterbildung NRW, Kernlehrplan für die Sekundarstufe I. Gymnasium in Nordrhein-Westfalen. Online-Fassung (Inkraftsetzung: 23.06.2019), unter: https://www.schulentwicklung. nrw.de/lehrplaene/lehrplan/204/KLP%20GY%20SI%20Katholische%20Religionslehre.pdf [letzter Zugriff: 07.07.2019] [= MSW NRW, Kernlehrplan Sek. I].

Mußner, Franz, Apostelgeschichte. Die Neue Echter-Bibel, Bd. 5, Würzburg 1984 [= Mußner, Apostelgeschichte].

Pesch, Rudolf, Die Apostelgeschichte. Evangelisch-Katholischer Kommentar zum Neuen Testament, Bd. V/1, Neukirchen-Vluyn u.a. 1994 [= Pesch, Apostelgeschichte].

Pfarrgemeinderat St. Petrus, Der Petrus-Weg, unter: https://www.sankt-petrus-bonn.de/_Resources/Persistent/323d7d03a8bd5cca3ee3f6426bf0bcb5fb8f21f9/Petrus-Weg_Papier%20final%202019_03_25.pdf [letzter Zugriff: 29.06.2019], Bonn 2019 [= PGR St. Petrus, Petrus-Weg].

Schneider, Gerhard, Das Evangelium nach Lukas. Kapitel 11–24. Ökumenischer Taschenbuch-Kommentar zum Neuen Testament, Bd. 3/2, Gütersloh u.a. 1977 [= Schneider, Evangelium nach Lukas].

Theißen, Gerd / Merz, Annette, Der historische Jesus. Ein Lehrbuch, Göttingen [4]2011 [= Theißen/Merz, Der historische Jesus].

Theißen, Gerd, Die Religion der ersten Christen. Eine Theorie des Urchristentums, Gütersloh [2]2001 [= Theißen, Religion der ersten Christen].

Wolter, Michael, Das Lukasevangelium. Handbuch zum Neuen Testament, Bd. 5, Tübingen 2008 [= Wolter, Lukasevangelium].

M 1 Christi Himmelfahrt

M1a Der Bericht des Lukasevangeliums

Nach dem Tod Jesu am Kreuz waren die Jünger traurig und schauten sorgenvoll in die Zukunft. Nicht nur, dass ihnen vorgeworfen wurde, ein Anhänger Jesu von Nazareth gewesen zu sein, der als Verbrecher hingerichtet wurde; schwerer wog wahrscheinlich der Zweifel daran, ob Jesus tatsächlich der Retter und Erlöser war, auf den sie gesetzt haben und mit dem sie durch Galiläa und Judäa gezogen waren. Doch schon drei Tage nach seinem Tod erschien er einzelnen Jüngern bzw. einigen Gruppen seiner Anhänger. Das Lukasevangelium berichtet davon, dass die Frauen (und später Petrus) Jesu Grab leer finden (Lk 24,1–12), dann erscheint Jesus selbst zwei anderen Jüngern, die auf dem Weg von Jerusalem nach Emmaus waren (Lk 24,13–35); schließlich erscheint er den übriggebliebenen elf Aposteln in Jerusalem (Lk 24,36–49).

[50] Dann führte er sie hinaus in die Nähe von Betanien. Dort erhob er seine Hände und segnete sie. [51] Und es geschah, während er sie segnete, verließ er sie und wurde zum Himmel emporgehoben. [52] Sie aber fielen vor ihm nieder. Dann kehrten sie in großer Freude nach Jerusalem zurück. [53] Und sie waren immer im Tempel und priesen Gott. (Lk 24,50–53)

M1b Zusammenfassung

Aufgaben:

1. Beschreibe in deinen eigenen Worten, welche Ereignisse die Jünger/innen Jesu in den Tagen nach seinem Tod erleben. Trage die Ereignisse in die erste Spalte der Tabelle ein; beginne mit Jesu Tod am Kreuz.
2. Lies die im Text angegebenen Bibelstellen nach und beschreibe jeweils die Reaktionen der Jünger/innen sowie ihre Gefühlslage. Trage deine Beobachtungen jeweils in die zweite Spalte ein.
3. Überlege, warum die Jünger/innen jeweils so reagieren. Beachte dabei ihr Verhältnis zu Jesus.

Ereignis	Reaktion/Gefühlslage	Grund

M1c Der Bericht der Apostelgeschichte

Der Evangelist Lukas hat neben dem Evangelium (siehe M1a) auch die Apostelgeschichte verfasst. Am Anfang dieser Schrift berichtet er noch einmal von der Himmelfahrt Jesu.

[4] *Beim gemeinsamen Mahl gebot er ihnen: Geht nicht weg von Jerusalem, sondern wartet auf die Verheißung des Vaters, die ihr von mir vernommen habt!* [5] *Denn Johannes hat mit Wasser getauft, ihr aber werdet schon in wenigen Tagen mit dem Heiligen Geist getauft werden.* [6] *Als sie nun beisammen waren, fragten sie ihn: Herr, stellst du in dieser Zeit das Reich für Israel wieder her?* [7] *Er sagte zu ihnen: Euch steht es nicht zu, Zeiten und Fristen zu erfahren, die der Vater in seiner Macht festgesetzt hat.* [8] *Aber*

ihr werdet Kraft empfangen, wenn der Heilige Geist auf euch herabkommen wird; und ihr werdet meine Zeugen sein in Jerusalem und in ganz Judäa und Samarien und bis an die Grenzen der Erde.

9 Als er das gesagt hatte, wurde er vor ihren Augen emporgehoben und eine Wolke nahm ihn auf und entzog ihn ihren Blicken. 10 Während sie unverwandt ihm nach zum Himmel emporschauten, siehe, da standen zwei Männer in weißen Gewändern bei ihnen 11 und sagten: Ihr Männer von Galiläa, was steht ihr da und schaut zum Himmel empor? Dieser Jesus, der von euch fort in den Himmel aufgenommen wurde, wird ebenso wiederkommen, wie ihr ihn habt zum Himmel hingehen sehen. 12 Dann kehrten sie von dem Berg, der Ölberg genannt wird und nur einen Sabbatweg von Jerusalem entfernt ist, nach Jerusalem zurück.

13 Als sie in die Stadt kamen, gingen sie in das Obergemach hinauf, wo sie nun ständig blieben: Petrus und Johannes, Jakobus und Andreas, Philippus und Thomas, Bartholomäus und Matthäus, Jakobus, der Sohn des Alphäus, und Simon, der Zelot, sowie Judas, der Sohn des Jakobus. 14 Sie alle verharrten dort einmütig im Gebet, zusammen mit den Frauen und Maria, der Mutter Jesu, und seinen Brüdern. (Apg 1,4–14)

Aufgaben:

1. Lies den Himmelfahrtsbericht der Apostelgeschichte und erzähle ihn in deinen eigenen Worten nach. Tausche dich mit deinem Nachbarn / deiner Nachbarin über den Text aus.
2. Vergleicht gemeinsam den Bericht der Apostelgeschichte (Apg) mit dem des Lukasevangeliums (Lk). Benennt Gemeinsamkeiten und Unterschiede. Achtet dabei v. a. auf das Motiv des Abschieds.
3. Erläutert anhand eurer Ergebnisse, warum Lukas zwei unterschiedliche Berichte über dasselbe Ereignis verfasst. Recherchiert dazu in der Bibel anhand der Überschriften, was jeweils der Inhalt von Lk und was der Inhalt von Apg ist: Wer sind jeweils die Hauptpersonen und welche Bedeutung hat für sie jeweils der Himmelfahrtsbericht?

M1d Anforderungssituation

Die Jüngerinnen und Jünger erhalten von Jesus die Zusage, dass sie seine Zeugen sein werden (Apg 1,8b) und dass sie durch den Heiligen Geist dazu gestärkt werden (Apg 1,5; 1,8a).

Stellt euch nun vor, ihr wärt eine/r der Jünger/innen: Nachdem Jesus weg ist, übernehmt ihr die Initiative und erarbeitet ein Konzept bzw. eine Idee, wie ihr nach der versprochenen Sendung des Geistes, also nach Pfingsten, als Kirche Jesu Christi handeln wollt. Betrachtet die Zeit bis Pfingsten als Brückentage zur Kirche.

Aufgabe:

Formuliert Arbeitsaufträge, die euch helfen, die „Kirchenidee“ umzusetzen. Gestaltet einen Advance Organizer, den ihr im Klassenraum aufhängt.

M 2 Jesu Erbe: seine letzten Worte als Auftrag an die Jünger/innen

Aufgaben:

1. Recherchiert in den Evangelien jeweils die „letzten Worte“ Jesu und skizziert daraus Erwartungen, Verheißungen und Aufträge Jesu an seine Apostel und Jünger/innen.
2. Fasst die Aufträge zusammen und formuliert Handlungsperspektiven für die werdende Kirche. Notiert zentrale Stichworte im Advance Organizer.

Erwartungshorizont

1) Erinnerung an die „letzten Worte" Jesu

	Erwartungen/Verheißungen/Aufträge
Mt 28,16–20	alle Völker zu Jüngern Jesu machen taufen im Namen des dreifaltigen Gottes Gebote Jesu lehren „Und siehe, ich bin mit euch alle Tage bis zum Ende der Welt." (28,20)
Mk 16,9–20	„Geht hinaus in die ganze Welt und verkündet das Evangelium der ganzen Schöpfung." (16,15) taufen; Dämonen austreiben; neue Sprachen sprechen; heilen Beistand Jesu durch Zeichen, die die Worte der Apostel begleiten
Lk 24,44–49	Erfüllung der Schrift; Verkündung von Umkehr und Sündenvergebung; Zeugen sein; Kraft aus der Höhe
Joh 20,19–23	Sendung der Apostel durch Jesus; Empfang des Heiligen Geistes; Vollmacht, Sünden zu vergeben
Joh 21,15–19	*an Petrus:* Weide meine Lämmer/Schafe; folge mir nach.

2) Handlungsperspektiven für die werdende Kirche

Die Jüngerinnen und Jünger bzw. die Apostel

- folgen Jesus *nach*, d. h. handeln weiter in seinem Sinne,
- tragen Jesu Botschaft in die ganze Welt, indem sie allen Menschen von Gott *erzählen*, d. h. für Jesus in vielen neuen Sprachen *Zeugnis* ablegen,
- *lehren* die Menschen, was Jesus ihnen geboten hat, und *predigen* Umkehr,
- *taufen* diejenigen, die Jesu Botschaft annehmen, im Namen des dreifaltigen Gottes,
- *vergeben* Sünden,
- treiben Dämonen aus und *heilen*
- *weiden* die Schafe, d. h. unterstützen, stärken, begleiten die Menschen.

Bei diesen Aufgaben bleibt Jesus bei den Jüngern (vgl. Mt) bzw. in ihrem Handeln (vgl. Mk) präsent und stärkt sie durch den Heiligen Geist (Joh), die Kraft aus der Höhe (Lk).

M 3 Jesu Zuwendung zu den Menschen in Wort, Tat und Feier

In seinen letzten Worten hat Jesus nach dem Bericht der Evangelien den Jüngern u. a. aufgetragen, Umkehr und Sündenvergebung bzw. seine Gebote zu verkünden sowie Dämonen auszutreiben und zu heilen. Es geht also um Nachfolge in Wort und Tat. Das entspricht auch Jesu Zuwendung zu den Menschen, die darüber hinaus auch in der gemeinsamen Feier bzw. dem gemeinsamen Essen deutlich wird. Folgende Beispiele aus dem Lukasevangelium erzählen von dieser Zuwendung:

M3a Seligpreisungen (Lk 6,20–23) – Jesu Zuwendung zu den Menschen im Wort

[20] Er richtete seine Augen auf seine Jünger und sagte: Selig, ihr Armen, denn euch gehört das Reich Gottes. [21] Selig, die ihr jetzt hungert, denn ihr werdet gesättigt werden. Selig, die ihr jetzt weint, denn ihr werdet lachen. [22] Selig seid ihr, wenn euch die Menschen hassen und wenn sie euch ausstoßen und schmähen und euren Namen in Verruf bringen um des Menschensohnes willen. [23] Freut euch und jauchzt an jenem Tag; denn siehe, euer Lohn im Himmel wird groß sein. Denn ebenso haben es ihre Väter mit den Propheten gemacht.

M3b Die Heilung einer Frau am Sabbat (Lk 13,10–17) – Jesu Zuwendung zu den Menschen in der Tat

[10] Am Sabbat lehrte Jesus in einer Synagoge. [11] Und siehe, da war eine Frau, die seit achtzehn Jahren krank war, weil sie von einem Geist geplagt wurde; sie war ganz verkrümmt und konnte nicht mehr aufrecht gehen. [12] Als Jesus sie sah, rief er sie zu sich und sagte: Frau, du bist von deinem Leiden erlöst. [13] Und er legte ihr die Hände auf. Im gleichen Augenblick richtete sie sich auf und pries Gott. [14] Der Synagogenvorsteher aber war empört darüber, dass Jesus am Sabbat heilte, und sagte zu den Leuten: Sechs Tage sind zum Arbeiten da. Kommt also an diesen Tagen und lasst euch heilen, nicht am Sabbat! [15] Der Herr erwiderte ihm: Ihr Heuchler! Bindet nicht jeder von euch am Sabbat seinen Ochsen oder Esel von der Krippe los und führt ihn zur Tränke? [16] Diese Frau aber, die eine Tochter Abrahams ist und die der Satan schon seit achtzehn Jahren gefesselt hielt, sollte am Sabbat nicht davon befreit werden dürfen? [17] Durch diese Worte wurden alle seine Gegner beschämt; das ganze Volk aber freute sich über all die großen Taten, die er vollbrachte.

M3c Nachfolge und Mahl (Lk 5,27–32) – Jesu Zuwendung zu den Menschen in der Feier

[27] Danach ging Jesus hinaus und sah einen Zöllner namens Levi am Zoll sitzen und sagte zu ihm: Folge mir nach! [28] Da verließ Levi alles, stand auf und folgte ihm nach. [29] Und Levi gab für Jesus in seinem Haus ein großes Gastmahl. Viele Zöllner und andere waren mit ihnen zu Tisch. [30] Da murrten die Pharisäer und ihre Schriftgelehrten und sagten zu seinen Jüngern: Wie könnt ihr zusammen mit Zöllnern und Sündern essen und trinken? [31] Jesus antwortete ihnen: Nicht die Gesunden bedürfen des Arztes, sondern die Kranken. [32] Ich bin nicht gekommen, um Gerechte, sondern Sünder zur Umkehr zu rufen.

Aufgaben:

1. Bildet Dreiergruppen. Lest arbeitsteilig die drei Texte aus dem Lukasevangelium und arbeitet heraus, auf welche Weise sich Jesus den Menschen zuwendet und was mit den Menschen passiert, denen er sich zuwendet. Achtet dabei auf die Überschneidungen von Wort, Tat und Feier.
2. Präsentiert euch nacheinander eure Ergebnisse. Sucht anschließend weitere ähnliche Erzählungen im Lukasevangelium, die zu den drei Arten der Zuwendung Jesu zu den Menschen passen.
3. Nehmt nun wieder eure Rolle als Jünger/in an: Entwerft Perspektiven, wie sich die werdende Kirche in Wort, Tat und Feier Menschen in der Nachfolge Jesu zuwenden kann. Fügt eure Überlegungen der Kirchenidee des Advance Organizers hinzu.

M 4 Die Gemeinschaft der Jünger/innen: Handlungsfelder und Perspektiven

M4a: Die Zwölf (Lk 6,12–16)

[12] Es geschah aber in diesen Tagen, dass er auf einen Berg ging, um zu beten. Und er verbrachte die ganze Nacht im Gebet zu Gott. [13] Als

es Tag wurde, rief er seine Jünger zu sich und wählte aus ihnen zwölf aus; sie nannte er auch Apostel: [14] Simon, den er auch Petrus nannte, und dessen Bruder Andreas, Jakobus, Johannes, Philippus, Bartholomäus, [15] Matthäus, Thomas, Jakobus, den Sohn des Alphäus, Simon, genannt der Zelot, [16] Judas, den Sohn des Jakobus, und Judas Iskariot, der zum Verräter wurde.

M4b: Groß sein und dienen (Lk 22,24–30)

[24] Es entstand unter ihnen ein Streit darüber, wer von ihnen wohl der Größte sei. [25] Da sagte Jesus zu ihnen: Die Könige herrschen über ihre Völker und die Vollmacht über sie haben, lassen sich Wohltäter nennen. [26] Bei euch aber soll es nicht so sein, sondern der Größte unter euch soll werden wie der Jüngste und der Führende soll werden wie der Dienende. [27] Denn wer ist größer: Der bei Tisch sitzt oder der bedient? Ist es nicht der, der bei Tisch sitzt? Ich aber bin unter euch wie der, der bedient.

[28] Ihr aber habt in meinen Prüfungen bei mir ausgeharrt. [29] Darum vermache ich euch das Reich, wie es mein Vater mir vermacht hat: [30] Ihr sollt in meinem Reich an meinem Tisch essen und trinken und ihr sollt auf Thronen sitzen und die zwölf Stämme Israels richten.

M4c: Die betende Urgemeinde (Apg 1,13f.)

Nach der Himmelfahrt Jesu beschreibt Lukas …

[13] Als sie in die Stadt kamen, gingen sie in das Obergemach hinauf, wo sie nun ständig blieben: Petrus und Johannes, Jakobus und Andreas, Philippus und Thomas, Bartholomäus und Matthäus, Jakobus, der Sohn des Alphäus, und Simon, der Zelot, sowie Judas, der Sohn des Jakobus. [14] Sie alle verharrten dort einmütig im Gebet, zusammen mit den Frauen und Maria, der Mutter Jesu, und seinen Brüdern.

M4c: Die Ergänzung des Apostelkollegiums in der Apostelgeschichte

Nach dem Verrat des Judas musste der Zwölferkreis wieder komplettiert werden, um seine symbolische Bedeutung als Verweis auf das Zwölf-Stämme-Volk Israel erneut zu erhalten und als personales Fundament der christlichen Kirche zu wirken.

Die Auflistung (Apg 1,13) hatte nur elf Apostel genannt. Das stand in Widerspruch zum Versprechen Jesu an die ursprüngliche Zwölfergemeinschaft: *Ihr sollt in meinem Reich ... auf Thronen sitzen und die zwölf Stämme Israels richten* (Lk 22,30). Bezeichnenderweise war es Petrus, der den Anstoß zur Wiederherstellung der Zwölfzahl der Apostel gab und auch die Leitung der Wahl übernahm: Er erhob sich im Kreis der Brüder – etwa hundertzwanzig waren zusammengekommen. Die Zahl 120 ist wohl symbolisch: 10 x 12.

Die Rede des Petrus ist ein typisches Beispiel für die damalige Praxis, ein Geschehen durch für unser Gefühl willkürlich gewählte Zitate aus der Schrift als gottgewollt darzustellen: Das Zitat: „Sein Amt soll ein anderer erhalten“, stammt z. B. aus einer Litanei von Verwünschungen gegen einen verleumderischen Ankläger (Ps 109,8).

Zuletzt stellt Petrus klar, wer als Kandidat für die Ersetzung des Judas in Frage kommt, nämlich einer von denen, „die die ganze Zeit mit uns waren, als Jesus, der Herr, bei uns ein und aus ging, von der Taufe durch Johannes bis zur Aufnahme Jesu in den Himmel.“ Denn „zusammen mit uns“ soll er künftig „Zeuge der Auferstehung“ sein – bei Lukas das entscheidende Kriterium für das Apostelamt.

(Aus: Heinrich Krauss / Markus Lau, Kirchenträume. Ein Kommentar zur Apostelgeschichte. Erzählungen der Bibel VII, Stuttgart 2014, 54f. [gekürzt und verändert])

Aufgaben:

1. Bildet jeweils eine Vierergruppe und teilt euch die Texte auf; legt eine Place-Mat in die Mitte eures Tisches. Lest nun

euren jeweiligen Text und notiert in euer Feld der PlaceMat Stichworte zu den beiden folgenden Fragen:

   a. Welche Bedeutung hat die Zahl 12 für die Nachfolge Jesu?
   b. Welche Kriterien oder Handlungsperspektiven der Nachfolge Jesu werden genannt?

2. Dreht nun die PlaceMat im Uhrzeigersinn und lest die Ergebnisse der anderen. Tragt schließlich zu beiden Fragen die entscheidenden Stichworte im mittleren Feld zusammen. Erläutert euch dabei jeweils den Kontext anhand eures jeweiligen Textes.
3. Formuliert anhand eurer Ergebnisse Handlungsperspektiven für die werdende Kirche und übertragt sie in den Advance Organizer.

M 6 Pfingsten: Kirche hat Geburtstag

Nun ist es also so weit, ihr als Jüngerinnen und Jünger Jesu erlebt die versprochene Sendung des Geistes als Beginn eures Tuns als Kirche Jesu Christi. Seid ihr mit eurem Konzept / eurer Idee rechtzeitig fertig geworden?

Ihr hört nun abschnittweise den Bericht vom Pfingstereignis nach der Apostelgeschichte (Apg 2,1–13). Versucht nach jedem Abschnitt euch die Szene möglichst genau vorzustellen (wie ein Foto oder ein Gemälde): Was passiert gerade? Wo sitzt/steht/geht ihr als Jünger/in gerade? Was denkt/fühlt/sagt/tut ihr in diesem Moment?

M6a: Das Pfingstereignis (nach Apg 2,1–11) [Vorlage für die Lektüre des Textes]

1 *Als der Tag des Pfingstfestes gekommen ist, seid ihr alle zusammen am selben Ort.*

____

____

2 *Da kommt plötzlich vom Himmel her ein Brausen, wie wenn ein heftiger Sturm daherfährt, und erfüllt das ganze Haus, in dem ihr sitzt.* 3 *Und es erscheinen euch Zungen wie von Feuer, die sich verteilen; auf jeden von euch lässt sich eine nieder.*

____

____

4 *Und ihr alle werdet vom Heiligen Geist erfüllt und ihr beginnt, in anderen Sprachen zu reden, wie es der Geist euch eingibt.*

____

____

5 *In Jerusalem wohnen Juden, fromme Männer aus allen Völkern unter dem Himmel.* 6 *Als sich das Getöse erhebt, strömt die Menge zusammen und ist ganz bestürzt; denn jeder hört euch in seiner eigenen Sprache reden.* 7 *Die Leute sind fassungslos vor Staunen und sagen: Seht! Sind das*

nicht alles Galiläer, die hier reden? [8] Wieso kann sie jeder von uns in seiner Muttersprache hören: [9] Parther, Meder und Elamiter, Bewohner von Mesopotamien, Judäa und Kappadokien, von Pontus und der Provinz Asien, [10] von Phrygien und Pamphylien, von Ägypten und dem Gebiet Libyens nach Kyrene hin, auch die Römer, die sich hier aufhalten, [11] Juden und Proselyten, Kreter und Araber – wir hören sie in unseren Sprachen Gottes große Taten verkünden.

Aufgaben:

1. Erklärt, wie ihr euch die Szenen jeweils vorgestellt habt. Überlegt, wann eure Kirchenidee anfängt, in die Tat umgesetzt zu werden.
2. Interpretiert die Beschreibung der „Zungen wie von Feuer" (Apg 2,3). Welche Bedeutung haben „Zunge" und „Feuer", die sich in der Erzählung auf die Jünger niederlassen? Was passiert dadurch mit ihnen?
3. Recherchiert die einzelnen Volksstämme (Apg 2,7–11). Überlegt, warum Lukas sie hier alle nennt.
4. Wie geht es jetzt weiter? Entwickelt nach dem Pfingstereignis Perspektiven für eure Kirche.
5. Diskutiert: Wo finden sich in euren Erfahrungen mit und in Kirche Anknüpfungspunkte?
6. Pfingsten wird als der „Geburtstag der Kirche" verstanden: Überlegt nun: Wozu möchtet ihr der Kirche gratulieren? Was könnte sich die Kirche zu ihrem Geburtstag wünschen? Welches Geschenk möchtet ihr der Kirche (in eurer Rolle als moderne Jünger(innen)) machen? Was könnte die Kirche euch als Give-away an ihrem Fest mit nach Hause geben?

M 7 Heute Kirche sein: Das Beispiel des Petrus-Wegs in Bonn

Im Jahr 2008 debattierten die Verantwortlichen der Pfarrgemeinden St. Johann Baptist & Petrus, St. Marien und St. Joseph, wie sie künftig als eine Gemeinde zusammenarbeiten können, wenn sie 2010 zu einer neuen großen Pfarrei St. Petrus zusammengelegt würden. Kernfrage war dabei u. a., wie die einzelnen Viertel um die drei Hauptkirchen herum mit ihren ganz unterschiedlichen Milieus und Schwerpunkten weiterhin ihr eigenes Profil erhalten, ohne in der neuen Großpfarrei unterzugehen und ohne dass jeder „Kirchort" einen eigenen Seelsorger zur Verfügung gestellt bekommt.

Die Idee des Petrus-Wegs kam den Verantwortlichen in ihren Überlegungen wie in einem neuen Pfingstereignis. An einem – so berichtet Pfr. Raimund Blanke, bis Juni 2019 leitender Pfarrer von St. Petrus – heißen Tag im Maternushaus, einem Tagungshaus in Köln, wo sich die Verantwortlichen versammelt hatten, hörten sie in einem Vortrag von der Gemeindearbeit im französischen Erzbistum Poitiers. Dort hat der Bischof in den einzelnen Lokalgemeinden einer größeren Pfarrei je einem Team von ehrenamtlichen Frauen und Männern (Equipe) die Verantwortung für das christliche Leben vor Ort übertragen. Sofort entstanden die Bereitschaft und der Wille, ein solches Modell auch der neuen Pfarrgemeinde St. Petrus mit auf den Weg zu geben.

Erste Schritte auf dem „Petrus-Weg" wurden in einem gut fünfjährigen Prozess gegangen, in dem ein Konzept für die zukünftige Gestaltung der einzelnen Kirchorte der Pfarrgemeinde St. Petrus diskutiert und entwickelt wurde. 2013 wurde am Kirchort

St. Marien die erste Equipe für drei Jahre berufen, 2014 dann die erste Equipe an der Stiftskirche (Kirchort St. Johann Baptist & Petrus). 2016 bzw. 2017 nahmen die Nachfolgeequipen ihre Arbeit auf.

Die Equipen des Petrus-Wegs setzen sich aus mindestens fünf Personen zusammen, einer Moderatorin bzw. einem Moderator, die/der die Kommunikation der Equipe untereinander und mit den anderen Gremien der Pfarrgemeinde koordiniert, sowie Verantwortlichen für die folgenden vier Bereiche: ,"Gebet und Glauben feiern", „Glaubenszeugnis und Glaubensvertiefung",„Solidarität und Nächstenliebe" sowie „Begegnung und Gastfreundschaft". Innerhalb ihres Bereichs übernehmen die Personen Verantwortung für das Gemeindeleben vor Ort; dies tun sie in enger Absprache und Kooperation mit dem Leitenden Pfarrer und dem Pfarrgemeinderat. Darüber hinaus stärken und unterstützen sich die Equipemitglieder untereinander auf ihrem geistlichen Weg.

Projekte bzw. Arbeitsfelder der Equipen waren in den vergangenen Jahren u. a. die pastorale Betreuung von Seniorenheimen, z. B. durch Krankenkommunion und Wort-Gottes-Feiern, Unterstützung und Begleitung von Menschen, die von der Grundversorgung leben, z. B. durch eine jährliche Urlaubsfahrt, die Gestaltung einer „Atempause", bei der die Kirche zum persönlichen Gebet am Ende eines Arbeitstages offen steht, die Betreuung einer Give-Box, in der man Gebrauchsgegenstände spenden oder tauschen kann, die Gestaltung einer Fronleichnamsprozession mit der evangelischen Nachbargemeinde, ein Gesprächskreis über Glaube und Leben etc.

(Der Text ist im Wesentlichen eine Kurzfassung des Positionspapiers des Pfarrgemeinderats St. Petrus, stützt sich darüber hinaus aber auch auf weitere Erfahrungen und Gespräche mit den Verantwortlichen.)

Aufgaben:

1. Lies M 7 und beschreibe in deinen eigenen Worten den Petrus-Weg. Recherchiere ggf. offen gebliebene Fragen.
2. Nenne die vier Bereiche der Equipen und ordne sie den Kernaufgaben der Kirche zu (Wort, Tat, Feier). Ordne nun die beispielhaft genannten Projekte der Equipen des Petrus-Wegs den Bereichen zu. Dabei sind Überschneidungen der Bereiche möglich. Welche vierte Säule kommt vor?
3. Pfr. Blanke spricht davon, dass die Idee zum Petrus-Weg „wie in einem neuen Pfingstereignis" kam. Beschreibt die Situation im Maternushaus im Vergleich zum biblischen Pfingstereignis. Erläutert, was Pfr. Blanke mit dem Vergleich zum Ausdruck bringen möchte.
4. Prüft den „Petrus-Weg" vor dem Hintergrund eurer entwickelten Idee einer werdenden Kirche. Findet Anknüpfungspunkte.

Lothar Ricken

Mit Papst Franziskus durch das Kirchenjahr

Einleitende Gedanken

Seit dem 13. März 2013 ist Papst Franziskus der 266. Bischof von Rom und damit das Oberhaupt der römisch-katholischen Kirche. Jorge Mario Bergoglio, so der bürgerliche Name des Papstes, ist als Argentinier der erste nichteuropäische Bischof von Rom seit über 1200 Jahren. Franziskus wurde am 17. Dezember 1936 geboren, seit 1958 gehört er dem Orden der Jesuiten an und wurde im Jahre 1969 zum Priester geweiht. Ab 1998 war er Erzbischof von Buenos Aires. In seiner bisherigen Amtszeit hat sich der Papst – nicht zuletzt durch den Namen, den er sich gegeben hat – immer wieder als Menschenfreund und damit als Gottes Freund erwiesen.

Die nachfolgenden Cartoons und kurzen Texte aus dem ersten Rundschreiben des Papstes mit dem Titel „Evangelii gaudium" (dt.: Freude über das Evangelium) wollen euch entlang wichtiger Zeiten und Feste des Kirchenjahres einladen, einen etwas anderen Blick auf Franziskus' Traum einer „Kirche für die Menschen" zu erhalten.

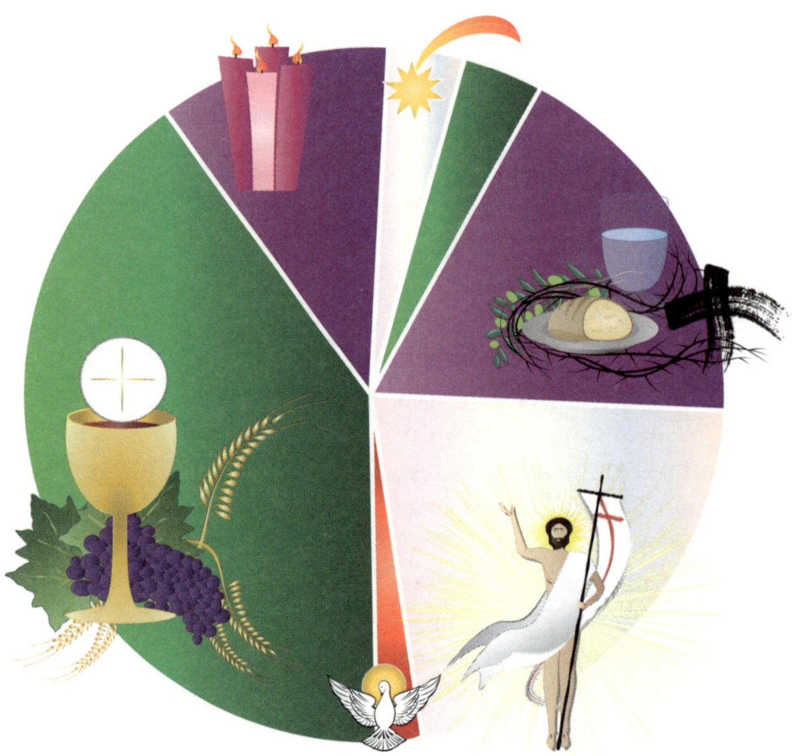

Aus der Enzyklika (= Rundschreiben) „Evangelii gaudium", 24.11.2013, Kapitel 114:

Kirche sein bedeutet Volk Gottes sein, in Übereinstimmung mit dem großen Plan der Liebe des Vaters. Das schließt ein, der Sauerteig Gottes inmitten der Menschheit zu sein. Es bedeutet, das Heil Gottes in dieser unserer Welt zu verkünden und es hineinzutragen in diese unsere Welt, die sich oft verliert, die es nötig hat, Antworten zu bekommen, die ermutigen, die Hoffnung geben, die auf dem Weg neue Kraft verleihen. Die Kirche muss der Ort der ungeschuldeten Barmherzigkeit sein, wo alle sich aufgenommen und geliebt fühlen können, wo sie Verzeihung erfahren und sich ermutigt fühlen können, gemäß dem guten Leben des Evangeliums zu leben.

Aufgaben:

1. Beschreibe den Cartoon und halte fest, was der Zeichner deiner Meinung nach ausdrücken möchte.
2. Überlege und schreibe auf, was Papst Franziskus mit dem Bild vom „Sauerteig Gottes" meint.
3. Tausche dich mit deinem Sitznachbarn über den Zusammenhang von Cartoon und Text aus.

Weihnachten

Aus der Enzyklika (= Rundschreiben) „Evangelii gaudium", 24.11.2013, Kapitel 46:

Eine Kirche „im Aufbruch" ist eine Kirche mit offenen Türen. Zu den anderen hinauszugehen, um an die menschlichen Randgebiete zu gelangen, bedeutet nicht, richtungs- und sinnlos auf die Welt zuzulaufen. Oftmals ist es besser, den Schritt zu verlangsamen, die Ängstlichkeit abzulegen, um dem anderen in die Augen zu sehen und zuzuhören, oder auf die Dringlichkeiten zu verzichten, um den zu begleiten, der am Straßenrand geblieben ist. Manchmal ist sie wie der Vater des verlorenen Sohns, der die Türen offen lässt, damit der Sohn, wenn er zurückkommt, ohne Schwierigkeit eintreten kann.

Aufgaben:

1. Interpretiere den Cartoon und berücksichtige dabei die Überschrift „Weihnachten". Lies dazu ggf. noch einmal die Erzählung von der Geburt Jesu im Evangelium nach Lukas (Lk 2,1–21).
2. Lies den Text und erkläre, was für Papst Franziskus „Kirche im Aufbruch" bedeutet.
3. Erläutere den Zusammenhang des Textes mit dem Cartoon.

Aus der Enzyklika (= Rundschreiben) „Evangelii gaudium", 24.11.2013, Kapitel 276
Die Auferstehung Jesu gehört nicht der Vergangenheit an; sie beinhaltet eine Lebenskraft, die die Welt durchdrungen hat. Wo alles tot zu sein scheint, sprießen wieder überall Anzeichen der Auferstehung hervor. Es ist eine unvergleichliche Kraft. Es ist wahr, dass es oft so scheint, als existiere Gott nicht: Wir sehen Ungerechtigkeit, Bosheit, Gleichgültigkeit und Grausamkeit, die nicht aufhören. Es ist aber auch gewiss, dass mitten in der Dunkelheit immer etwas Neues aufkeimt, das früher oder später Frucht bringt. Auf einem eingeebneten Feld erscheint wieder das Leben, hartnäckig und unbesiegbar. Es mag viel Dunkles geben, doch das Gute neigt dazu, immer wiederzukommen, aufzukeimen und sich auszubreiten. Jeden Tag wird in der Welt die Schönheit neu geboren, die durch die Stürme der Geschichte verwandelt wieder aufersteht. Die Werte tendieren dazu, immer wieder auf neue Weise zu erscheinen, und tatsächlich ist der Mensch oft aus dem, was unumkehrbar schien, zu neuem Leben erstanden. Das ist die Kraft der Auferstehung, und jeder Verkünder des Evangeliums ist ein Werkzeug dieser Dynamik.

Aufgaben:

1. Betrachte den Cartoon und achte bei deiner Deutung sehr genau auf alle Details, die der Zeichner seinem Bild beigefügt hat.
2. Lies den Text und halte fest, was Papst Franziskus unter „Auferstehung" versteht.

Aus der Enzyklika (= Rundschreiben) „Evangelii gaudium", 24.11.2013, Kapitel 49:

Brechen wir auf, gehen wir hinaus, um allen das Leben Jesu Christi anzubieten! Ich wiederhole hier für die ganze Kirche, was ich viele Male den Priestern und Laien von Buenos Aires gesagt habe: Mir ist eine „verbeulte" Kirche, die verletzt und beschmutzt ist, weil sie auf die Straßen hinausgegangen ist, lieber, als eine Kirche, die aufgrund ihrer Verschlossenheit und ihrer Bequemlichkeit, sich an die eigenen Sicherheiten zu klammern, krank ist. Ich will keine Kirche, die darum besorgt ist, der Mittelpunkt zu sein, und schließlich in einer Anhäufung von fixen Ideen und Streitigkeiten verstrickt ist. Wenn uns etwas in heilige Sorge versetzen und unser Gewissen beunruhigen soll, dann ist es die Tatsache, dass so viele unserer Brüder und Schwestern ohne die Kraft, das Licht und den Trost der Freundschaft mit Jesus Christus leben, ohne eine Glaubensgemeinschaft, die sie aufnimmt, ohne einen Horizont von Sinn und Leben. Ich hoffe, dass mehr als die Furcht, einen Fehler zu machen, unser Beweggrund die Furcht sei, uns einzuschließen in die Strukturen, die uns einen falschen Schutz geben, in die Normen, die uns in unnachsichtige Richter verwandeln, in die Gewohnheiten, in denen wir uns ruhig fühlen, während draußen eine hungrige Menschenmenge wartet und Jesus uns pausenlos wiederholt: »Gebt ihr ihnen zu essen!« (Mk 6,37).

Aufgaben:

1. Erörtere, was G. Mester mit seinem Cartoon ausdrücken möchte.
2. Lies den Text des Papstes und stelle Vermutungen darüber an, was der Papst mit seinem Bild von der „verbeulten Kirche" aussagen will.

Urs Schiller

Freundschaft in Zeiten der Krise

Jugendliche beraten die Kirche.
Gesprächsanstöße für eine freundschaftsfähige Kirche

AB 1: Jugendliche beraten die Kirche

Vielleicht wenig oder keine Ahnung von Glaubenssätzen, aber auf der Suche nach Leben und Beziehung und mit einem Glaubenssinn begabt.

AB 2: Beziehungspflege

Wie pflegst du deine Beziehungen?
Was ist dir in Freundschften wichtig?

AB 3: Biblische und Alltags-Freundschaften

Wo Freundschaft und Wertschätzung ist, da scheint Gott durch Menschen.

AB 4: Erzähl eine Geschichte von Freundschaft

Mehr als abstrakte Worte sagt eine Geschichte.

AB 5: Treffen im Aufzug: Bring es auf den Punkt

Deine Botschaft zu Gott, Kirche und dir selbst. „Wenn Kirche wie Freundschaft ist, würde ich hingehen."

Beispiel-Ergebnisse und weiterführende Hinweise

Zu Arbeitsblatt 1: Jugendliche beraten die Kirche (S. 148)

Häufigste Antworten:

- „Altmodisch/nicht zeitgemäß“: meint oft etwas unterschiedliche Aspekte, z. B. konkrete Gestaltung der Gottesdienste: Orgelmusik, alte fremde Sprache, nicht meine Fragen
- Grundsätzlich: Ich komme nicht vor (Monolog/kein Dialog)
- Heutige Einstellungen zu Gleichberechtigung und Toleranz (z. B. Frauen, Homosexuelle) erscheinen fremd.

Zu Arbeitsblatt 2: Beziehungspflege (S. 149)

Nach den Erfahrungen, was zu gelingenden Beziehungen beiträgt, ergaben sich oft diese Ideen und Fragen von Jugendlichen:

- Wie beginnt der Kontakt?/Wie anfangen? (Erinnerungen an den Kindergarten: Da war es eine einfache Frage und eine Entscheidung: Willst du mein Freund sein? – Ja. – Los geht's!)
- Vertiefung: Vertrauen ist auch Entscheidung (und Geschenk und Wachstumsprozess)
- Wie bleiben Freundschaften stabil? Wie lassen sie sich vertiefen (mehr als oberflächliche Floskeln)?: Es braucht echte Begegnung/so sein dürfen/nicht verurteilt werden/regelmäßige Treffen und:
- Wie mit Konflikten umgehen?
- Jugendliche wählten folgende Ideen sowie Thesen von „Fachleuten“ aus:
- Kritik und Konflikte sind keine Belastung für Beziehungen, wenn sie mit Wertschätzung verbunden ist. Wenn Wertschätzung und Kritik im Verhältnis 5 : 1 stehen, werden Beziehungen durch Kritik nicht schlechter. (Gottman-Formel)
- Widerstand und Konflikte können verletzend sein, sind aber konstruktiv als Information zu verstehen. (Systemische Beratung, die in der Lösungsfokussierung „gute Gründe“ verstehen will.)
- Die Grenze ist der Kontaktpunkt: Konflikte entstehen an der Grenze, d. h. sie gehören zur Begegnung. „Wo es keine Grenzen gibt, gibt es keinen Konflikt.“ (Matthias Scharer, Sich nicht aus dem Herzen verlieren. München 2003, S. 93; ein Grundsatz der Gestaltarbeit)
- Bevor du deine eigene Meinung sagst, den Standpunkt des anderen möglichst gut wiedergeben. (Thomas von Aquin/Scholastik)
- Sich selbst ernst, aber nicht zu wichtig nehmen und lachen können. (Papst Franziskus an seine Mitarbeiter/12 Krankheiten in der Kurie)
- Vergleichen kann zu Streit führen. (Zankapfel im Mythos der Hochzeit von Peleus und Thetis)
- „How to talk to strangers? He or she refuses to be a guru, to be the one who knows.“ (Wie soll man mit Fremden sprechen? Er oder sie lehnt es ab, ein Guru zu sein, der oder die zu sein, die wissend ist. Timothy Radcliffe)
- Wenn in einer Beziehung einer gewinnt, verlieren beide. „Die Liebe sucht nicht ihren Vorteil.“ (Paulus, 1 Kor 13)
- Recht haben und glücklich werden geht nicht zusammen. (Marshall Rosenberg)
- Geduld mit der Eigenart eines anderen Menschen: „Verstehen Sie mich nicht zu schnell.“ (André Gide zugeschrieben)
- Auch wenn es „Pflegemittel“ für Beziehungen gibt, sind gelingende Beziehungen nicht machbar, sondern ein Geschenk, also unverfügbar. (Hartmut Rosa)

Zu Arbeitsblatt 3: Biblische und Alltags-Freundschaften (S. 150)

Worte für Erfahrungen, die im Arbeitsblatt auf den Sockel unter die biblischen oder heutigen Personen geschrieben wurden:

- Freude (z. B. Maria/Elisabeth und Feste/Hochzeit zu Kana)
- Freiheit (Exodus)
- Vertrauen (Abraham)

- Liebe/Nähe/Mitgefühl/Hilfe (Der gute Hirte)

Zu Arbeitsblatt 4: Erzähl eine Geschichte von Freundschaft (S. 151)

- Hilfreich als Imaginationshilfe erwiesen sich ...
- bestimmte (abstrakt genannte) Elemente einer Geschichte: Suche eines Schatzes, Herausforderung/Aufgaben lösen, ein Abenteuer bestehen/eine Mission erfüllen; Heimat/Zuhause, Ziel finden;
- Krise als Neuanfang meistern/was möchte Neues zum Leben kommen
- „ehrenwerte" Hindernisse, die eine Bedeutung fürs Wachstum haben
- eigene Fehler (als Frage: Was kann nun anders werden?), ein Scheitern (Was ist zu viel?/Was ist zerbrochen?)

Versöhnung bedeutet, dass eine
Geschichte erzählt werden kann,
die zu etwas führt: zum Glück.

Timothy Radcliffe

Was für eine Geschichte könnte das sein? Welche Geschichten sind enthalten?

- Heldengeschichte (du als Held deines Alltags)
- Rettungsgeschichte (Welcher Teil der Rettung kommt von anderen/anderswo her/als Geschenk?)
- Erlösungsgeschichte (Wovon erlöst?)
- Entwicklungsgeschichte (Was wächst in deinem Leben?)
- (Ver-)Wandlungsgeschichte (Was kommt neu ins Leben? Was entpuppt sich als vorübergehend – wie beim Schmetterling?)
- Heilungsgeschichte (Was sind die wunden Punkte oder die geheilten Verletzungen in deiner Geschichte?)

Als Abschluss-Möglichkeit: Finde ein Satzende zu deiner Freundschaftsgeschichte:

„Eine Freundschaftsgeschichte ist manchmal auch eine … geschichte, weil …"

Zu Arbeitsblatt 5: Treffen im Aufzug: Bring es auf den Punkt (S. 152)

Beispiele für Antworten von Jugendlichen:

- Kirche sollte Freundschaftsorte schaffen: „Frei-Raum/Freu-Raum", um neue Leute kennenzulernen oder Freunde zu treffen, mit Ideenecke fürs „Glücklichwerden" und für gelingende Beziehungen, professionell ausgebildete Zuhörer als Trostplatz zum Aussprechen (Life-Coaches), mit Chill-Raum, um ruhig für sich zu sein
- einmal pro Woche Konzert zum gemeinsamen Mitsingen und Feiern, auch Meditationen oder Abendsegen
- Kirche sollte mehr Kumpel, Mama oder Oma als Be-Lehrer sein.

Fragen auf dem Weg zu einem lebendigen Geheimnis

Am Ende stehen Fragen, auch wenn wir weitergekommen sind.

Wenn es im Glauben nicht um ein festes Wissen als sicheren Besitz geht, dann sind Fragen kein Defizit, sondern Wegbegleiter zu einem lebendigen Geheimnis.

Welche Fragen sind wertvoll, tun gut und machen lebendig – wenn sie von der richtigen Person gestellt werden?

Beispiele von Jugendlichen:

- Willst du mein Freund/meine Freundin sein?
- Willst du mir nah sein?
- Willst du, dass ich immer bei dir bleibe, auch wenn's schwer wird?
- Wollen wir zusammen Abenteuer erleben, Schätze finden, ein Zuhause finden?

Zum Abschluss kann das Lied „The Summons" von John Bell gespielt werden:

„Will you come and follow me, if I but call your name,
will you go where you don't know and never be the same …
I in you and you in me."

Jugendliche beraten die Kirche

1. Die Kirche soll tolerant sein.
2. Die Kirche soll alle gleich behandeln.
3. Die Kirche soll Themen der Jugend wertschätzen.
4. ______________________________
5. ______________________________
6. ______________________________
7. ______________________________
8. ______________________________
9. ______________________________
10. ______________________________

NIMM DIESE BERATUNG NUN ALS ANGEBOT ZUR SELBSTBEOBACHTUNG: ERSETZE DAS WORT „KIRCHE" DURCH „ICH". SELBSTEINSCHÄTZUNG: WIE GUT KANNST DU DAS ZWISCHEN 0 UND 100?

1. ~~Die Kirche~~ Ich soll tolerant sein.
2. ~~Die Kirche~~ Ich soll alle gleich behandeln.
3. ~~Die Kirche soll Themen der Jugend~~ Ich soll fremde Menschen wertschätzen.
4. ______________________________
5. ______________________________
6. ______________________________
7. ______________________________
8. ______________________________
9. ______________________________
10. ______________________________

Beziehungspflege

Was Freundschaft braucht

MEINE NOBELPREIS-LISTE

- Mein Nobelpreis für Vertrauen geht an: ______
- Mein Nobelpreis im Bereich „Zuhören können" geht an: ______
- Mein Nobelpreis für die Person, die niemanden verurteilt, geht an: ______
- Mein Nobelpreis für die Person, die Tränen trocknen kann, geht an: ______
- Mein Nobelpreis für die Person, die gute Laune verbreitet, geht an: ______
- Mein Nobelpreis für die Person, die Eis brechen kann, geht an: ______
- Mein Nobelpreis für die Person, die nach Konflikten Friedensvermittler ist, geht an: ______
- Mein Nobelpreis für einen tollen Energie-Spender geht an: ______
- Mein Nobelpreis für die Person, die Ängste nehmen kann, geht an: ______
- Mein Nobelpreis für einen guten Gebrochene-Herzen-Heiler geht an: ______
- Mein Nobelpreis für einen vorbildlichen Erster-Schritt-auf-Neue-Zugeher geht an: ______
- Mein Nobelpreis für den besten Mitfühler geht an: ______
- Mein Nobelpreis für einen großartigen Humor-Spender geht an: ______
- Mein Nobelpreis für einen zupackenden Gerne-Helfer bei praktischen Dingen geht an: ______
- Mein Nobelpreis für einen umsichtigen Steine-vom-Herzen-Entferner geht an: ______
- Mein Nobelpreis für die Person, die echt ist und Verletzbarkeit zeigt, geht an: ______
- ______
- ______
- ______
- ______
- ______

UNTERSTREICHE MIT BLAU, WAS DIR IN FREUNDSCHAFTEN AM WICHTIGSTEN IST, UND IN ROT, WORAN DIE KIRCHE NOCH STÄRKER WERDEN SOLLTE. FINDE AUCH EIGENE WEITERE IDEEN FÜR NOBELPREISE – WAS IST NOCH WICHTIG FÜR FREUNDSCHAFTEN?

Biblische und Alltags-Freundschaften

Finde oder male Bilder zu den biblischen Szenen, die etwas von Freundschaft erzählen, und zeichne daneben Menschen aus deiner Umgebung, die etwas davon leben. Du kannst das, wofür sie stehen, auch darunterschreiben.

Maria und Elisabeth
Das Herz hüpft vor Freude.

Petrus
Liebst du mich? / Hast du mich lieb? / Magst du mich? Sag es so, wie es ist.

Jesus lässt Petrus seine eigenen Worte: Jesus wechselt d
Verb, als er beim dritten Mal fragt: Liebst du mich?
Keine Forderung: Du musst es genau so sagen.

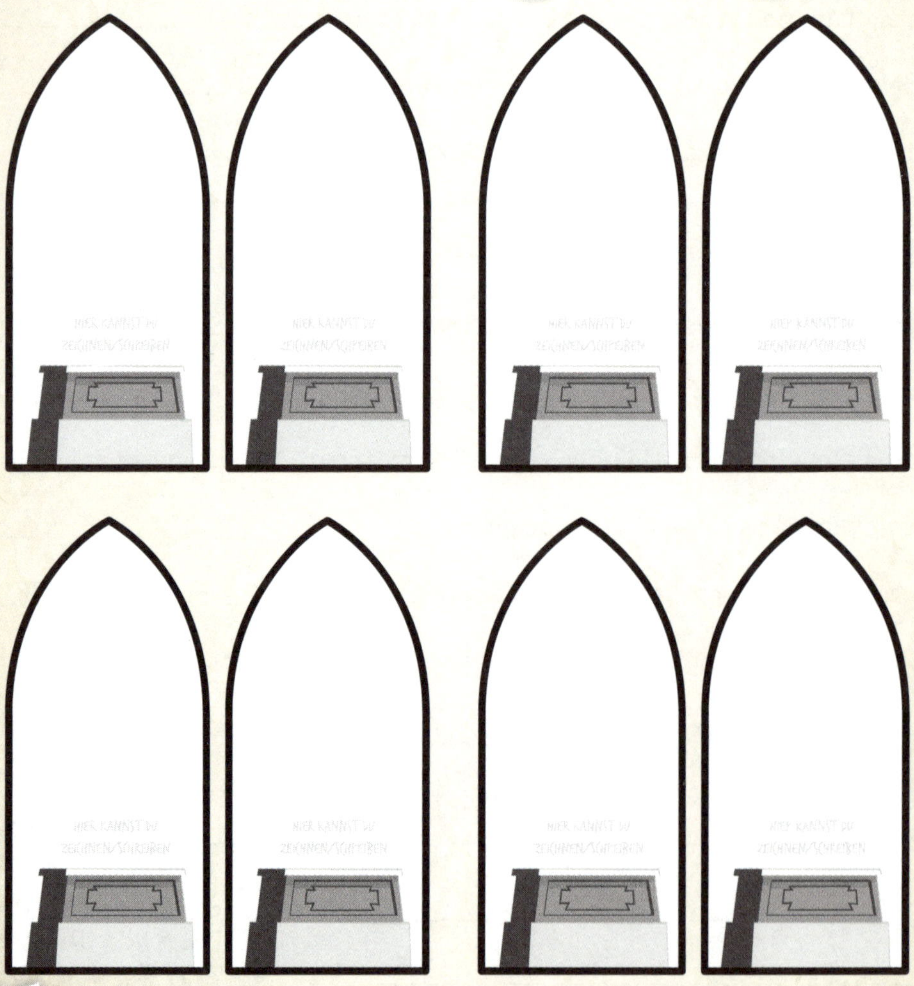

Abraham
Vertraue dem Neuanfang.

Mose
Komm heraus aus den Unfreiheiten.

Elija
Ich bin bei dir – ganz anders, als du denkst.

Ausländerin
Du gehörst auch dazu.

Jesus lässt sich etwas von einer Frau sagen, die andere ausgrenzen. Echte Begegnung verwandelt – auch Jesus.

Babylonisches Exil
Auch wenn alles wegbricht, bin ich da.

Im Babylonischen Exil verloren die Israeliten ihr Reich, ihren König und ihren Tempel.

Erzähl eine Geschichte von Freundschaft

Erfinde Ideen für eine Filmgeschichte
(die auch etwas enthalten kann, was wirklich geschehen ist).

Mögliche Bestandteile: eine Freundschaft, eine Krise, eine Aufgabe, Gott, du selbst, eine Einladung (Bist du dabei?), eine Absage (Ich mag keine Abenteuer/Veränderung ...), ein Zweifel (Ich traue mich nicht – wo wird das enden?), ein gutes/trauriges/offenes Ende.

Was kann die Kirche von morgen aus deiner Filmgeschichte lernen – insbesondere über Kirche als Freundschaftsort?

Treffen im Aufzug:

Bring es auf den Punkt

Du triffst eine dir wichtigen Person im Aufzug und hast nur wenige Minuten. Wie nutzt Du diesen Moment?

Wen würdest du gerne treffen, wenn auch nur für einen Moment?

1. ______

2. ______

3. ______

Warum diese Personen? Was sagt die Auswahl über dich?

STELL DIR VOR,
DU TRIFFST FÜR EINEN
MOMENT – SO LANGE WIE EINE FAHRT IM
AUFZUG – GOTT. UND ER SIEHT DICH NICHT VON
OBEN HERAB ODER WIE EINEN FREMDEN ODER WIE EIN
CHEF SEINEN MITARBEITER AN …
WIE SIEHT GOTT DICH AN? WAS SAGT GOTT ODER NIMMT ER/S
DICH EINFACH IN DEN ARM? WAS MÖCHTEST DU IHM/IHR SAGEN

Schau dir die Ergebnisse der letzten fünf Seiten noch einmal an.
Was möchtest du GOTT sagen?

Was möchtest du deinem ZUKUNFTS-ICH sagen?

STELL DIR VOR,
DU TRIFFST FÜR EINEN MOMENT
DEIN ZUKUNFTS-ICH – ALSO DICH
IM ALTER VON Z. B. 60 ODER 80 JAHREN
WAS FRAGST DU DEIN ZUKUNFTS-ICH?

Was möchtest du dem PAPST/BISCHOF sagen – für eine Kirche von morgen?

Kairos: der gute Moment, die gute Gelegenheit, die man beim Schopf ergreifen sollte, weil sie sonst vergeht und so nicht wiederkommt. Vergleiche: Welche Frisur hat Kairos in der griechischen Mythologie? (Lied: *One Moment in Time*)

Ein konkreter Projektvorschlag: Freuraum/Freiraum

Jugendliche aus verschiedenen Jahrgangsstufen haben Ideen für einen Begegnungsraum entworfen. Die Architekturstudentin Franziska Räder hat daraus einen Entwurf gestaltet (siehe Abb. Seite 154).

Freuraum/Freiraum ist ein Ort, der einlädt zu

- Essen und Trinken,
- Ruhe in der Glaskuppel,
- Gesprächen zu zweit oder in Gruppen (mit Profis für Kommunikation, Seele und Sorgen),
- Gottesdiensten (Mittagsimpuls, Segen zur Nacht, Sonntagsgebet) im EG um den Tisch, Meditationen unter dem Himmel,
- kreativen Workshops zu gewünschten Themen,
- Vormittagsangeboten für Kinder unter sechs Jahren,
- Duschen für Obdachlose im UG,
- Inspiration durch Bücher und Zeitschriften zu allen Fragen, die das Leben reich machen.

Später fanden wir bei Thomas von Aquin Ideen gegen die Traurigkeit:

Sich etwas Gutes gönnen,
Tränen weinen,
das Mitleid der Freunde,
der Wahrheit ins Auge sehn,
baden und schlafen.

Summa Theologiae, I–II, q. 38

ENTWIRF SELBST
EINEN ORT,
FÜR DEN GILT:

Will die Kirche in überzeugender Weise Zeugin des Gottesreiches sein, muss sie zu einem Zuhause werden, in dem wir uns als die Menschen wohlfühlen, die wir sind – was immer wir auch waren und getan haben –, und in dem die Leute, die uns begegnen, das Willkommen des Heimkommens spüren können.

Timothy Radcliffe

Der Freuraum

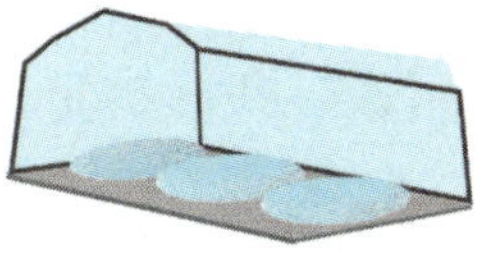

Wasserbetten

Ein Raum zum Geborgen-Fühlen und Reden

Gemeinschaftstisch

Ein Raum für kreative Workshops und Gebete

Fensterplätze

Ein Raum für private Gespräche

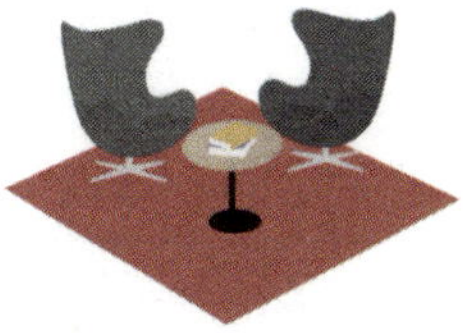

Leseecke

Ein ruhiger Raum mit Rückzugsmöglichkeit
und inspirierenden Büchern

Hausschuhe

Jeder Besucher erhält Hausschuhe,
um sich besonders wohl zu fühlen.

Essensausgabe

Im Keller gibt es Raum, um Essen an Menschen
zu verteilen, die Hunger haben.

Sag dem Bischof, was dir wichtig ist!

Wenn du magst, schreibe hier deine wichtigsten Gedanken auf, die du durch dieses Buch bekommen hast. Du kannst auch gerne Seiten kopieren, die du ausgefüllt hast.

Du kannst dann all das in einen Briefumschlag packen und es an den Bischof in deiner Region als einen Vertreter von Kirche schicken.

Was möchtest du mir mitgeben?

Die Adressen aller deutschen Bischöfe		
Aachen Dr. Helmut Dieser Ritter-Chorus-Str. 7 52062 Aachen	**Köln** Kardinal Rainer Maria Woelki 50606 Köln	**Essen** Dr. Franz-Josef Overbeck Burgplatz 2 45127 Essen
Freiburg Stephan Burger Schoferstr. 2 79098 Freiburg i Br.	**München und Freising** Kardinal Reinhard Marx Kardinal-Faulhaber-Str. 7 80333 München	**Augsburg** Dr. Bertram Meier Hoher Weg 22 86152 Augsburg
Limburg Dr. Georg Bätzing Domplatz 7 65549 Limburg	**Trier** Dr. Stephan Ackermann Liebfrauenstr. 1 54290 Trier	**Mainz** Prof. Dr. Peter Kohlgraf Domstr. 12, 55116 Mainz
Erfurt Dr. Ulrich Neymeyr Herrmannsplatz 9 99084 Erfurt	**Fulda** Dr. Michael Gerber Michaelsberg 1 36037 Fulda	**Magdeburg** Dr. Gerhard Feige Max-Josef-Metzger-Str. 1 39104 Magdeburg
Berlin Dr. Heiner Koch Hausvogteiplatz 12 10117 Berlin	**Dresden-Meißen** Heinrich Timmerevers Schloßstr. 24 01067 Dresden	**Görlitz** Wolfgang Ipolt Carl-von-Ossietzky-Str. 41/43 02826 Görlitz
Hamburg Dr. Stefan Heße Am Mariendom 2 20099 Hamburg	**Hildesheim** Dr. Heiner Wilmer SCJ Domhof 25 31134 Hildesheim	**Osnabrück** Dr. Franz-Josef Bode Große Domsfreiheit 8 49074 Osnabrück
Eichstätt Gregor Maria Hanke OSB P.-Philipp-Jeningen-Platz 5 82072 Eichstätt	**Bamberg** Prof. Dr. Ludwig Schick Obere Karolinenstr. 5 96049 Bamberg	**Würzburg** Dr. Franz Jung Kardinal-Döpfner-Platz 4 97070 Würzburg
Speyer Dr. Karl-Heinz Wiesemann Domplatz 2 67346 Speyer	**Rottenburg-Stuttgart** Dr. Gebhard Fürst Bischof-von Keppler-Str. 7 72108 Rottenburg am Neckar	**Schweiz** Dr. Erwin Tanner Alpengasse 6 1701 Fribourg
Münster Dr. Felix Genn Domplatz 27 48143 Münster	**Paderborn** Hans-Josef Becker Kamp 38 33098 Paderborn	**Luxemburg** Kardinal Jean-Claude Hollerich Archevêché B.P. 419, 2014 Luxemburg
Passau Dr. Stefan Oster SDB Domplatz 7 94032 Passau	**Regensburg** Dr. Rudolf Voderholzer Niedermünstergasse 1 93047 Regensburg	**Österreich** DDr. Peter Schipka Rotenturmstr. 2 1010 Wien

Menschen- und Gottesfreundschaft –

ein Abenteuer in vier Schritten als niedrigschwelliger Weg durch das Buch

Für Gruppen im Religionsunterricht und in der pastoralen Arbeit soll hier ein niedrigschwelliger Weg durch zentrale Fragen des Buches aufgezeigt werden.

1. Der Ausgangspunkt: Bei mir selbst zu Hause

Meine Erfahrungen (S. 23)
Storytelling – mein Leben als Dreiteiler (S. 80)
Eine Heldengeschichte (S. 151)

Resonanz-Runde vor dem nächsten Schritt:
Welche Erfahrungen und Gedanken zu meiner Person sind für die Pflege meiner Beziehungen wichtig? Welche Ressourcen-Schätze, welche „roten Knöpfe" bringen mich in Rage?
(Zum Vorausdenken: Welche Erfahrungen und Gedanken zu meiner Person sind für meinen Kontakt zu Gott interessant … und für ein mögliches Engagement in der Kirche?

2. Die Gefährten und Gefährtinnen: Wie pflegst du deine Freundschaften?

Mein Beziehungsnetz (S. 102)
Beziehungspflege – meine Nobelpreisliste (S. 149)
Heil-Land (S. 84)
Kritik, Widerstand, Verletzungen (S. 112)

Resonanz-Runde vor dem nächsten Schritt:
Welche Erfahrungen und Gedanken zu meinen Beziehungen sind für meinen Kontakt zu Gott wichtig?

(Zum Vorausdenken: … und für mein mögliches Leben in der Kirche von morgen?)

3. Ein unsichtbarer Begleiter und ein geheimnisvolles Ziel – Freundschaft mit Gott?

Freundschaft mit mir selbst – Freundebuch mit Gott (S. 37)
Zuspruch steht im Zentrum (S. 72)
Treffen im Aufzug – mit Gott (S. 152)
Tausche ein Freundebuch mit Gott (S. 38)
Reizworte: vertrauen, glauben, zweifeln (S. 98)

Resonanz-Runde vor dem nächsten Schritt:
Welche Erfahrungen und Gedanken zu Gott sind wichtig für die Kirche von morgen?

4. Eine Vision – der weite Horizont einer Kirche von morgen

Meine Antwort auf die Wunderfrage (S. 10)
Was ist für mich katholisch? (S. 45)
Thesen für Kirchenreformprozesse: 1–4, 6d–f, 9–12, 16 (S. 119)
Treffen im Aufzug – mit dem Bischof (S. 152)

Resonanz-Runde vor dem nächsten Schritt:
Welche Erfahrungen und Gedanken sollte die Kirche von heute von mir wissen? Sag es dem Bischof! (S. 156)

Weiterführende Hinweise, auch für Lehrer/-innen

Die nachfolgenden Anmerkungen sind kleine Ergänzungen zu den Impulsen, die schon im Buch an manchen Stellen angeboten werden. Als Bausteine können sie auch durch andere Zugänge erschlossen werden, die für Sie und Ihre Gruppen naheliegender oder vertrauter sind. Es sollen erste Ideen-Anstöße für eine Lawine von eigenen Ideen sein.

Zum Titel

Der Titel bezieht sich auf Frère John von Taizé, Kirche – eine Gemeinschaft von Freunden, München 2012, und Timothy Radcliffe, Alive in God, London 2019. Im 19. Jh. bezeichnete der Gefängnisseelsorger P. Jean J. Lataste OP den Dominikanerorden als „Freund Gottes"; der Generalmagister P. Bruno Cadoré formulierte davon ausgehend „Freund der Menschen, um die Freundschaft Gottes zu zeigen" (Wort und Antwort 3/2014).

Erste Zugänge zum ganzen Buch

Als drei Eckpunkte eines Dreiecks folgende Worte im Raum auf den Boden legen (oder auf ein Blatt schreiben):

- Gott
- Ich/meine Lebendigkeit/meine Beziehungen
- Kirche von morgen

Einzelarbeit (EA): Eigene Gedanken und Erfahrungen aufschreiben zu den Eckpunkten, die mich ansprechen.
Die Verbindungen zwischen den Eckpunkten zur Frage machen (und evtl. auf dem Boden mit Kreppband sichtbar machen): Z. B.: Was hat „Gott" mit meinem „Ich" zu tun?
Partnerarbeit (PA): Folgende Sätze in die Mitte des Dreiecks legen und Bezüge zu den Eckpunkten oder den notierten eigenen Erfahrungen und Gedanken entdecken (Autoren erst mal auf der Rückseite der Sätze verdeckt lassen):

Ich lege vor euch Leben und Tod. Wählt das Leben. (Gott, vgl. Dtn 30,19)
Ich bin gekommen, damit sie das Leben haben und es in Fülle haben.
(Jesus, vgl. Joh 10,10)
Die Ehre Gottes ist der lebendige Mensch.
(Irenäus von Lyon, Adversus haereses, Buch 4, Kap. 20)
Der christliche Glaube als Einladung zu wirklichem Leben.
(Timothy Radcliffe, Alive in God)
The journey into the heart of Jesus' self-giving is also a discovery of who we are and who we might become in Jesus.
(Rowan Williams, in T. Radcliffe, Why go to Church?, London 2008; Vorwort)

Wir suchen Liebe. Wir suchen Freiheit.
Wir suchen die Fülle des Lebens.
Wir suchen Jesus.
(Michael Curry, Lasst uns die Welt auf den Kopf stellen, München 2019, S. 29).
Plenum: Kirche als Ort der Freundschaft mit Gott und den Menschen – erste Ideen?

Alternative Einstiege in das Buch als Ganzes (Advance Organizer)

Alle Reizworte im Kreis auslegen.
EA: Welche Reizworte oder Einzelaussagen sprechen dich an? Nicht alle Aussagen müssen gelesen werden. Finde einen Einstieg, der dich spontan reizt, und formuliere eine eigene These oder Frage für eine Kirche von morgen.

EA: Aus den Thesen für Kirchenreformprozesse (S. 119) Zustimmung (+), Kritik (-) oder Rückfragen (?) kennzeichnen. Mögliche Auswahl aus den Thesen 1–4, 6d+f, 9–12, 16.
Oder:
EA: Drei Worte/kurze Formulierungen aufschreiben, die mit Kirchenreform oder der eigenen Entwicklung zu tun haben (zahlenmäßige Aufteilung nach Ich-/Kirchen-Entwicklung beliebig). Auf Karten notieren – ohne Namen und ohne Hinweis, ob Kirchen-Entwicklung oder Ich-Entwicklung gemeint ist.
Gruppenarbeit (GA): Tausche mit drei anderen Jugendlichen Karten und formuliere mit den Karten der anderen eine These zur Ich- oder zur Kirchen-Entwicklung. (Nicht alle Karten müssen dabei eine Rolle spielen. Du wählst aus, was dich reizt.)
Lest euch die Thesen vor. Versucht bei den Thesen der anderen eine Zuordnung zu Ich- oder Kirchen-Entwicklung und überlegt, ob Aussagen auch für beide Bereiche Bedeutung haben und wo Unterschiede liegen.
Dann Bezüge zu den Thesen für Kirchenreformprozesse (S. 119) (Konsens/Abweichungen) feststellen (Auswahlmöglichkeit wie oben).

Zur sogenannten Wunderfrage

In der systemischen Beratung nach Steve de Shazer eröffnet die sogennante Wunderfrage („Wenn wie durch ein Wunder etwas/ein Problem gelöst wäre, wie wäre es dann?") einen ressourcen- und lösungsorientierten Ansatz. Der für die individuelle Beratung entwickelte Ansatz wird hier für ein System genutzt, was auch Grenzen des Zugangs impliziert. Der Reiz liegt nicht nur in der Erweiterung der konkreten Handlungsoptionen, sondern in möglichen Veränderungen der Perspektive. Im systemischen Denken hat jede noch so kleine Veränderung eine Bedeutung fürs Ganze. (Für das System Schule siehe z. B. Christa Hubrig, Peter Herrmann, Lösungen in der Schule, Heidelberg 2005, insb. Kap. 6.3)

Zu den Texten allgemein

Neben den klassischen und kreativen Methoden der Textarbeit können die ausführlichen Thesen für Kirchenreformprozesse (S. 119) genutzt werden: Es können mit ein bis drei zentralen Worten aus den Thesen kurze eigene Thesen (oder Erfahrungen – insbesondere zu den Texten im ersten Teil) formuliert werden.
Anschließend können dazu die ausführlichen Thesen diskutiert und der ganze Text bearbeitet werden.
Für manche Texte eignet sich auch die Arbeit mit dem oben genannten Dreieck.

Zu den Reizwörtern allgemein

Methodische Vorentscheidung:
Wenn der persönliche Austausch von Erfahrungen wichtiger als eine abstrakte Sachdiskussion ist, kann der Grundsatz „Sharing – no discussion" (aus den Kleingruppen-Gesprächen in Taizé) eingeführt werden. (Für Jüngere der Lieblingsfarbe-Hinweis: Von unseren Lieblingsfarben können wir erzählen, aber nicht sagen, welche die richtige ist. Für Erwachsene: Ich-Botschaften.)

Methodischer Vorschlag:
1) Einzelne Sätze/Zitate einer Reizwort-Seite auf DIN-A3-Blätter kopieren und im Raum verteilen.

Plenum: Wahrnehmen der Aussagen und dann in drei Durchgängen im Raum positionieren („mein Standpunkt") nach Zustimmung, Ablehnung und Rückfragen. Schreibgespräch auf DIN-A3-Blättern.

2) Das Dreieck „Ich/meine Lebendigkeit/meine Beziehungen" – „Gott" – „Kirche von morgen" auf den Boden legen. In die Mitte einen ausgewählten Satz legen: Was ergibt sich aus den Bezügen zu den Eckpunkten?

Für eine stärker argumentative Beschäftigung kann man aus den Aussagen der Reizwortseite je ein zentrales Wort herausgreifen und noch vor der Arbeit mit den Aussagen die Jugendlichen (1) eigene Aussagen mit den Worten formulieren lassen, dann (2) mit den Reizwort-Aussagen vergleichen lassen, dann (3) zu einzelnen Aussagen Gegensatz-Aussagen bilden lassen und im letzten Schritt (4) biblisch begründete Aussagen zu den bisherigen Aussagen formulieren lassen.

Zum Kapitel-Anfang: Geschichten aus dem Leben und der Fantasie (S. 11)

Timothy Radcliffe, Gemeinschaft im Dialog, Leipzig 2001, S. 293.

Zum Bildimpuls: Ich will, dass Du bist (S. 13)

Methodisch:

EA: Einen eigenen Kircheneingang entwerfen und erläutern.

Zur Vertiefung:

Das Zitat vervollständigen: Welcher Satz passt aus deiner Sicht vor oder nach den Satz … Ich will, dass du bist ...?

Dem heiligen Augustinus wird er so zugeschrieben: Lieben heißt: Ich will, dass du bist.

EA: Eigene Varianten entwickeln: Lieben/Da-Sein/Wertschätzung/... heißt ...

… Ich will dich so, wie du jetzt bist ...

PA: Wie kann eine Kirche von morgen diese Botschaft erlebbar machen?

Foto: Augustinerkirche, Würzburg. https://www.augustinerkirche-wuerzburg.de/kirche

Zur theologischen Vertiefung:

Tomás Halík, Ich will, dass Du bist. Über den Gott der Liebe, Freiburg 2019.

Zum Ich-xperiment: You can't hurry love (S. 15)

Methodisch:

Die Jugendlichen können als Vorübung eingeladen werden, die rechte Hand fest zu einer Faust zusammenzudrücken und die Kraft als Symbol für das zu verstehen, was sie im Leben aus eigener Kraft erreichen können. Die linke Hand kann dann offen wie eine Schale gehalten werden, in die die Geschenke des Lebens von anderen hineingelegt werden können. (Das geht eben in der rechten Hand nicht.)

Zur Vertiefung:

Hartmut Rosa, Unverfügbarkeit der Resonanz, in: Tagesspiegel 16.4.2019; ausführlich: Hartmut Rosa, Unverfügbarkeit, Salzburg/Wien 2018.

Francesca Melandri, Alle außer mir, Berlin 2018, S. 257

hierzu: Frère Paolo/Taizé: https://www.youtube.com/watch?v=IwnK0NWkO7E

Zu Allegra Sain (S. 16)

Methodisch:

Vor dem Lesen der Geschichte: In deiner Fantasie: Ein Gottesdienst im Sinne Gottes, der die Liebe ist – wie könnte so ein Gottesdienst gestaltet sein?

Nach dem Lesen der Geschichte: Kontakt in echter Gemeinschaft, einander offen Erlebtes mitteilen können, füreinander da sein mit offenen Ohren?

In welchen Situationen erlebst du das? Wann, wo?

Welche Orte magst du immer wieder besuchen wie ein (Stamm-)Café,
wie ein Fan sein Stadion?

Was macht lebendig wie ein Flashmob oder ein Konzert?

Was kann die Kirche davon lernen?

Ist etwas von diesen Situationen schon wie ein Gottesdienst im Alltag, ohne dass er so heißt? Der Altar steht an der nächsten Straßenecke … denn wo die Liebe ist, da ist Gott.

Zur Reizwort-Seite: Be happy, froh bzw. glücklich sein, Spaß haben (S. 18)

Nasreddin Hodscha zit. nach Timothy Radcliffe, Alive in God, London 2020, S. 11

Hartmut Rosa spricht vom „Index der glänzenden Augen", vgl. Hartmut Rosa/Wolfgang Endres, Resonanzpädagogik, Weinheim/Basel 2016.

Kardinal Timothy Dolan: New York Times 6.1.2012 https://www.nytimes.com/2012/01/08/nyregion/timothy-dolan-new-yorks-next-cardinal.html; siehe auch: „Joy is the heart of evangelisation."
https://www.catholicnewsagency.com/

news/cardinal-dolan-joy-is-at-the-heart-of-evangelization-26996
Paulus in Phil 4,4–9
Papst Franziskus spricht im Jahr 2014 von den 15 Krankheiten der Kurie:
12. Die Krankheit der Totengräbermine: Der Apostel muss sich bemühen, ein freundlicher, unbeschwerter, begeisterter und fröhlicher Mensch zu sein, der Freude verbreitet, wo immer er sich befindet. Ein von Gott erfülltes Herz ist ein glückliches Herz, das Freude ausstrahlt und alle in seiner Umgebung damit ansteckt: Das sieht man sofort!
http://www.vatican.va/content/francesco/de/speeches/2014/december/documents/papa-francesco_20141222_curia-romana.html
T. Radcliffe, La Joie de l´Évangile, in: ders., Au bord du Mystère, Paris 2017, S. 143–161, S. 147.
T. Radcliffe, Secrets to being a happy priest, in: Vocation Guide, S.126–131, S. 131. https://issuu.com/vision2012/docs/v20issuu

Zu Eva Straeten (S. 19)

Vor dem Lesen der Geschichte: Ein Fest des Lebens, das eine Quelle für positive Energie ist – wie könnte das in deiner Fantasie aussehen?
Was kann die Kirche davon lernen?
Die Oma spielt in den Beiträgen von A. Sain und E. Straeten eine Rolle: Wer hat dich und Gott miteinander bekannt gemacht? Wie?
Stell dir vor: Du kennst weder die Kirche noch Gottesdienste – wie würdest du einen Gottesdienst als außenstehender Beobachter (wie ein Theater- oder Filmkritiker) wahrnehmen („Requisiten", Ton, Licht, die ganze „Inszenierung")? Wodurch würdest du doch zum innerlich berührten Teilnehmer, der vielleicht am Ende sitzenbleibt wie beim Abspann eines Filmes, der dich emotional erreicht hat?

Zur Reizwort-Seite: Echt sein (S. 22)

Querverbindung: Ein Setzkasten – passend für Gott und dein Leben (S. 63)
Methodisch: Sei selektiv authentisch. (Ruth Cohn)
EA: Wähle eine für dich wichtige Begegnung. Male dazu deine inneren Anteile (Gefühle/Gedanken ...) auf eine Bühne mit einem Vorhang: Welches „Team-Mitglied" dieses inneren Teams steht sichtbar im Vordergrund, wer im Hintergrund, wer hinter dem Vorhang – also für andere versteckt?
In welchen Begegnungen ist dein Vorhang weiter geöffnet, wann (fast) ganz geschlossen?
Gibt es innere Team-Mitglieder, die Masken tragen, also von außen nicht zu erkennen sind?
Gibt es Team-Mitglieder, die sich hinter anderen verstecken?
Welche Aussage der Reizwort-Seite ist für dich eine Entwicklungsaufgabe – genauer: für welches Team-Mitglied in dir?

Zu F. Perls:
Die Jugendlichen können aus den Worten „Ich", „Du" und „Welt" zuerst einen eigenen Grundsatz in max. drei Sätzen formulieren.
Dann ihre Aussagen mit den Aussagen von Perls vergleichen.
Und dann beide mit Ruth Cohn (Themenzentrierte Interaktion, TZI) vergleichen:
Ich will tun, was ich tu. Ich bin ich.
Du willst tun, was du tust. Du bist du.
Die Welt ist unsere Aufgabe. Sie entspricht nicht unseren Erwartungen.
Jedoch, wenn wir uns für sie einsetzen, wird sie schön sein.
Wenn nicht, wird sie nicht sein.

Zu Ruth Cohn:
(nach Matthias Scharer, Sich nicht aus dem Herzen verlieren. Von der spirituellen Kraft der Beziehung, München 2003, S.100)
Die Wahrheit macht frei: Joh 8,32
Olaf Lewitz https://trustartist.com/project/public-speaking/

Ruth Cohn: „Selektive Authentizität" ist eine der sog. Hilfsregeln der TZI; https://www.ruth-cohn-institute.org/tzi-konzept.html
Erving Goffman, Wir alle spielen Theater. Die Selbstdarstellung im Alltag, 8. Aufl., München 2010
Eigentlich bin ich ganz anders: Ödön von Horváth, Zur schönen Aussicht, in: Gesammelte Werke, Suhrkamp, 2. Aufl. 1978, Bd. 3, S. 67.
Christoph Schönborn: Herderkorrespondenz Dez. 2019.
Timothy Radcliffe, Why go to Church?, London 2008, S. 25 (It's OK to be ordinary.)
Timothy Radcliffe, Warum Christ sein?, Freiburg 2012, S. 75.(Weg nach Dublin ...)
Bert Hellinger, Anerkennen, was ist, 10. Aufl., München 2000.
Sog. Gestaltgebet von Frederick Perls in: ders., Gestalt-Therapie, S. 13.
Ruth Cohn, Gelebte Geschichte der Psychotherapie, S. 376. Formulierung dieses sog. Axioms der TZI: „Die Autonomie des Einzelnen ist umso größer, je mehr er sich seiner Interdependenz mit allen und allem bewusst ist."
Zur Unterscheidung von basalen Motiven und sog. motivationalen Selbstbildern vgl. Regina Vollmeyer, Falko Rheinberg, Motivation, 9. Aufl., Stuttgart 2018, Kap. 8.2.

Zum Ich-xperiment: Meine Erfahrungen (S. 23)

Querverbindung: Reizwort-Seite „Echt sein" (S. 22)
Methodisch:
1. Zugang Biografie
EA: Stelle deine Erfahrungen als Baum dar: Zeichne zwischen Wurzel-Erfahrungen und Wachstums-Erfahrungen eigene Identitätserfahrungen (so bin ich) in die Rinde ein.
2. Zugang Kontakt
EA: Grob verallgemeinert: Wie sprichst du häufiger: abstrakt analytisch oder von Erfahrungen erzählend?
Etwas differenzierter: Finde wichtige Begegnungen und Gespräche in deinem Leben.
Ordne sie ein in der Polarität „Abstrakte Argumentation (Wissenschaftlich gesehen/ nach einer Studie/einem Modell ist es so …) – erfahrungsbezogenes Erzählen (Aus meinem Leben kenne ich …).
Ressourcen-Hinweis: Beide Sprechweisen haben ihren Wert für bestimmte Situationen.
Warnhinweis: Virginia Satir hält „Rationalisieren" für eine (von vier) Blockaden in einem echten persönlichen Austausch. (Wer die anderen Möglichkeiten, Gespräche zu blockieren, auch kennenlernen möchte: siehe Anmerkungen zu den Reizwörtern „Kritik, Widerstand, Verletzungen" hier in den Hinweisen (S. 112).

Zusatzthesen:
Die Kirche braucht nicht zuerst Wissensgebäude, sondern Erfahrungsräume. (Paul Zulehner, Ein Obdach der Seele, S. 30.

Unser Glaube bleibt nicht bei Lehrsätzen stehen, sondern greift aus auf das Geheimnis Gottes, das wir nicht in Begriffe pressen können. Unsere Aussagen über Gott sind nur verständlich im Kontext des Lebens von Menschen. Losgelöst davon machen sie wenig Sinn. (Timothy Radcliffe, Warum Christ sein, S. 347/348.)

Virginia Satir, Mein Weg zu dir, Kontakt finden und Vertrauen gewinnen, 6. Aufl., München 2004. S. 39.
Nick Hornby, How to Be Good, Köln 2001.
M. M. Warshavskys Lied „Oyfn Pripetshik" wird im Film „Schindlers Liste" (1993) von S. Spielberg verwendet.

Der Fromme der Zukunft wird ein „Mystiker" sein, einer, der etwas „erfahren" hat, oder er wird nicht mehr sein. (Karl Rahner: Frömmigkeit heute und morgen. In Geist und Leben 39 (1966), S. 335.)

Zum Ich-xperiment: Sätze wie Schätze (S. 25)

Methodisch: Aus der Auswahl von Sätzen einen aussuchen und a) eine Geschichte dazu erfinden b) den Satz in einem Bild ausdrücken.

Querverbindung: Storytelling – mein Leben als Dreiteiler (S. 80)

Thomas A. Harris, Ich bin ok, du bist ok, Neuausgabe 2001, S. 151.

Elisabeth Kübler Ross/David Kessler, Geborgen im Leben, Stuttgart/Zürich 2001, S. 46, 58.

Zur Reizwort-Seite: Tradition (S. 29)

Querverbindung: Was ist für mich katholisch? (S. 45)

Zur Vertiefung:

Was lehrt eine bestimmte Aussage über Jesus? (Theologisch: Wie wichtig ist eine Aussage im Blick auf die Hierarchie der Wahrheiten?)

Wie alt ist eine Tradition? Z. B. älter als ca.150 Jahre?

Vgl. dazu Hubert Wolf, Krypta. Unterdrückte Traditionen der Kirchengeschichte, München 2015.

H. Wolf: www.katholisch.de/artikel/26603-wolf-katholische-kirche-so-wie-heute-gibt-es-erst- seit-150-jahren

Zur Unterscheidung Tradition/Traditionen vgl. Frère Émil, Taizé, Treue zur Zukunft. Lernen von Yves Congar, Freiburg 2014, S. 56–60.

G.L. Müller: www.katholisch.de/artikel/23378-gerhard-ludwig-mueller-sprach-sich-fuer-verheiratete-priester-aus

Timothy Radcliffe, Warum Christ sein, S. 315.

Christoph Schönborn: https://www.katholisch.de/artikel/20528-schoenborn-ehe-wunsch-von-homosexuellen-beruehrend

Jean-Claud Hollerich: https://www.katholisch.de/artikel/27263-hollerich-blasen-von-traditionalisten-und-progressiven-muessen-platzen

Klaus Hemmerle, Kirche der Zukunft – Zukunft der Kirche, in: Die Lebendige Zelle 2 (1972), S. 36–46.

Zum Kapitel-Anfang: Theologische Perspektiven: Unsere Hoffnungen für eine Kirche von morgen (S. 30)

Klaus Hemmerle, Was fängt die Jugend mit der Kirche an? Was fängt die Kirche mit der Jugend an?, in: Internationale Katholische Zeitschrift 12 (1983), S. 309.

https://www.klaus-hemmerle.de/de/werk/was-faengt-die-jugend-mit-der-kirche-an-was-faengt-die-kirche-mit-der-jugend-an.html#/reader/0

Zum Bildimpuls: Jesus und sein Freund (S. 36)

Ikone: „Christus und Abbas Menas", Louvre, Paris

Es handelt sich um eine koptische Ikone (typisch dafür die großen Augen) aus dem 8. Jh. aus Bawit, die heute im Louvre hängt. In Taizé wird sie „Jesus und sein Freund" betitelt.

Beobachtungen und Impulse:

Die Segenshand – typischerweise die rechte Hand Jesu – ist hier die Hand von Abt Menas. Wer gibt den Segen Gottes weiter – in meinem Leben? Stell dir eine lange „Segens-Kette" vor: Wenn Jesus seinen Segen wie bei Menas durch andere weitergibt – von Generation zu Generation, von Kontinent zu Kontinent – wer hat dir Gottes gute Gegenwart vermittelt? Wem willst du Gottes Nähe fühlbar machen und so in der Kette weitergeben?

Die beiden sind fast auf Augenhöhe. Verstehe ich Gott über, neben oder klein bei mir (Weihnachten: Pass gut auf diesen kleinen Gott auf.)? Wer ist im Kind-Ich, Erwachsenen-Ich oder Eltern-Ich: Vater oder Papa (aram. Abba) oder Mama (Jesaja)?

Augustinus: Gott ist immer jünger als wir.

Jesus trägt die ganze Hl. Schrift, Menas eine kleine Schriftrolle, wahrscheinlich die Regel seiner Gemeinschaft. Du brauchst nicht erst die ganze Bibel kennen oder gar verstehen zu wollen –„fang mit dem an, was du verstanden hast, und lebe es" (Fr. Roger von Taizé).

Jesus und Menas sind verbunden (Schulter/ Zusammenwirken des Segens), aber mit Abstand zwischen beiden.
Zur Vertiefung: Thomas von Aquin, Summa Theologica, II.II 17.3, sagt, dass in der Liebe zwei eins werden, aber unterschieden bleiben.
Welcher Typ bist du in Beziehungen in der Balance von Verbundenheit und Eigenständigkeit?

Zum Ich-xperiment: Freundebuch (S. 38)

Mögliche Querverbindung: Storytelling – mein Leben als Dreiteiler (S. 80)
Zur Vertiefung: Zu biblischen Fragen vgl. Johanna Domek, Befreiungen – 24 meditative Fragen der Bibel. – Münsterschwarzach, 2004.

Zum Ich-xperiment: Was ist für mich katholisch? (S. 45)

Mögliche Querverbindung: Reizwort Tradition (S. 29)
Methodisch: Vorlesen der Statements (s. u.) ohne Namensnennung und dazu (EA) persönliche Zuordnung: „Welche Aussage ist für dich wichtig in der katholischen Kirche (von 0 bis 10)?
Anonyme Punkte-Darstellung auf einer gemeinsamen Skala.
Klärung der Argumente. Bekanntgabe der Autoren.
Statements:
Priester und Bischöfe sind nicht Herren über den Glauben der Laien.
(In Anlehnung an Paulus, 2 Kor 1,24)
Frauendiakonat könnte eingeführt werden. (Christoph Schönborn)
https://www.katholisch.de/artikel/17964-schoenborn-frauendiakonat-koennte-eingefuehrt-werden
Kann mir vorstellen, dass Frauen Priesterinnen werden. (Franz-Josef Overbeck)
https://www.katholisch.de/artikel/23776-overbeck-kann-mir-vorstellen-dass-frauen-priesterinnen-werden
Es gibt keine theologischen Gründe gegen das Priestertum der Frau. (Anselm Grün) https://www.katholisch.de/artikel/26051-anselm-gruen-keine-theologischen-gruende-gegen-frauenpriestertum
Homosexuelle haben das Recht, in einer Familie zu leben. (Papst Franziskus)
https://www.katholisch.de/artikel/27298-papst-franziskus-befuerwortet-lebenspartnerschaften-homosexueller
Die Kirche sollte homosexuelle Paare segnen. (Heinrich Timmerevers)
www.katholisch.de/artikel/27026-bischof-timmerevers-befuerwortet-segnung-homosexueller-paare
Wir brauchen eine neue Machtverteilung, konkret ein neues Verhältnis von sogenannten Laien und Priestern, von Haupt- und Ehrenamtlichen, von Männern und Frauen in der katholischen Kirche. (Felix Genn)
https://www.katholisch.de/artikel/23014-bischof-genn-dringt-auf-neue-machtverteilung-in-der-kirche

Zum Thema Demokratie und Kirche:
Karl Rahner, Strukturwandel der Kirche als Aufgabe und Chance, Freiburg 1989, S.142–146 („demokratisierte Kirche")
Zeitschrift „Wort und Antwort" Jg. 62 (2021) Heft 1 „Demokratie. Wie im Orden, so in der Kirche", insb. Timothy Radcliffe, Die Spiritualität dominikanischer Ordensleitung, S.12–18.
Franz Meurer, Damit Kirche eine Zukunft hat, muss sich einiges ändern, in: SommerZeit (Zs. d. Erzbistums Köln) 2021, S. 10–11.
Zum „Denzinger": vgl. Yves Congar, Über den rechten Gebrauch des „Denzinger" (frz. 1963), in: Situation und Aufgabe der Theologie heute, 1971, S. 129–150.
Anselm Grün, Worte, die tragen. Die Weisheit des Glaubensbekenntnisses, Münsterschwarzach 2015, S. 115.
Zur Aussage von A. Angenendt: Er betonte das immer wieder in seinen Vorlesungen (Anm. des Hrsg. U. S.)
David Steindl-Rast, Credo. Ein Glaube, der alle verbindet, Freiburg 2010, S. 193/194.

Klaus Hemmerle, Viele Wege führen ins Getto, in: Lehmann, Karl/Rahner, Karl, Marsch ins Getto? Der Weg der Katholiken in der Bundesrepublik, München 1973, S. 70–78.
Timothy Radcliffe, Warum Christ sein?, Freiburg 2012, S. 311–313 (insg. Kap. 9 und 10).
Michael Curry, Lasst uns die Welt auf den Kopf stellen, München 2019, S. 128.

Rowan Williams, Where God Happens: Discovering Christ in One Another. Bosten 2005, S. 112.

Zu Hubertus Lutterbach (S. 48)

Methodisch: Horizontale statt vertikale Beziehungen
EA: „Wenn ich einen Menschen abgöttisch liebe und ein Leben im siebten Himmel von diesem Menschen erwarte, dann ..."
Wende die Perspektive: Wie wirkt das, wenn das dein/e (künftige/r) Lebenspartner/-in von dir denkt?
Jürg Willi spricht von Überforderungen der Liebe. Was könnte das konkret bedeuten, wenn ich eine Beziehung zu einem Menschen (unbewusst) als Ersatz für den Himmel oder Gott ansehe?
Metapher „Schloss" (an der Brücke): Bindung und Freiheit
Welche Formulierung ist für dich sinnvoll: „Bindung statt Freiheit", „Freiheit durch Bindung" oder „Je mehr … desto weniger/mehr ..."?
Kirche und Individualität:
Finde Beispiele aus deiner Erfahrung und/oder Fantasie: Wie kann die Kirche von morgen deine Individualitätsentwicklung fördern?

Zum Ich-xperiment: Wendepailletten sind wunderbar – mit Musik die Blickrichtung wechseln (S. 52)

Zur Vertiefung: (Dauerhaftes) Musikhören: Resonanz-Ersatz oder Ressource?
Musikhören z. B. als Resonanz-Ersatz (H. Rosa, Resonanz) oder in ressourcenorientierter Sichtweise: Jugendlichen zuhören, was sie gerne und oft hören – als Ausdruck dessen, was (vielleicht unbewusst) in ihnen ist, was für sie Sinn macht, was sie tröstet oder ihre Emotionen ausdrückt – und so etwas von ihnen lernen – auch über Gott, der durch jeden Menschen sprechen kann (evtl. im Modus von Sehnsucht oder im Modus des Vermissens).
Vgl. Timothy Radcliffe, Suffering and healing, www.catholicireland.net/timothy-radcliffe-op/.
C.G. Jung, Der Mensch und seine Symbole, Olten, 8. Aufl. 1985, S. 7.

Zu Guido Meyer (S. 54)

Querverbindung: Sätze wie Schätze (S. 25)
Methodisch:
Lies die Geschichte von Zachäus.
EA: Zeichne ein einfaches Bild mit den Personen, einer Straße und einem Baum.
Zeichne, ohne lange zu überlegen, dazu: dich selbst, einen Bischof und drei Personen aus der Liste „Ein Brief Gottes – Hunderte" (S. 57).
PA: Was könnten die Positionen im Bild bedeuten? Was würde eine andere Position symbolisieren?
EA: Male Gedankenblasen: Wer denkt was über wen? Male Herzen zu den Personen und schreibe in das Herz: Welche Gefühle hat dieser Mensch in dieser Szene?
PA: Sprecht aus den Rollen miteinander (Ich als ...).
EA: Schreibe einen Brief aus der Rolle heraus an Gott. Darin kann eingebaut sein:
Ich freue mich über ...
Ich sehne mich nach ...
Ich habe Angst davor, … (z. B. etwas zu verlieren: Wahrheit, Freiheit, mein Ich, Kontakt ...)
Plenum: Jemand antwortet als Jesus auf diesen Brief. Möglicher Anfang: Hab keine Angst oder: Was kann ich für dich tun?
Abschluss im Plenum: Mit dem Anfangssatz: Ich kenne daran ... (das Gefühl, das Bedürfnis, die Angst ...).

Zum Bildimpuls: Kintsugi-Schale (S. 62)

Mögliche Querverbindung: Kritik, Widerstand, Verletzungen – bei Veränderungen (S. 112)

Zur Ergänzung: Verletzlich, aber unbesiegbar. (Emmy Werner in der Kauai-Studie über resiliente Menschen: Vulnerable, but invincible)
Victor in vinculis. (Sieger in Ketten, Karl Leisner im KZ)
Verwundet, aber lebendig (Osterglaube)
Unvollkommen, aber stark (Christophe André, Unvollkommen, aber stark, München 2009)
Gerade dann, wenn ich schwach bin, bin ich stark. (Paulus, 1 Kor 12,10)

Zur Vertiefung: Im Exsultet der Osternachtsliturgie wird von „felix culpa" gesprochen („Glückliche Schuld, welch großen Erlöser hast du gefunden.") Kann man auch von „happy crisis" sprechen?
Info Kintsugi: Kintsugi ist eine traditionelle japanische Reparaturmethode für Keramik. Keramik- oder Porzellanbruchstücke werden mit Urushi-Lack geklebt, fehlende Scherben werden mit einer in mehreren Schichten aufgetragenen Urushi-Kittmasse ergänzt, in die feinstes Pulvergold oder andere Metalle wie Silber und Platin eingestreut werden. (https://de.wikipedia.org/wiki/Kintsugi)
Leonard Cohen, „Anthem", (Album „The Future" 1992).
Henri Nouwen, in: Anselm Grün/Meinrad Dufner, Spiritualität von unten, Münsterschwarzach 2019, S. 15.
Anselm Grün, a. a. O., S. 16.
Juli Zeh, „Jenseits von Erfolg und Reichtum", in: Psychologie heute 8/2019, S. 58–63, 63.

Zum Vertiefen: Tomas Navarro, Kintsugi. Die Kunst, emotionale Verletzungen zu heilen, München 2019, versteht Kintsugi als Metapher für einen Entwicklungsprozess (Sein Verständnis von Stärke und Selbstoptimierung kann auf die christliche Perspektive von Gnade und Erlösung bezogen werden.)

Zu: Ein Setzkasten – passend für Gott und dein Leben? (S. 63)

Mögliche Querverbindung: Reizwort „Echt sein" (S. 22)
Methodisch: Zeichne einen Setzkasten zu deinem Ich: Welche Selbstbilder von dir passen für dich, welche engen dich ein, welche machen frei? (Z. B. möglichst perfekt, stark, beliebt, schnell, ausgeglichen, beeindruckend, zielorientiert, lustig, attraktiv, kreativ … normal?... müde, gereizt, geliebt ...) Versuche nicht, dein Wunsch-Ich darzustellen. Wie bist du jetzt tatsächlich?

Zur Vertiefung: Virgina Woolf spricht von Befreiungen von unwirklichen Verpflichtungen: von Nationalstolz, Familienstolz, Geschlechtsstolz, Glaubensstolz, V. Woolf, Drei Guineen, 3. Aufl., München 1978, S. 89.
Thomas von Aquin, Summa Theologica, II.I, 2 nennt Reichtum, Ehre, Vergnügen oder Macht als Ersatz-Götter, die der Mensch statt Gott verehren kann. Ich als Verehrer von Karriere, Geld, Macht, Genuss, meines Egos … – welchen Ersatz-Gott verehrst du?
Wann möchtest du diesen Wunsch Gott sagen: „Meine engen Grenzen, meine kurze Sicht – wandle sie in Weite"?

Zur Reizwort-Seite: Wirklich zuhören (S. 70)

Methodisch:
EA: In welcher Begegnung ist dir passiert, was Bilbo zu Frodo als Warnung sagt: „Es ist eine gefährliche Sache, Frodo, aus deiner Tür hinauszugehen. Du betrittst die Straße, und wenn du nicht auf deine Füße aufpasst, kann man nicht wissen, wohin sie dich tragen."
Zur Vertiefung: Pulp Fiction: Film aus dem Jahr 1994
Klaus Hemmerle: „Was fängt die Jugend mit der Kirche an? Was fängt die Kirche mit der Jugend an?", in: Internationale Katholische Zeitschrift 12 (1983), S. 309.
https://www.klaus-hemmerle.de/de/werk/was-faengt-die-jugend-mit-der-kirche-an-was-faengt-die-kirche-mit-der-jugend-an.html#/reader/0

Timothy Radcliffe: https://www.youtube.com/watch?v=kyv-nzQBjYo

Zum Ich-xperiment: Gottes Memory-Book für mich (S. 71)

Methodisch:
Welche drei bis fünf Texte der Bibel sagen mir, zu wem ich gehöre? Wer bin ich und was ist das für eine „Familie"?
Zur Vertiefung:
Henning Mankell, Ich sterbe, aber die Erinnerung lebt, Wien 2004.
Sr. Ancilla Röttger, Morgenandacht „Zu wem gehöre ich?" in: Kirche in WDR 3 und 5, 10. Juni 2020: Und ich dachte: Könnte nicht auch die Bibel solch ein „Memory Book" sein, das Gott für mich geschrieben hat? Worin er mir erzählt, woher ich komme, zu welcher Familie ich gehöre, auf welche Freunde ich mich verlassen kann, wie die Geschichte Gottes mit uns Menschen gelaufen ist und vieles mehr. Wenn ich es lese, trete ich in eine lebendige Beziehung ein zu dem, der es für mich geschrieben hat – und je mehr ich darin lese, um so besser verstehe ich auch mich selbst, die Menschen, die Welt. Eine unschätzbare Kostbarkeit, die jedem geschenkt ist, der es annimmt! Dass Sie entdecken, zu wem Sie gehören, wünscht Ihnen Sr. Ancilla Röttger aus Münster.

Zu: Zuspruch steht im Zentrum (S. 72)

Papst Franziskus: Eine Kirche des Ja: https://www.kath.ch/newsd/papst-christen-sind-keine-puritaner/

Zum Kapitel-Anfang: Pastorale und soziale Erfahrungen (S. 74)

Antonio Spadaro, Das Interview mit Papst Franziskus, Freiburg 2013, S. 47 und S. 62.

Zu Bernhard Hertwig (S. 75)

Zur Biografie von Bernhard Hertwig: WDR 5, „Erlebte Geschichten", https://www1.wdr.de/mediathek/audio/wdr5/wdr5-erlebte-geschichten/audio-erlebte-geschichten-bernhard-hertwig--100.html

Zur Reizwort-Seite: Freiheit, Autorität, Dienen, Liebe (S. 79)

Zu den Zitaten:
Es ist nicht gut ..: Gen 2,18
Paul Zulehner, Autorität und Freiheit in der Kirche – ein unversöhnlicher Gegensatz, Akademie-Referate Heft 28, Theol. Hochschule Vallendar 1992, S. 2.
Paulus: Nicht Herren eures Glaubens ...: 2 Kor 1,24
Wahrheit macht frei: Joh 8,32
So frei wie verbunden: Ruth Cohn formuliert das sog. 1. Axiom der TZI so: Der Mensch ist eine psycho-biologische Einheit. Er ist auch Teil des Universum. Er ist darum gleicherweise autonom und interdependent. Die Autonomie des Einzelnen ist um so größer, je mehr er sich seiner Interdependenz mit allen und allem bewusst ist. https://www.ruth-cohn-institute.org/tzi-konzept.html
Richard Rohr, Pure Präsenz. Sehen lernen wie die Mystiker, München 2010, S. 189
Rainer Maria Schießler, Jessas, Maria und Josef. Gott zwingt nicht, er begeistert, München 2018.
Timothy Radcliffe, Gemeinschaft im Dialog, Leipzig 2001, S. 312 (Christus in der Mitte), S. 293 (Autorität).
Klaus Hemmerle, Zukunft der Kirche – Kirche der Zukunft, in: Die lebendige Zelle, 2. Jg. 1972, S. 36–46.

Zum Ich-xperiment: Heil-Land (S. 84)

Film: Was Frauen wollen (What Women Want, 2000)

Zum Bildimpuls: Heimat bei Gott – und in der Kirche? (S. 86)

Zu den Zitaten:
Timothy Radcliffe, Alive in God, London 2019, S. 209–212.
Papst Franziskus: http://de.radiovaticana.va/news/2016/06/16/papst_drei_

bilder_f%C3%BCr_eine_pastoral_nach_amoris_laetitia/1237846
Heinrich Timmerevers: https://www.katholisch.de/artikel/27026-bischof-timmerevers-befuerwortet-segnung-homosexueller-paare
Rainer Maria Woelki: ZPTh, 37. Jahrgang, 2017-2, S. 217–226, http://nbn-resolving.de/urn:nbn:de:hbz:6:3-zpth-2017-21297

Zu Jürgen Maubach (S. 89)

Impulse: Komm dir selbst auf die Spur: „Meine tiefe Sehnsucht nach ..."
Welche Unzufriedenheiten in deinem Leben möchtest du anschauen? Wähle eine aus.
Welche Sehnsucht könnte hinter dieser Unzufriedenheit stecken? Warum sind dir bestimmte Themen, Verhaltensweisen, Situationen nicht egal?
Unzufriedenheiten mit der Kirche gibt es verschiedene. Schau zweimal hin.

1. Aus deiner Sicht: Welche Sehnsüchte stecken hinter deinen Unzufriedenheiten mit der Kirche?
2. Perspektivwechsel: Formuliere einige Unzufriedenheiten aus der Sichtweise eines möglichst ganz anderen Menschen (Wechsel von Alter, Geschlecht, Grundhaltung, Rolle in der Kirche).

Welche Sehnsüchte hinter den Kritikpunkten anderer Menschen kannst du verstehen?

Zur Reizwort-Seite: mehr/ ganzes/volles Leben (S. 93)

Mögliche Querverbindungen: „Meine Erfahrungen" (S. 23) und „Welche Visionen teilst du (mit)?" (S. 94)
Methodisch:
EA: Gestalte eine Collage mit Szenen aus deiner Erfahrung und deiner Fantasie mit Worten und Zeichnungen zum Thema „Mein Leben in Fülle".
PA: Welche gemeinsamen Erfahrungen oder Vorstellungen gibt es? (Evtl. zugeordnet zu den Stichworten: Meine Erfahrungen; Wünsche und Träume; Nicht von dieser Welt; Das große Glück in kleinen Dosen/schon ganz nah)
Theologische Vertiefung I: Kann man von einem Geschenk Gottes (Gnade) sprechen, wenn im Leben Rechnungen offen bleiben? (Nach Karl Rahner, Erfahrung des Heiligen Geistes, in: Schriften XIII, S. 239–241.)
Theologische Vertiefung II: Welche Aussagen lassen sich auf die theologischen Fachbegriffe „eschatologischer Vorbehalt" (J.B. Metz) und „präsentische Eschatologie" beziehen?
Zur weiteren Vertiefung:
Dorothee Sölle, Es muss doch mehr als alles geben. Nachdenken über Gott, Freiburg 1992.
Wähle das Leben: Dtn 30,19
Rio Reiser, König von Deutschland, Album „Rio I." (1986).
Marianne Gronemeyer, Leben als letzte Gelegenheit, 5. Aufl., Darmstadt 2014.
Nick Hornby, How to Be Good, TB 2003, S. 161
Astrid Lindgren, Tagebuch 1964 („Astrid Lindgren – Ein Lebensbild" von Margareta Strömstedt)
Astrid Lindgren, Immer lustig in Büllerbü, Erstveröffentlichung 1952.
Paul Zulehner, Ein Obdach der Seele, Düsseldorf 1994.
Elisabeth Kübler-Ross/David Kessler, Geborgen im Leben. Wege zu einem erfüllten Dasein, Stuttgart/Zürich 2001, S. 46
Hartmut Rosa, Resonanz. Eine Soziologie der Weltbeziehung. 2. Aufl., Berlin 2016 .
Resonanz: Wir möchten uns als lebendig erfahren, indem wir uns berühren lassen und in Kontakt treten. Was wir aber brauchen, ist eine andere Weise des Begegnens. Nicht kontrollieren und beherrschen, sondern in Kontakt treten. Ein vibrierender Draht zwischen uns und der Welt. Eine Haltung des Hörens und Antwortens statt des Beherrschens. (Hartmut Rosa, Unverfügbarkeit der Resonanz – Begegnung als nicht machbares Geschenk, Tagesspiegel 16.4.2019)
Virginia Satir, Mein Weg zu dir. Kontakt finden und Vertrauen gewinnen, 6. Aufl., München 2004. S. 39.

Zum Ich-xperiment: Welche Visionen teilst du (mit)? (S. 94)

Mögliche Querverbindung: Bildimpuls Drei Heilige Könige von Autun (S. 116)
Methodisch: Vergleiche deine Vision mit (weiteren) biblischen Texten, z. B. 1 Kor 2,9 oder Offb 21.
Zur Vertiefung: Simon Sinak, Start with Why. How Great Leaders Inspire Everyone to Take Action, Penguin 2009.
Rainer Oberthür, Das Buch der Symbole, München 2009, S. 14.

Zur Reizwort-Seite: Vertrauen, glauben, zweifeln (S. 98)

Als Ergänzung zum Stichwort Fides qua/fides quae:
Unser Glaube bleibt nicht bei Lehrsätzen stehen, sondern greift aus auf das Geheimnis Gottes, das wir nicht in Begriffe pressen können. Unsere Aussagen über Gott sind nur verständlich im Kontext des Lebens von Menschen. Losgelöst davon machen sie wenig Sinn.
(Timothy Radcliffe, Warum Christ sein?, Freiburg 2012, S. 347/348.)
Orthodoxie besteht nicht in einer unveränderlichen und mechanischen Wiederholung tradierter Formeln. Das kann, wie Karl Rahner betont hat, sogar eine Form von Häresie sein. Orthodoxie bedeutet, so über den Glauben zu sprechen, dass es den Pilgerweg zum Mysterium offen hält.
(Timothy Radcliffe, Warum Christ sein?, S. 315).
Methodisch:
Ambiguitätstoleranz durch Analogieformel (die Unähnlichkeit in Aussagen zwischen Gott und Welt/Mensch ist größer als die Ähnlichkeit) einüben.
Ambiguitätstoleranz, teilweise auch als Unsicherheits- oder Ungewissheitstoleranz bezeichnet, ist die Fähigkeit, mehrdeutige Situationen und widersprüchliche Handlungsweisen zu ertragen.
Biblisches Beispiel: Suche nach dem passenden Ausdruck: Liebst du mich? (Joh 21,15–17)
Jesus fragt Petrus die ersten beiden Male nach seiner Agape, seiner reinen und absichtslosen Liebe, die frei ist vom Ego, von der Absicht, den anderen zu besitzen. Petrus antwortet beide Male: „Philo se". Philia ist die Freundesliebe. Bei der dritten Frage wechselt Jesus das Wort: „Phileis me?" Liebst Du mich als Freund?
(Anselm Grün, Jesus – Wege zum Leben. Die Evangelien, Stuttgart 2005, S. 584.)
Zur Vertiefung:
Steve Covey: https://de-de.facebook.com/stephenrcovey/photos/trust-is-the-glue-of-life-it-is-the-most-essential-ingredient-in-effective-commu/2032876740060485
ausführlich zum Thema Vertrauen: Steve Covey, *The Speed of Trust, 2006/ Schnelligkeit durch Vertrauen, Offenbach/M. 2009.*
Frère Roger, Taizé, Wenn das Vertrauen aller Dinge Anfang wäre, Freiburg 1993.
P. A. Kassings Antwort verdanke ich dem Hinweis von Eva B. Bürgerhausen, die bei dem Gespräch dabei war.
Frère Paolo, Taizé: www.youtube.com/watch?v=lwnK0NWkO7E
Timothy Radcliffe, Jenseits des Schweigens, Freiburg 2014, S. 38.
Zitat von D. Bonhoeffer, ihm zugeschrieben im Film „Die letzte Stufe" (2000) im Gespräch mit dem Gefängniswächter Knobloch.
Martin Schweer, Es mangelt an Nähe, in: Publik Forum12/2019, S. 32–33. Nicht nur für den kirchlichen Bereich nennt Schweer drei Aspekte für die Vertrauensbildung: „Es kommt auf Transparenz, Kommunikation und Bürgernähe an." (S. 33).
Papst Franziskus: in: Antonio Spadaro, Das Interview mit Papst Franziskus, Freiburg 2013, S. 60
Benedikt XVI. Krakau 28.5.2006 http://www.vatican.va/content/benedict-xvi/de/homilies/2006/documents/hf_ben-xvi_hom_20060528_krakow.html

Zum Ich-xperiment: Vertrauen oder Angst? (S. 99)

Zum Dreieck Vertrauen/Freiheit/Engagement:

Der Agil-Coach Olaf Lewitz bezeichnet sich als „Trust Artist", Paul Zulehner spricht von der Aufgabe, „Freiheitskünstler" zu werden, und Erich Fromm geht in seinem Buch „Die Kunst zu lieben" davon aus, dass man diese Kunst lernen kann wie ein Handwerk:

Welche Grundübungen könnten helfen, die Haltung des Vertrauens, der Freiheit und der Liebe zu entwickeln?

Erfinde kleine „Tutorials" – wie werde ich zu einem Menschen des Vertrauens, der Freiheit und der Liebe?

Welche Hinweise oder Übungen finde ich in der Bibel?

Paradoxe Intervention: Wie werde ich zu einem Meister/zu einer Meisterin des Misstrauens, der Angst, der Unfreiheit und zum Menschenfeind?

Zum Hintergrund des Dreiecks:

Das Dreieck orientiert sich am zweiten Dreieck der Themenzentrierten Interaktion (TZI) mit den Eckpunkten Vertrauen, Struktur und Prozess, die in einer „dynamischen Balance" sich wechselseitig beeinflussen.

Gedanklicher Rundgang durch das Vertrauen/Angst-Dreieck mit der Ausgangsfrage: Hast du Angst, dass die Wahrheit verloren gehen kann?

Mögliche Konsequenz: Dann müssen Strukturen zum Schutz der Wahrheit aufgebaut und Kontrollen mit Konsequenzen im Prozess eingebaut werden.

Oder: Weil Christus die Wahrheit ist, kann die Wahrheit nicht verloren gehen. Er wird nach zwei Schritten in eine andere Richtung dort auf uns warten.

(In Anlehnung an Simone Weil, Zeugnis für das Gute, S. 94. Ich verdanke diesen Hinweis Sr. Ancilla Röttger, Morgenandacht DLF 26.2.2019)

Zum Ich-xperiment: Mein Beziehungsnetz – wo die Liebe ist (S. 102)

Zur Vertiefung:

Zum Kirchenprojekt „Ekklesia Amsterdam" von Huub Oosterhuis: https://www.ekklesia-amsterdam.nl/verbinden/de/

Huub Oosterhuis, Alles für alle. Ein Glaubensbuch für das 21. Jahrhundert, Ostfildern 2012, S. 222

Timothy Radcliffe, Jenseits des Schweigens, Freiburg, S. 77

Rowan Williams, A good Christmas: https://www.youtube.com/watch?v=wluWNtLRo20

Film Tatsächlich Liebe (Love Actually, 2003)

Zum Ich-xperiment: Frei werden und entschieden leben (S. 106)

Methodisch:

Welche biblischen Botschaften stehen in einem Katechismus, der Freiheit schenkt? Welche Freiheiten sind besonders wichtig?

Was ergibt die Unterscheidung „Freiheit von" vs. „Freiheit für"?

(Nach einer Idee von J. Gaillot, Ein Katechismus, der Freiheit atmet, Küsnacht 2004)

Zur Vertiefung:

Zu den 5 Freiheiten vgl. V. Satir, Mein Weg zu dir. Kontakt finden und Vertrauen gewinnen, 6. Aufl. München 2004, S. 27.

Unterrichtsidee zu den 5 Freiheiten von V. Satir: vgl. Urs Schiller/Anne Schönenberg, Auf dem Weg zum Freiheitskünstler. Was hilft mir, freier zu leben? (Jahrgang 9/10), in: RelliS 1/2014.

Nicolas Lash, The Beginning and the End of Religion, Cambridge 1996, S. 212.

Zur Löffelliste vgl. Bronnie Ware, 5 Dinge, die Sterbende am meisten bereuen, 12. Aufl., München 2013:

1. Ich wünschte, ich hätte den Mut gehabt, mein eigenes Leben zu leben.
2. Ich wünschte, ich hätte nicht so viel gearbeitet.
3. Ich wünschte, ich hätte den Mut gehabt, meine Gefühle auszudrücken.
4. Ich wünschte mir, ich hätte den Kontakt zu meinen Freunden aufrechterhalten.

5. Ich wünschte, ich hätte mir erlaubt, glücklicher zu sein.
Manu Wirtz (Hrsg.), Löffel-Liste. 13 bunte Lebensträume, BoD 2014.
„Not to do"-Liste vgl. Die Känguru-Chroniken von Marc-Uwe Kling (Berlin 2011–2018).

Zur Reizwort-Seite: Kritik, Widerstand, Verletzung bei Veränderungen (S. 112)

Methodisch: Druck erzeugt Gegendruck.
PA: Die Jugendlichen einigen sich, wer „1" und wer „2" ist, und sie halten die Handflächen gegeneinander.
Impuls: „1 drückt". Wenn nun auch 2 dagegengedrückt hat, können die Begriffe „tun" und „lassen" für die Selbstreflexion genutzt werden: „Wann verhalte ich mich wie?"
EA: Sind meine Worte Fenster oder Mauern? Wie kann ich sie zu Fenstern werden lassen?
Mehrfacher wertschätzender Perspektivwechsel:
Aus der Perspektive: „Ich als ... konservativer oder liberaler Mensch, Mann oder Frau, Jugendlicher oder alter Mensch ... verstehe die Sehnsucht/das Bedürfnis nach … (z. B. Einheit, Klarheit, Wahrheit, Entwicklung, Erneuerung …)."
Ergänzung: Von Beziehungserfahrungen anderer lernen
Welche der folgenden Tipps oder Warnhinweise können auch a) für dich und b) für die Kirche hilfreich sein?
Nach Gottman: Die 7 Geheimnisse der glücklichen Ehe
7 Tipps

- Bringen Sie Ihre Partner-Landkarte auf den neuesten Stand.
- Pflegen Sie Zuneigung und Bewunderung füreinander.
- Wenden Sie sich einander zu und nicht voneinander ab.
- Lassen Sie sich von Ihrem Partner beeinflussen.
- Lösen Sie Ihre lösbaren Probleme.
- Überwinden Sie Pattsituationen.
- Schaffen Sie einen gemeinsamen Sinn.

4 Warnhinweise
Kritik: Schuldzuweisungen und Anklagen, die ihren Höhepunkt in einer *generellen* Verurteilung der Person des Partners finden

- Abwehr/Verteidigung mit Rechtfertigung (und Verleugnung der eigenen Anteile), die den Konflikt aufrechterhalten
- Verachtung und Geringschätzung des Partners („Mauern")
- Rückzug aus der Kommunikation, u. a. durch Schweigen.

Virginia Satir (Mein Weg zu dir, Kontakt finden und Vertrauen gewinnen, 6. Aufl., München 2004. S. 34–48) nennt vier Blockaden für eine echte Begegnung:

- Beschwichtigen
- Anklagen
- Rationalisieren
- Ablenken

Zu den Zitaten:
John Steinbeck, Die Straße der Ölsardinen, TB München 1986, S. 8
Timothy Radcliffe, Gemeinschaft im Dialog, Leipzig 2001, S. 312 (Mitte frei für Christus), S. 147 (Macht Jesu)
Timothy Radcliffe, Warum Christ sein, S. 237 (frei sprechen)
Max Frisch (zugeschrieben?) https://www.quotez.net/german/max_frisch.htm
Marshall Rosenberg, Konflikte lösen durch gewaltfreie Kommunikation, Freiburg 2004, S. 9.
Zu diesem Kontext insb. Marshall Rosenberg, Den Schmerz überwinden, der zwischen uns steht. Wie Heilung und Versöhnung gelingen, ohne faule Kompromisse einzugehen, Paderborn 2015.
Thomas von Aquin, Sententia super metaphysicam, XII, 9, 2566, ed., Marietti (Torino 1971) S. 599.
Gottman-Konstante: John M. Gottman: Die 7 Geheimnisse der glücklichen Ehe, 5. Aufl., Berlin 2017.
Hans-Georg Gadamer im Interview „Rituale sind wichtig" v. 21.2.2000 in:

Der Spiegel 8/2000. www.spiegel.de/spiegel/print/d-15737880.html
Hildegund Keul, Vulnerabilität und Resilienz Christlich-theologische Perspektiven, MThZ 67 (2016) S. 224–233, hier: S. 230–231.

Zum Bildimpuls: Drei heilige Könige von Autun (S. 116)

Mögliche Querverbindungen: Meine Erfahrungen (S. 23); Welche Vision teilst du (mit)? (S. 94)
Methodisch:
Zeichne mit einer Münze ein „Spotlight"/ einen kleinen Kreis um ein Detail des Bildes. Was ist das Wichtigste? Was ist (nur) Hinweis auf das Eigentliche?
Der Stern und der Engel sind nicht das Eigentliche. Das Ziel ist Jesus.
Ungewöhnliche Königsdarstellung: Sie sind nicht in Bewegung auf dem Weg (Reiten auf Kamelen), nicht am Ziel (Krippe). Ob vor oder nach Betlehem, es ist ein neuer, unbekannter Weg.
Die Könige machen nichts. Der Engel hat mit Berührung und Zeigen alle Hände voll zu tun. (Zur Vertiefung: Hartmut Rosa, Aggressions-Resonanzmodus / Actio et contemplatio)

EA: Zeichne deine Ziele und das Ziel hinter den Zielen.
Bild: Der Traum der Könige, Kapitell des Meisters Gislebertus, 1120–1130, Kathedrale St. Lazare, Musee Salle Capitulaire.
Zu den Zitaten:
Karl Rahner, Frömmigkeit heute und morgen. In Geist und Leben 39 (1966), S. 335.
Matthias Scharer, Sich nicht aus dem Herzen verlieren. Von der spirituellen Kraft der Beziehung, München 2003.
Ulrich Schulte im Unterricht zu dieser Darstellung der Könige; Hrsg. als Schüler.
Anselm Grün in der Osternacht; Hrsg. als Teilnehmer
Paul Zulehner, Ein Obdach der Seele. Geistliche Übungen – nicht nur für fromme Zeitgenossen, Düsseldorf 1994, S. 28–30.

Zum Kapitel-Anfang: Unterrichtspraxis (S. 123)

Frère John, Eine Gemeinschaft von Freunden, S. 96

Zu Freundschaft in Zeiten der Krise (S. 145)

Ergänzung zu Arbeitsblatt 3: Biblische Ideen zur Freundschaft und Alltagsheilige, Petrus-Zitat nach Joh 21,15:
Jesus fragt Petrus die ersten beiden Male nach seiner Agape, seiner reinen und absichtslosen Liebe, die frei ist vom Ego, von der Absicht, den anderen zu besitzen. Petrus antwortet beide Male: „Philo se". Philia ist die Freundesliebe. Bei der dritten Frage wechselt Jesus das Wort: „Phileis me?" Liebst Du mich als Freund? (Anselm Grün, Jesus – Wege zum Leben. Die Evangelien, Stuttgart 2005, S. 584.)

Quellennachweise

Textnachweis:

S. 11, 112: Timothy Radcliffe aus: ders., Gemeinschaft im Dialog. Ermutigungen zum Ordensleben, hg. v. Thomas Eggensperger und Ulrich Engel, © St. Benno Verlag GmbH, Leipzig, www.vivat.de
S. 14: aus: Susanne Niemeyer, Mut ist … Kaffeetrinken mit der Angst, © 2018 Verlag Herder GmbH, Freiburg i. Br.
S. 23: Nick Hornby aus: ders., How to Be Good. Aus dem Engl. von Clara Drechsler und Harald Hellmann © 2001, Verlag Kiepenheuer & Witsch GmbH & Co, KG, Köln
S. 25: Thomas Sjödin aus: ders., Es gibt so viel, was man nicht muss, © 2018/2020 SCM R.Brockhaus in der SCM Verlagsgruppe GmbH, Witten/Holzgerlingen, www.scm-brockhaus.de
S. 27: Susanne Niemeyer aus: dies., Sieben Tage Mut. Das kreative Mitmach-Heft, © 2017 Verlag Herder GmbH, Freiburg i. Br.
S. 28: Elisabeth Kübler-Ross aus: Elisabeth Kübler-Ross/David Kessler, Geborgen im Leben, © 2012 Verlag Herder GmbH, Freiburg i. Br., S. 46, 58
S. 47: Anselm Grün aus: ders., Worte, die tragen. Die Weisheit des Glaubensbekenntnisses, © Vier-Türme GmbH, Verlag, Münsterschwarzach
S. 62: Anselm Grün aus: Anselm Grün/Meinrad Dufner, Spiritualität von unten (Münsterschwarzacher Kleinschriften Nr. 82), © Vier-Türme GmbH, Verlag, Münsterschwarzach
S. 74, 98: Papst Franziskus aus: Antonio Spadaro SJ, Das Interview mit Papst Franziskus, © 2013 Verlag Herder GmbH, Freiburg i. Br.
S. 87f., 153: Timothy Radcliffe aus: ders., Warum Christ sein? Wie der Glaube unser Leben verändert, © 2012 Verlag Herder GmbH, Freiburg i. Br., S. 351
S. 88: Margit Eckholt aus: Saskia Wendel/Margit Eckholt, Aggiornamento heute. Diversität als Horizont einer Theologie der Welt, © Matthias Grünewald Verlag, Verlagsgruppe Patmos in der Schwabenverlag AG, Ostfildern 2012, www.verlagsgruppe-patmos.de
S. 98: Timothy Radcliffe aus: ders., Jenseits des Schweigens. Die sieben letzten Worte Jesu, © 2014 Verlag Herder GmbH, Freiburg i. Br., S. 38
S. 103: Huub Oosterhuis aus: ders., Alles für alle. Ein Glaubensbuch für das 21. Jahrhundert, © Patmos Verlag, Verlagsgruppe Patmos in der Schwabenverlag AG, Ostfildern 2012, www.verlagsgruppe-patmos.de
S. 103: Timothy Radcliffe aus: ders., Jenseits des Schweigens. Die sieben letzten Worte Jesu, © 2014 Verlag Herder GmbH, Freiburg i. Br., S. 77
S. 107: Timothy Radcliffe aus: ders., Warum Christ sein? Wie der Glaube unser Leben verändert, © 2012 Verlag Herder GmbH, Freiburg i. Br., S. 35
S. 129, 170: Timothy Radcliffe aus: ders., Warum Christ sein? Wie der Glaube unser Leben verändert, © 2012 Verlag Herder GmbH, Freiburg i. Br., S. 315
S. 141: Papst Franziskus aus der Enzyklika (= Rundschreiben) „Evangelii gaudium“, 24.11.2013, Kapitel 114, © Libreria Editrice Vaticana
S. 142: Papst Franziskus aus der Enzyklika (= Rundschreiben) „Evangelii gaudium“, 24.11.2013, Kapitel 46, © Libreria Editrice Vaticana

Fotos:
Cover, S. 62: Kintsugi-Schalen: © Morty Bachar, www.lakesidepottery.com
Cover: Statue: wikimedia.commons
Cover, S. 36: wikimedia.commons
S. 13: © Augustinerkirche, Würzburg/Fotograf Rainer Martin
S. 57: Smartphone: Alexander Limbach – stock.adobe.com
S. 86: © picture-alliance/dpa/dpaweb/epa efe Barbara Vazquez
S. 97: © Franz Meurer
S. 116: © millim –istockphoto.com
S. 129f.: © Dominik Arenz
S. 145: AB1: © Urs Schiller; AB2: © Geography Photos/Kontributor
S. 156: © Bistum Aachen/Andreas Steindl

Illustrationen:
S. 141–144: Karikaturen aus: Gerhard Mester, Mensch Franziskus, © St. Benno Verlag GmbH, Leipzig, www.vivat.de
S. 63: Gestaltung Setzkasten nach einem Entwurf von Franziska Räder
S. 154f. © Franziska Räder
Vecteezy.com: Hintergrund Cover/Innentitel; Hintergrund Sterne; Hintergrund Punkte; Hintergrund Streifen strahlenförmig; Hintergrund Rauten; Hintergrund Schrägstreifen
stock.adobe.com: Pfeil, Kompass, Pinnnadel, Hinweisschild, Kringel: © drawlab19; Hintergrund S. 11, 30, 74, 128, 145: © Vlntn; Post-its hellgelb: © Roman Bykhalets; Rahmen, Merkzettel, Sprechblase: © lubashka; Brief: © Maxim Grebeshkov; Setzkasten: © Sabine Grätzer; Superman: © Jesus: © Jemastock; Hl. Familie, Regiestuhl, Filmklappe: © Gstudio; Osterei: © Mariia; Landkarte: © Andrey Kuzmin; Beziehungsnetz: © strichfiguren.de; Piktogramm Aufzug: © fotohansel; Kirchenjahr: © t0m15, Fußballteam: L.F.otography
Freepik.com: Collegeblock-Zettel; Zickzack-Hintergrund: © visnezh; Hintergrund Altpapier: © rawpixel.com; Orden: © patchariyavector; Sockel, Fahrstuhl: © upklyak, S. 145 (Schminktisch, Ehepaar)
Post-it schmal: © ace03 – shutterstock.com
Verlagsarchiv: Denkblase, Wolken, Fenster, Gliederfiguren

Koordination und Projektmanagement: Christoph Lohschelder
Projektunterstützung: Astrid Hautzer
Mit Designideen von: Laura Kuntze-Fischbach, Annika Liesefeld

Bibliografische Information der Deutschen Nationalbibliothek

Die Deutsche Nationalbibliothek verzeichnet diese Publikation in der Deutschen Nationalbibliografie; detaillierte bibliografische Daten sind im Internet über http://dnb.d-nb.de abrufbar.

Das Gesamtprogramm von Butzon & Bercker finden Sie im Internet unter www.bube.de

ISBN 978-3-7666-2887-9

Umschlaggestaltung: Werner Dennesen, Weeze nach einem Entwurf von Laura Kuntze-Fischbach
Layout, Gestaltung und Satz: Werner Dennesen, Weeze